ADIM ADIM TÜRKÇE Ö[illegible] SETİ

Adım Adım Türkçe

DERS KİTABI 3

Tuncay ÖZTÜRK
Sezgin AKÇAY
Salih GÜN
Abdullah YİĞİT
Gökhan DAYI

www.dilset.com

YABANCILAR İÇİN

ADIM ADIM TÜRKÇE ÖĞRETİM SETİ

Hazırlayanlar
Tuncay ÖZTÜRK
Sezgin AKÇAY
Salih GÜN
Abdullah YİĞİT
Gökhan DAYI

Danışma Kurulu
Doç. Dr. Ali Fuat BİLKAN
Orhan KESKİN
Ali ÇAVDAR
Levent ÖKSÜZ
Nesrin BİLKAN
Şenol Okumuş

Denetleme Kurulu
Mehmet ÇÖKELİK
İsmail SOYSAL
Ercan TAŞDEMİR

Kapak ve Sayfa Tasarımı
Murat ALTINDAĞ - Bilgin YARIKKAYA

Resimleyen
Logistic Art
Sanat Destek Evi

Fotoğraflar
Sürat Görsel Sanatlar Merkezi

Yayına Hazırlık
Zambak Dizgi ve Grafik

Film Çıkış
S.G.S.M.

Baskı-Cilt
Tavaslı Matbaacılık **Ekim 2006**

Bu kitabın hazırlanmasında Türk Dil Kurumunun İmlâ Kılavuzu (2000) esas alınmıştır.

ISBN : 975-6576-28-6

Bulgurlu Mah. Libadiye Cad. Haminne Çeşmesi Sok.
Nu.: 20 Baran İş Merkezi 34696 ÜSKÜDAR-İSTANBUL

P.K. 198
81020 ACIBADEM - İSTANBUL
telefon : (0.216) 522 09 00 (Pbx)
fax : (0.216) 520 24 90

ÖN SÖZ

Dünyanın geniş bir bölgesinde konuşulan Türkçe, oldukça eski bir kültür zeminine sahiptir. Yeni sosyal ve siyasî gelişmelerle birlikte önem kazanan Türk dili çok farklı coğrafyalarda ilgi ile karşılanmakta ve bunun sonucu olarak Türkçe öğrenme talepleri de gittikçe artmaktadır.

Türkçe, artık çağdaş diller arasında yer alan, yurt içinde ve yurt dışında özellikle yabancıların öğrenmeye çalıştıkları dünya dillerinden biri hâline gelmiştir. İşte bu taleplerin karşılanmasına yönelik olarak modern eğitim ve öğretim metotları ışığında, çağdaş bir yaklaşımla dil öğretim kitaplarının hazırlanması bir zaruret hâline gelmiştir.

Bilimsel araştırmalar ışığında hazırlanan Adım Adım Türkçe Öğretim Seti'nde; dil, kültür, konu, şekil ve görüntü bütünlüğüne büyük önem verilmiştir. Geniş araştırma ve tecrübelere dayanılarak hazırlanan bu eserlerde Türkçenin en etkili metotlarla öğretilmesi hedeflenmiştir.

Türkçe öğrenmeyi zevkli hâle getirmek ve dili kültür unsurlarıyla bir arada öğretmeyi sağlamak Adım Adım Türkçe Öğretim Seti'nin en önemli amaçlarındandır.

Bu Set, farklı algılama biçimlerine göre görsel, işitsel ve kinestetik özelliklere sahip öğrenci kitlesinin çeşitliliğine uygun bir yaklaşımla hazırlanmıştır. Böylece farklı kavrama düzeylerinin dil öğrenme becerileri de gözetilmiştir.

Kitaplar, görsel malzeme bakımından da desteklenerek kolay okunabilir bir tarzda düzenlenmiştir. Türk dilinin zenginliğini, anlam ve ifade derinliğini yansıtan örnekler verilmek suretiyle, kitaplardaki kültürel unsurlar da okuyucunun dikkatine sunulmuştur.

Kitapların Türkçe öğrenmek isteyen herkese faydalı olacağına inanıyorum.

Doç. Dr. Ali Fuat BİLKAN

Ailemi Çok Seviyorum

DERSE HAZIRLIK

1. Aşağıdaki soruları cevaplayınız.

a. Ailenizde kaç kişi var?
b. Ailenizin kaçıncı çocuğusunuz?
c. Babaanneniz ve dedeniz yaşıyor mu?
d. En çok hangi akrabanızı ziyaret ediyorsunuz?

2. Aşağıdaki karikatürler hakkında konuşunuz. Sizin aileniz bunlardan hangisine giriyor?

KELİMELER

1. Resimlere bakarak boşlukları doldurunuz.

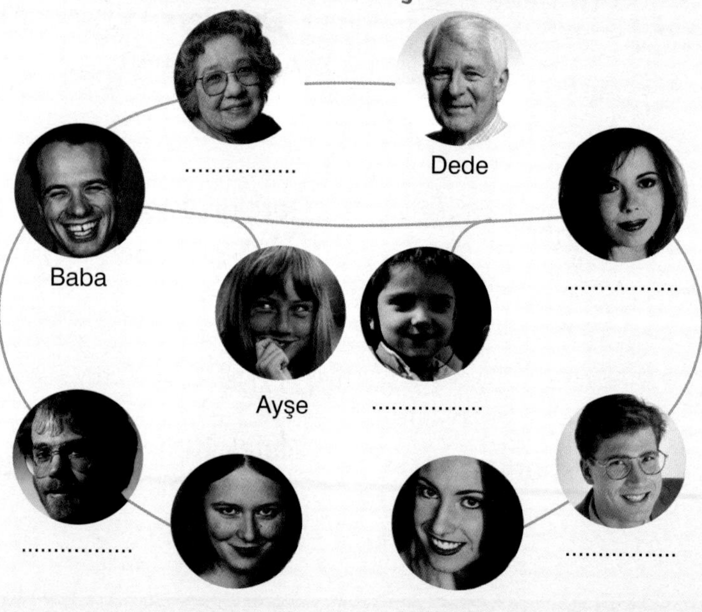

2. Aşağıdaki kelimeleri evlilik ilişkisine göre eşleştiriniz.

a. dede	1. enişte
b. baba	2. babaanne
c. kız kardeş	3. anne
d. ağabey	4. yenge

OKUMA - ANLAMA

1. Aşağıdaki parçayı okuyunuz.

AFFET BABACIĞIM!

Genç adam evlendiğinden beri, beraber yaşadıkları ihtiyar babası yüzünden hanımıyla sürekli tartışıyordu. Hanımı, babasını istemiyordu. Onun evde fazlalık olduğunu düşünüyordu. Yine bir gün, şiddetli bir tartışmadan sonra hanımı, "Ya ben giderim, ya baban gider" dedi.

Adam, hanımından ayrılmak istemiyordu. Babası yüzünden çıkan tartışmaların dışında hanımıyla iyi geçiniyordu. Hanımı kendisini seviyordu. Üstelik bir de çocukları vardı. Evlendikleri günden beri birçok problemle karşılaşmışlardı. Onu hâlâ çok seviyordu. Günlerce düşündü ve kendine göre bir çözüm yolu buldu. Babasını yıllar önce ormanda yaptırdıkları dağ evine götürecekti. Haftada bir defa onu ziyaret edecek ve ihtiyaçlarını karşılayacaktı. Böylece problem çözülmüş olacaktı. Babasına gerekli olan bütün eşyaları hazırladı. Bir gün babasını kucakladı ve arabaya götürdü. Oğlu Can, "Babacığım ben de gitmek istiyorum." diye ısrar edince birlikte yola çıktılar.

Kış mevsiminin ortasıydı. Hava çok soğuktu. Yoğun kar yağışı yüzünden yolu zor görüyorlardı. Küçük Can babasına; "Baba nereye gidiyoruz?" diye soruyor, ama cevap alamıyordu. İstenmediğini anlayan yaşlı adam gizli gizli ağlıyordu fakat ağladığını torununa belli etmemeye çalışıyordu. Saatler süren yolculuktan sonra dağ evine geldiler. Dağ evi eskimişti. Genç adam evin bir odasını temizledi. Sonra arabadaki eşyaları bu odaya taşıdı. En sonunda ise babasını getirdi. Dağ evinin içinde rüzgâr esiyordu. Yaşlı adam titriyordu. Üzüntü içinde babasını izledi. Kendi kendine yarın evden birkaç battaniye daha getiririm, diye düşündü. Öyle üzgündü ki ne yapacağını bilemiyordu. Babasının ise neredeyse yüreği parçalanacaktı. Yıllarca büyüttüğü oğlu kendisini bir dağ evinde yalnız bırakıyordu. Minik Can gördüklerinden hiçbir şey anlamıyordu. Genç adam, babasının yatağına eğilerek elini öptü. İkisi de ağlıyordu.

Genç adam, çocuğu da alarak evden uzaklaştı. Can, yolda ağlamaya başladı. Babasına; "Neden dedemi o soğuk evde bıraktın?" dedi. Babası çocuğuna, annen dedeni istemiyor, diyemedi. Can, "Baba sen yaşlandığında ben de seni buraya mı getireceğim", dedi. Genç adam, çocuğun bu sorusuna cevap veremedi. Hemen arabayı geri çevirdi. Dağ evine girdi. "Beni affet baba!" diyerek babasının boynuna sarıldı. Baba ile oğul birbirine sarılarak çocuk gibi ağladılar. Genç adam, hatasını anlamıştı. Babası, oğluna şöyle dedi: "Geri geleceğini biliyordum oğlum. Ben babamı dağ başında bırakmadım ki, sen de beni bırakasın... Beni bu dağda bırakmayacağını biliyordum."

2. Okuduğunuz parçaya göre aşağıdaki cümlelerden doğru olanın başına "D"; yanlış olanın başına "Y" yazınız.

a. ( ) Kadın, kayın babasını istemiyordu.

b. ( ) Genç adam, babası yüzünden sık sık hanımıyla tartışıyordu.

c. ( ) Adam, babasını bir otele yerleştirmeye karar verdi.

d. ( ) Genç adam, küçük oğluna babasını nereye götürdüklerini söylemek istemiyordu.

e. ( ) Dağ evi yeni ve çok temizdi.

f. ( ) Genç adam, babasını dağ evine bıraktı ve geri döndü.

3. Aşağıdaki soruları okuduğunuz parçaya göre cevaplayınız.

a. Genç adam, hanımıyla niçin tartışıyordu?

....

b. Genç adam, babasını nereye götürmeye karar verdi?

....

c. Dağ evi nasıldı?

....

d. Genç adam, babasını ormanda bıraktı mı?

....

ÖRNEKLEME

Aşağıdaki soruları tekrarlayınız ve uygulayınız.

Soru 1
Nasıl bir evde oturuyorsunuz?

Cevap
Bahçeli bir evde oturuyorum.

Kısa Cevap
Bahçeli bir evde.

Uygulama
....

Soru 2
Dayınız var mı?

Cevap
Evet, dayım var.

Kısa Cevap
Evet, var.

Uygulama
....

Soru 3
Dedeniz kaç yaşında?

Cevap
Dedem 78 yaşında.

Kısa Cevap
78

Uygulama
....

Soru 4
Ailenizde kaç kişi var?

Cevap
Ailemde beş kişi var.

Kısa Cevap
Beş

Uygulama
....

Soru 5
Aile denince ilk akla gelen kişiler kimlerdir?

Cevap
Anne, baba ve çocuklardır.

Kısa Cevap
Anne, baba ve çocuklar.

Uygulama
....

KONUŞMA

1. *Sıra arkadaşınızla aile bireyleriniz hakkında konuşun.*

a. Aileniz kaç kişi?
b. Anneniz ve babanız sağ mı?
c. Kaç kardeşiniz var? Kaçı kız, kaçı erkek?
d. Dedeniz ve babaanneniz yaşıyor mu? Kaç yaşındalar?
e. Nasıl bir evde oturuyorsunuz?
f. Babanız size vakit ayırıyor mu?
g. Hafta sonları ailenizle neler yaparsınız?
h. Ailenizde anlaşamadığınız bir kimse var mı?
ı. Anneniz, babanız ve kardeşleriniz ne iş yapıyorlar?
i. Ailenizde en çok kimi örnek alıyorsunuz?

2. *Aşağıdaki konuları arkadaşlarınızla tartışınız.*

a. Çocukların eğitiminde okul mu, aile mi daha etkilidir?
b. Çok kardeşli olmanın avantajları ve dezavantajları nelerdir?
c. Aileler, 18 yaşından sonra çocukları serbest bırakmalı mıdır?

DİNLEME

1. *Aşağıdaki parçayı dinleyiniz.*

GERÇEK KARDEŞLİK

İki kardeş çiftliklerinde birlikte çalışıyordu. Kardeşlerden birisi bekârdı. Öteki ise evli ve dört çocuklu bir aileye sahipti. Her akşam kardeşler, ürünlerini ve kârlarını eşit olarak paylaşırdı. Bir gün bekâr olan kardeş, kendi kendine:

"Ürettiklerimizi ve kazandıklarımızı eşit biçimde paylaşmamız hiç de doğru değil" dedi. "Ben evli değilim, bakmakla yükümlü olduğum bir eşim ve çocuklarım yok. Ayrıca çok fazla ihtiyacım da olmuyor." Bunları düşündükten sonra her gece kendi ambarından bir çuval buğday alıp, kardeşinin ambarına boşaltmaya başladı.

Ürettiklerini ve kazançlarını eşit biçimde paylaşmaları evli kardeşin de kafasını kurcalamıştı. Bir gece o da kendi kendine:

"Ürettiklerimizi ve kazandıklarımızı eşit biçimde paylaşmamız hiç de doğru değil." dedi. "Sonuçta ben evliyim. Gelecekte bana bakacak bir eşim ve çocuklarım var. Oysa kardeşimin, ileride kendisine bakacak hiç kimsesi yok." O da kardeşi gibi her gece kendi ambarından bir çuval buğdayı kardeşinin ambarına boşaltmaya başladı.

Aradan geçen süre içinde iki kardeş de ambarlarındaki buğdayın azalmadığını gördüler. İkisi de bu olaya hem şaşırıyor hem de anlam veremiyordu.

Bir gün, yine gecenin koyu karanlığında birbirlerinin ambarına buğday boşaltırken çarpıştılar. İkisi de bütün olanları şimdi anlıyordu. Sırtlarındaki buğday çuvallarını yere bırakıp birbirlerine sarıldılar. Bu güzel duygu karşısında ikisi de göz yaşlarını saklayamadı.

2. *Dinlediğiniz parçaya göre aşağıdaki cümlelerden doğru olanın başına "D"; yanlış olanın başına "Y" yazınız.*

a. ( ) İki kardeş kazançlarını eşit biçimde paylaşıyordu.
b. ( ) Kardeşlerden birinin beş çocuğu vardı.
c. ( ) İki kardeş de ürettiklerini eşit paylaştıklarına inanıyordu.
d. ( ) İki kardeş de ambarlarındaki buğdayın azaldığını görüp çok üzüldüler.
e. ( ) Gerçek ortaya çıkınca iki kardeş de üzüntüden ağladı.

DEYİM

Aşağıdaki deyimleri okuyunuz.

a. Elinin hamuruyla erkek işine karışmak: Kadınlar için, erkeklerin yapması gereken işleri yapmaya çalışmak.

Örnek:
Eskiden kadınlara **elinin hamuruyla erkek işine karışma** derlerdi.
Yeni gelin, **elinin hamuruyla erkek işine karışıyordu**.

b. Evlât edinmek: Başkasının çocuğunu kendi çocuğu gibi büyütüp bakmak.

Örnek:
Hüseyin Bey küçük Ali'yi **evlât edinmiş**, onu okutmuştu.
Çocukları olmayan Özcan ailesi bir kız çocuğunu **evlât edindi**.

c. Kimi kimsesi olmamak: Ailesinden yakınları, hısım, akrabası olmamak. Destekleyicisi olmamak.

Örnek:
Bir köy öğretmeni varmış, **kimi kimsesi yokmuş**.
Yaşlı adamın **kimi kimsesi olmadığı** için çok üzülüyormuş.

d. Kol kanat olmak: Bir kimseyi korumak, ona yardımcı olmak.

Örnek:
Fatma Hanım, gelinini çok sever ve ona **kol kanat olurdu**.
İki kardeş birbirine **kol kanat olup** durumlarını düzeltti.

e. Köklü aile: Çok eski zamanlardan beri bilinen ve tanınan aile.

Örnek:
Ahmetlerin ailesi bu şehrin en **köklü ailelerindendir**.
Köklü bir ailede dünyaya gelmek isterdim.

ALIŞTIRMALAR

Aşağıdaki deyimlerle resimleri eşleştiriniz.

a. Kimi kimsesi olmamak
b. Köklü aile
c. Evlât edinmek
d. Kol kanat olmak
e. Elinin hamuruyla erkek işine karışmak

TELÂFFUZ

- A -

Özellikleri

a. Türk alfabesinin birinci harfidir.

b. Kalın ve düz geniş ünlülerdendir.

c. Kelimenin başında, ortasında ve sonunda bulunabilir.
Örnek: aba, araba, akraba...
baba, amca, baca...

d. **Okunuşu:** ab, aç, ad, ak, al, an, aş, az
ba, ça, da, ka, la, na, şa, za

e. "g, l, k" ünsüzlerinin ince veya uzun okunduğunu göstermek için bu ünsüzlerden sonra gelen "a" harfinin üzerine inceltme işareti (^) konur.
Örnek: rüzgâr, kâğıt, hikâye, hâlâ...

ALIŞTIRMA

1. Aşağıdaki heceleri birleştirerek akraba isimleri yazınız.

a. an	1. la	....
b. ba	2. la	....
c. ab	3. ne	....
d. ha	4. ba	....

2. Aşağıdaki tekerlemeleri tekrarlayınız.

a. "Akrabanın akrabaya akrep etmez ettiğini."
b. "Ağlarsa anam ağlar, gerisi yalan ağlar."

DİL BİLGİSİ

ÜNLÜ UYUMLARI

ÇOCUKLUĞUM

Ben, kalabalık bir aile içinde büyüdüm. Evimiz şehre yakın bir köydeydi. Oyun alanlarımız çok genişti. Okuldan kalan zamanlarda babama yardımcı olurdum. Yaptığım her işten keyif alır ve hiç şikâyet etmezdim. Özellikle beyaz köpeğimiz Karabaş'ı ve kuzuları çok severdim. Hafta sonları arkadaşlarımızla nehre gider, balık tutardık. Akşam yemeğinden sonra kardeşlerimle birlikte oyunlar oynar, birbirimize hikâyeler anlatırdık. Sabahları kuş sesleriyle uyanır; annemin getirdiği sıcak sütü içerdim... Benim çocukluğum böyle geçti.

Ünlü Uyumu

Bir kelime içindeki ünlülerin birbirine benzemesine ünlü uyumu adı verilir. Türkçede iki tür ünlü uyumu vardır:

1. Büyük ünlü uyumu
2. Küçük ünlü uyumu

1 Büyük Ünlü Uyumu

Türkçe bir kelimede ince ünlüden sonra ince; kalın ünlüden sonra da kalın ünlü gelir. Buna "büyük ünlü uyumu" denir.

a, ı, o, u ⟶ a, ı, o, u
e, i, ö, ü ⟶ e, i, ö, ü

Türkçede genellikle ekler büyük ünlü uyumuna uyar.

Örnek

kapı-cı, kapıcı-lar, kapıcı-lık
öğren-ci, öğrenci-ler, öğrenci-lik
ev-i, evi-miz, evler-imiz
öğret-men, öğretmen-ler, öğretmen-lik

Büyük ünlü uyumuna uymayan kelimeler:

a. Yabancı dillerden giren kelimeler.
Örnek: şikâyet, hikâye, müstakil, domates, balina

b. Bazı Türkçe kelimeler.
Örnek: kardeş, anne, elma, hangi

c. Bazı birleşik kelimeler.
Örnek: Yeşilırmak, Kadıköy, Beşiktaş, Hanımeli

Büyük ünlü uyumuna uymayan ekler:

"-ken, -ki, -mtrak, -leyin, -yor" eklerini alan kelimeler.
Örnek: koşarken, sabahki, akşamleyin, yeşilimtrak
geliyor, eriyor, düşünüyor

2 Küçük Ünlü Uyumu

	Düz		Yuvarlak	
	Geniş	**Dar**	**Geniş**	**Dar**
Kalın	a	ı	o	u
İnce	e	i	ö	ü

Türkçe kelimelerde ilk hecede düz ünlü (a, e, ı, i) varsa, ondan sonra gelen ünlü de düz ünlü olur. İlk hecede yuvarlak ünlü varsa (o, ö, u, ü), ondan sonra gelen ünlü harf; ya dar yuvarlak (u, ü), ya da düz geniş ünlü (a, e) olur. Bu kurala "küçük ünlü uyumu" denir.

Örnek

evimiz, köpeğimiz, uyanmak, kasaba, ağabey...

TERCÜME

Aşağıdaki cümleleri kendi dilinize çeviriniz.

1. Ortanca kardeşimin adı Ali'dir.
....
2. Benim ailemde herkes birbirine saygı gösterir.
....
3. Ailemde en iyi anlaştığım kişi büyük babamdır.
....

Küçük ünlü uyumuna uymayan kelimeler:

a. Bazı Türkçe kelimeler bu kurala uymaz.
Örnek: tavuk, çamur, savunmak...

b. "-yor" eki de küçük ünlü uyumuna uymaz.
Örnek: yaşıyor, okuyorlar, tutuyor...

ALIŞTIRMALAR

1. Aşağıdaki kelimelerden hangileri büyük ünlü uyumuna uymaz? (✔) işareti koyunuz.

a. salıncak....... ◯
b. cumartesi.... ◯
c. yaprak......... ◯
d. kırmızı......... ◯
e. mavi...... ◯
f. kiraz...... ◯
g. rüzgâr... ◯
h. tavuk..... ◯

2. Aşağıdaki kelimelerin sonuna "-lar (-ler)" eki getirerek kelimeleri yeniden yazınız.

a. zaman ....
b. kuzu ....
c. kardeş ....
d. oyun ....
e. hikâye ....
f. çocuk ....

3. Aşağıdaki test sorularını cevaplayınız.

a. **Aşağıdaki kelimelerden hangisi küçük ünlü uyumuna uymaz?**
A. aile
B. okul
C. birlikte
D. yürüyorlar

b. **Aşağıdaki kelimelerden hangisi büyük ünlü uyumuna uyar?**
A. elma
B. hangi
C. Karabaş
D. anne

c. **Aşağıdakilerden hangisine "-ken" eki geldiğinde bu kelime büyük ünlü uyumuna aykırı olur?**
A. yürür
B. yaşar
C. içer
D. gider

d. **"O, karşı kasabanın evlerini görebiliyordu." Yukarıdaki cümlede büyük ünlü uyumuna uymayan kelime aşağıdakilerden hangisidir?**
A. görebiliyordu
B. kasaba
C. karşı
D. evlerini

e. **Aşağıdaki kelimelerden hangisi "küçük ünlü uyumu" kuralına uymaz?**
A. cüzdan
B. aile
C. akraba
D. kamyon

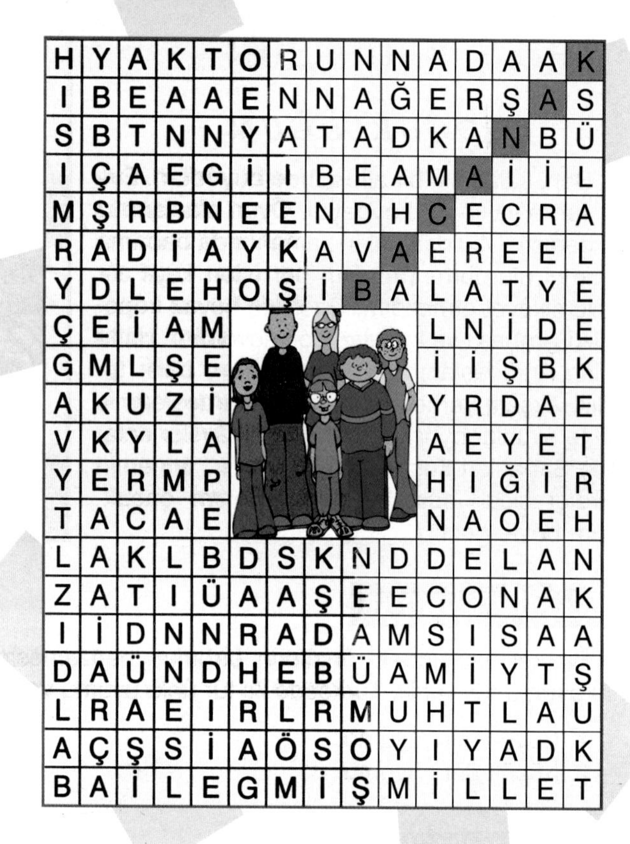

Aşağıdaki kelimeler bulmaca karelerine; soldan sağa, sağdan sola, yukarıdan aşağıya, aşağıdan yukarıya ve çapraz olarak yerleştirilmiştir. Bunları tek tek bulun ve üzerini çizin. Sonunda boşta kalan harfleri soldan sağa doğru sırasıyla okursanız, bulmacamızın şifresini bulacaksınız. Kolay gelsin...

KELİMELER

AKRABA	GELİN	TORUN	MİLLET
ANNE	GÖRÜMCE	ABLA	HALK
BABA	KAYIN VALİDE	AĞABEY	CET
KARDEŞ	DAYI	ARKADAŞ	KOMŞU
AİLE	HALA	HISIM	YAKIN
AMCA	DEDE	DÜNÜR	DOST
TEYZE	YEĞEN	SÜLÂLE	YAREN
NİNE	KAYIN PEDER	NESİL	~~BACANAK~~
YENGE	ELTİ	KUŞAK	BALDIZ
HANIM	BİREY	ŞAHIS	SOY

DEĞERLENDİRME

1. İki resim arasındaki farkları yazınız.

2. Aşağıdaki diyaloğu tamamlayınız.

Hakim, suçluya sorar:

– .... ne?
– Benim mi?
– Evet senin?
– Ahmet
– Babanın .... ne?
– Benim mi?
– Evet, senin
– Mehmet
– Ne .... yaparsın?
– Ben mi?
– Evet, sen
– Çiftçilik
– .... kaç?
– Benim mi?
– Yok benim!
– Vallahi hakim bey, ne desem ki?...
50-55'ten fazla göstermiyorsunuz.

3. Aşağıdaki cümleleri "Affet Babacığım!" adlı parçaya göre sıralayınız.

☐ Adam, babasını ormandaki eski dağ evine götürmeye karar verdi.

☐ Genç adam, babasını dağ evine bıraktı ve oradan uzaklaştı.

[1] Genç adam, evlendikten sonra babası yüzünden eşiyle tartışıyordu.

☐ Günlerden bir gün genç adam ve babası yola koyuldular.

☐ Kadın, eşine: "Bu evden ya ben giderim, ya baban gider." dedi.

☐ Babası, oğluna: "Geri geleceğini biliyordum oğlum. Ben babamı dağ başında bırakmadım ki, sen de beni bırakasın..." dedi.

4. Aşağıdaki kelimeleri eşleştiriniz.

a. büyük baba	1. kayın baba
b. babaanne	2. kayın ana
c. kayın birader	3. dede
d. kayın peder	4. büyük anne
e. kayın valide	5. kayın

MÜZİK KUTUSU

1. Aşağıdaki boşlukları dinlediğiniz şarkıya göre doldurunuz.

ANNECİĞİM

Mazide kalan .... gibi.
Şefkatli kollarını aç bana ....
Geceler çok soğuk, ... ve karanlık.
Üşüdüm, ... örtsene anne.

Anne, anne, anneciğim...

.... olmanı ne çok isterdim.
Dizine yatıp da uyurdum ....
.... dua gözümde rüyadır.
Seni ...... isterdim hasretim anne.

Anne, anne, anneciğim...

Uyandım .... aradım seni.
Sağıma soluma bakındım anne.
Geceler çok soğuk, sessiz ve karanlık.
Üşüdüm üstümü örtsene ....

Anne, ..., anneciğim...

2. Dinlediğiniz şarkıya göre aşağıdaki karışık kelimelerden anlamlı cümleler kurunuz.

a. anne / yatıp da / dizinde / uyurdum

....

b. seni / uyandım / aradım / uykudan

....

c. anne / kollarını / aç bana / şefkatli

....

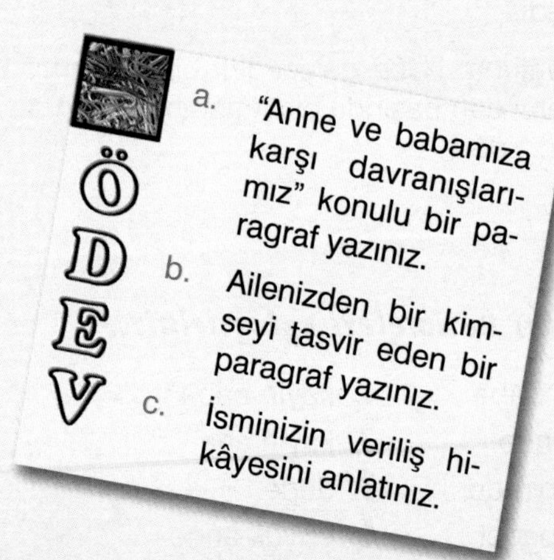

ÖDEV

a. "Anne ve babamıza karşı davranışlarımız" konulu bir paragraf yazınız.

b. Ailenizden bir kimseyi tasvir eden bir paragraf yazınız.

c. İsminizin veriliş hikâyesini anlatınız.

SERBEST OKUMA

1. Aşağıdaki parçayı okuyunuz.

ÇOCUK İÇİN ZAMAN SEVGİ DEMEKTİR

Genç bir adam ceza evine girmek üzereymiş.

Yargıç, onu çocukluğundan beri tanıyormuş. Aynı zamanda onun yazar olan babasıyla da tanışıyormuş.

Yargıç:

"Babanı hatırlıyor musun?" diye sormuş.

Bu soruya:

"Onu oldukça iyi hatırlıyorum." şeklinde cevap vermiş genç adam.

Suçlunun fikirlerini öğrenmeye çalışan yargıç, şöyle demiş:

"Mahkûm olmak üzeresin. Mükemmel bir babaya sahipsin. Babanla ilgili ne hatırladığını anlatır mısın?"

Salonda bir sessizlik olmuş. Daha sonra yargıç beklenmeyen bir cevap almış:

"Öğüt almak için yanına gittiğimde, yazdığı kitaptan başını kaldırarak bana baktığını ve 'Çek git başımdan; çok meşgulüm!' dediğini hatırlıyorum.

Onunla konuşmak için yaklaştığımda bana dönerek: 'Çek git başımdan; bu kitabı bitirmeliyim!' derdi. Sayın yargıcım! Siz onu büyük bir yazar olarak hatırlıyorsunuz fakat ben onu kaybedilmiş bir baba olarak hatırlıyorum."

Yargıç kendi kendine söylenmiş:

"Yazık! Kitabı bitirdi ama oğlunu kaybetti!"

2. Aşağıdaki soruları okuduğunuz parçaya göre cevaplayınız.

a. Yargıç, mahkûma ne sormuş?

....

b. Mahkûm, babası hakkında ne söylemiş?

....

c. Yargıç, mahkûmun babası hakkında ne düşünüyor?

....

Bunları Biliyor musunuz?

¤ Tıp tarihinde en zayıf bebek 1989 yılında ABD'nin Loyola Üniversitesi hastahanesinde 280 gram ağırlığında doğan bir kız çocuğudur.

¤ ABD'li Augus Burge isimli kişi 1989'da torununun torununun anne olduğunu öğrendi.

¤ Tıp tarihinde en uzun erkek 2,72 metre; en uzun kadın da 2,47 metre olarak tespit edilmiştir.

¤ En çok boşanma olayına ABD'de rastlanmaktadır.

¤ ABD'de Utah'ta, farklı günlerde doğum yapmaları gereken üç kız kardeş aynı gün doğum yaptılar. Doktorlar, böyle bir ihtimalin 50 milyonda bir olduğunu belirttiler.

¤ İngiltere'nin Standish şehrinde yaşayan Lewis adlı bir kişi ailesinin soy ağacını çıkarmak için tam 30 yıl araştırma yaptı ve 2000 akrabasıyla yüz yüze görüştü. Lewis 30 yıl boyunca yaptığı bu çalışmayı bir kitapta toplayacaktı. Hatta büyük babasıyla büyük annesinin, devrimden sonra Rusya'dan nasıl kaçtığını da anlatacaktı. Ne var ki Lewis, kitabının bitmesine az bir süre kala, asıl adının David Thorton olduğunu ve bir aylıkken o aileye evlâtlık verildiğini öğrendi.

Pratik Türkçe

Konu 2

Meslek Seçimi Önemlidir

DERSE HAZIRLIK

1. *Aşağıdaki karikatürler hakkında konuşunuz ve bu karikatürlerdeki garipleri söyleyiniz.*

2. *Aşağıdaki soruları cevaplayınız.*

a. Sizce meslek seçimi önemli midir?
b. İdealinizde hangi meslekler var?
c. Geçen yüzyılda olup da bugün olmayan meslekler var mıdır?
d. Size göre en kolay ve en zor meslek hangisidir?
e. Sizce gelecek yüzyılda hangi meslekler popüler olacaktır?

KELİMELER

MESLEKLER

 Araba Tamircisi

 Akademisyen

 Avukat

 Bahçıvan

 Bankacı

 Bilgisayar Mühendisi

 Çocuk Bakıcısı

 Çevre Mühendisi

 Doktor

 Endüstri Mühendisi

 Eczacı

 Öğretmen

 Elektrik Mühendisi

 Emlâkçı

 Fotoğrafçı

 Tasarımcı

 Gazeteci

 Kaptan

 Hemşire

 Psikolojik Danışman

 Kimya Mühendisi

 Makine Mühendisi

 Mimar

 Meteoroloji Mühendisi

 Memur

 Otel İşletmecisi

 Sekreter

 Sigortacı

 Yayıncı

 Yazar

1. Yukarıdaki mesleklerden seçmek istediğiniz beş tanesini yazınız.

a. ....
b. ....
c. ....
d. ....
e. ....

2. Aşağıdaki kelimeleri eşleştiriniz.

a. Hemşire	**1.** Televizyon
b. Öğretmen	**2.** Okul
c. Sunucu	**3.** Fabrika
d. İşçi	**4.** Hastahane
e. Kaptan	**5.** Gemi

3. Birinci kelimeyle ilgili olmayan kelimeyi işaretleyiniz.

a. Doktor
ameliyat - tedavi - muayene - program yazmak

b. Öğretmen
pazarlama - anlatmak - öğretmek - eğitmek

c. Gazeteci
haber - antrenman yapmak - röportaj - yazı dizisi

d. Çiftçi
biçmek - kazmak - resim çizmek - ekmek

e. Avukat
savunmak - suçluları yargılamak - mahkeme - yargı

OKUMA - ANLAMA

1. Aşağıdaki parçayı okuyunuz.

Tarık Akan

Muazzez Ersoy

İbrahim Tatlıses

Serdar Ortaç

HİÇBİRİ YILDIZ DOĞMADI!

Geçtiğimiz günlerde taksisine bindiğim bir şoför, gazeteci olduğumu öğrenince bana ünlü türkücü İbrahim Tatlıses ile ilgili anılarını anlatmaya başladı. Herkesçe bilinen Tatlıses'in inşaat işçisi olduğu dönemlerle ilgili birkaç hatıra anlattıktan sonra 'bir tesadüf sonucu' müziğe başladığından, şöhret basamaklarını birer birer tırmanışından bahsetti. Bir tesadüf sonucu hayatı birdenbire değişen İbrahim Tatlıses, sanat camiasında ilk akla gelen örnek ama son değildir. Çünkü bugün Türkiye'nin tanıdığı ve sevdiği birçok sanatçının meşhur olma hikâyesi birbirine benzemektedir. Ünlülerin bugün yaptıkları işle önceki mesleklerinin tamamen farklı olduğunu görüyoruz. Meselâ; pek çok filme imza atan Şener Şen'in şöhret olmadan önceki yaptığı işi öğrenince şaşırdık. Önce Eminönü'nde işportacılık sonra da Kasımpaşa-Eminönü arasında minibüs şoförlüğü yapmış. Diğer bir ilginç meslek sahibi de pop yıldızı Mirkelam. Mirkelam'ın asıl mesleği jeoloji mühendisliği.

Türk sinemasının ünlü ismi Tarık Akan Bakırköylü. Tarık Akan önceleri, Bakırköy-Yeşilköy sahillerindeki plâjlarda cankurtaranlık yapıyormuş.

Cüneyt Arkın'ın asıl mesleği ise doktorluk. Tıp fakültesinden mezun olduktan sonra uzun süre işsiz kalan Fahrettin Cüreklibatur, Türk sinemasında Malkaçoğlu olarak ünlendi. Daha sonra da Türk sinemasının ünlü Cüneyt Arkın'ı olarak mesleğini yerine getirdi.

Serdar Ortaç, Haydarpaşa Endüstri Meslek Lisesi torna tesviye bölümünde okurken tatillerde babasının yanında torna atölyesinde çalıştı. Elleriyle metale şekil veren adam, sonradan bu işi bırakıp pop müziğine yön vermeye çalıştı.

Gülben Ergen'in son yaptığı iş yayın yönetmenliği idi. İlk yaptığı meslek ise reklâmcılıktı.

Muazzez Ersoy, genç bir kızken tezgâhtarlık yapıyordu. Şu anda ise Türkiye'nin en ünlü ses sanatçılarından biridir.

Şener Şen

Cüneyt Arkın

Gülben Ergen

Mirkelam

2. Okuduğunuz parçaya göre aşağıdaki cümlelerden doğru olanın başına "D"; yanlış olanın başına "Y" yazınız.

a. ( ) İbrahim Tatlıses gençliğinde inşaat işçisiymiş.

b. ( ) Ünlülerin ilk yaptığı işlerle bugünkü işleri arasında bir benzerlik yoktur.

c. ( ) Ünlü sinema oyuncusu Şener Şen gençliğinde otobüs şoförlüğü yapmış.

d. ( ) Tarık Akan Bakırköylüdür.

e. ( ) Muazzez Ersoy şu anda Türkiye'nin en ünlü sanatçılarındandır.

3. Aşağıdaki soruları okuduğunuz parçaya göre cevaplayınız.

a. Ünlü aktör Cüneyt Arkın'ın sinema sanatçısı olmadan önceki ismi nedir?

....

b. İbrahim Tatlıses'in daha önceki mesleği neydi?

....

c. Gülben Ergen'in ilk yaptığı iş nedir?

....

d. Mirkelam jeoloji mühendisi miydi?

....

e. Ünlü olmadan önce tezgâhtarlık yapan ses sanatçısı kimdir?

....

f. Ünlü film yıldızı Şener Şen ünlü olmadan önce hangi işleri yapıyordu?

....

ÖRNEKLEME

Aşağıdaki soruları tekrarlayınız ve uygulayınız.

Soru 1
Babanızın mesleği ne?

Cevap
Babamın mesleği mühendisliktir.

Kısa Cevap
Mühendislik

Uygulama

....

Soru 2
Siz hangi mesleği seçmeyi düşünüyorsunuz?

Cevap
Ben doktorluğu seçmeyi düşünüyorum.

Kısa Cevap
Doktorluğu

Uygulama

....

Soru 3
21. yüzyılının en popüler meslekleri sizce hangileri olacaktır?

Cevap
Bence 21. yüzyılın en popüler meslekleri pilotluk ve tasarımcılık olacaktır.

Kısa Cevap
Pilotluk ve tasarımcılık

Uygulama

....

Soru 4
Sizce en zor ve en kolay meslek hangisidir?

Cevap
Bana göre en zor meslek inşaat ustalığı; en kolay meslek de sekreterliktir.

Kısa Cevap
İnşaat ustalığı zor, sekreterlik kolaydır.

Uygulama

....

KONUŞMA

1. **Aşağıdaki diyaloğu uygulayınız.**

Ahmet : Hangi mesleği seçeceksin?
Ayşe : Öğretmenliği seçeceğim.
Ahmet : Niçin?
Ayşe : Her yüzyılda geçerli olduğu için.

a. doktorluk
b. ressamlık
c. pilotluk

2. **Sizce günümüzde insanlığa en fazla hizmet eden meslek türü hangisidir?**

3. **Zamanın değişmesiyle mesleklerin popülerliği değişiyor mu? Değişiyorsa değişim sebepleri nelerdir?**

4. **"Meslek seçiminde okul mu, aile mi daha etkilidir?" arkadaşlarınızla tartışınız.**

DİNLEME

1. **Aşağıdaki diyaloğu dinleyiniz.**

MESLEK SEÇİMİ

Ahmet : Merhaba Ayşe?
Ayşe : Merhaba Ahmet.
Ahmet : Bugün çok önemli bir konu işledik.
Ayşe : Hangi konuyu işlediniz?
Ahmet : 21. yüzyılda meslekler konusunu işledik.
Ayşe : Biz de geçen hafta işlemiştik. Gerçekten ilginç meslekler varmış.
Ahmet : Peki bu dersten sonra hangi mesleği seçmeyi düşünüyorsun?
Ayşe : İletişim mühendisliğini. Ya sen?
Ahmet : Ben de bilgisayar programcılığını seçeceğim.

2. **Aşağıdaki soruları dinlediğiniz diyaloğa göre cevaplayınız.**

a. Konuşan kişilerin mesleği ne olabilir?
....

b. Ayşe hangi mesleği seçmeyi düşünüyor?
....

c. Ahmet hangi mesleği seçmeyi düşünüyor?
....

d. Ahmetler hangi konuyu işlemişler?
....

e. Ayşe konuyu ilginç bulmuş mu?
....

SESSİZ UYUMU
SESSİZ YUMUŞAMASI

HANGİ MESLEKLER YOK OLACAK?

Önümüzdeki yıllarda birçok mesleğin yok olacağını, birçok mesleğin de ortaya çıkacağını göreceğiz. İnsanlığın başlangıcından bugüne dek birçok meslek değerini yitirmiş; aklımızın ucundan hiç geçmeyen meslekler ortaya çıkmıştır. 21. yüzyılda ise bu değer yitirme ve değer kazanma olayı hızlanarak devam edecektir. Hangi mesleği, niçin seçeceğimizi; seçeceğimiz mesleğin bize nasıl bir gelecek sağlayacağını çok iyi hesap etmek mecburiyetindeyiz. Aksi takdirde yüzyılı yanlış okumanın cezasını hem biz çekeriz; hem de çocuklarımız çeker.

1 Sessiz Uyumu

Türkçede sessiz harfler; sert sessizler ve yumuşak sessizler olmak üzere ikiye ayrılır.

Sert sessizler : ç, f, h, k, p, s, ş, t
Yumuşak sessizler : b, c, d, g, ğ, j, l, m, n, r, v, y, z

Sert sessizle biten bir kelimeye "c, d, g" sessizlerinden biriyle başlayan bir ek getirildiğinde, "c, d, g" yumuşak sessizleri kelimenin sonundaki sert sessizle benzeşerek kendi sert karşılığı olan "ç, t, k" sessizlerine dönüşür. Buna "sessiz benzeşmesi" veya "sessiz uyumu" denir.

— Örnek

meslek-~~d~~e ⟶ meslek-te (d/t)
sanat-~~c~~ı ⟶ sanat-çı (c/ç)
kitap-~~c~~ı ⟶ kitap-çı (c/ç)
çalış-~~g~~an ⟶ çalış-kan (g/k)
iş-~~d~~en ⟶ iş-ten (d/t)

— Örnek

Fırıncı, dokumacı, kebapçı, kayıkçı... Alay, Çemberlitaş'tan, Sultanahmet'ten, Sirkeci'den Taksim'e yürüyor; her tarafta sevgilerle, çoşkun alkışlarla karşılanıyordu.

2 Sessiz Yumuşaması

Türkçede "p, ç, t, k" sert sessizleriyle biten kelimelerden sonra sesli ile başlayan ek geldiğinde "p, ç, t, k" yumuşayarak "b, c, d, g, ğ" olur. Bu olaya "sessiz yumuşaması" denir.

p ⟶ b
ç ⟶ c
t ⟶ d
k ⟶ g, ğ

— Örnek

meslek-e ⟶ mesleğe
kitap-ı ⟶ kitabı
ağaç-a ⟶ ağaca
armut-u ⟶ armudu

NOT Tek heceli kelimelerde genellikle yumuşama olmaz.

— Örnek

ip, top, suç, et, ot, at, saç vb. gibi.

NOT "-k" yumuşayınca "ğ" oluyordu. "k" den önce "n" varsa "k" ler "g" olur.

— Örnek

denk-i ⟶ dengi
çelenk-e ⟶ çelenge
renk-i ⟶ rengi

ALIŞTIRMALAR

1. A: Hangi mesleği seçmeyi düşünüyorsunuz?
   B: ....
2. A: Öğretmenliği niçin seçmeyi düşünüyorsunuz?
   B: ....
3. ***Aşağıdaki kelimeleri verilen eklerle yeniden yazınız.***

Kelime	-e	-i	-in
a. Meslek	....	....	....
b. Öğretmenlik	....	....	....
c. Ahenk	....	....	....
d. Kitap	....	....	....
e. Kurt	....	....	....
f. Topaç	....	....	....

4. ***Aşağıdaki cümlelerde, sessiz yumuşaması olan kelimelerin altını çiziniz.***

a. Başbakanın demecini televizyondan dinledim.
b. Parmağında ve kulağında yaralar vardı.
c. Dolabın borcunu ödedikten sonra 5 milyon liram kaldı.
d. Akdeniz'in verimli toprağında her çeşit ürün yetişmektedir.

DEYİM

Aşağıdaki deyimleri okuyunuz.

a. Püf noktası: Bir işin en ince ve en önemli yeri.

Örnek:
Öğretmenliğin **püf noktası** öğrenciyi sevmektir

b. Çizmeyi Aşmak: Bilmediği işe, yetkisi dışındaki konuya karışmak.

Örnek:
Doktor, veterinere "**çizmeyi aşma**" dedi.

c. Pabucu dama atılmak: Daha iyisine kavuşulduğunda eskisinden vazgeçmek.

Örnek:
Yeni gelen tamirci eski tamircinin **pabucunu dama attı**.

ALIŞTIRMALAR

Aşağıdaki deyimlerle resimleri eşleştiriniz.

a. Çizmeyi aşmak
b. Pabucu dama atılmak
c. Püf noktası

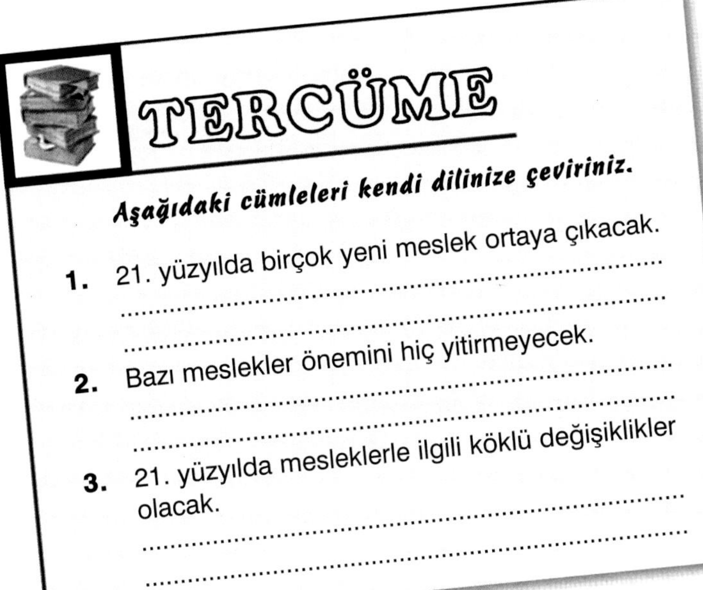

TERCÜME

Aşağıdaki cümleleri kendi dilinize çeviriniz.

1. 21. yüzyılda birçok yeni meslek ortaya çıkacak.
....
....
2. Bazı meslekler önemini hiç yitirmeyecek.
....
....
3. 21. yüzyılda mesleklerle ilgili köklü değişiklikler olacak.
....
....

Hatırlatma

Türkiye'de gelenek olarak erkeklere maaşı; kadınlara ise yaşı sorulmaz.

TELÂFFUZ

- B -

Özellikleri

a. Türk alfabesinin ikinci harfidir.
b. Yumuşak sessizlerdendir.
c. Kelimenin başında veya ortasında bulunur.
Örnek: baş, boş, bıçak
baba, araba, biber
d. Okunuşu: ba, be, bı, bi, bo, bö, bu, bü
ab, eb, ıb, ib, ob, öb, ub, üb

ALIŞTIRMA

Aşağıdaki tekerlemeyi tekrarlayınız.

Sizin damda var,
Beş boz başlı, beş boz ördek.
Bizim damda var,
Beş boz başlı, beş boz ördek.
Sizin damdaki,
Beş boz başlı, beş boz ördek
Bizim damdaki,
Beş boz başlı, beş boz ördeğe:
Siz de bizim gibi,
Beş boz başlı, beş boz ördek misiniz, demiş.

SERBEST OKUMA

1. Aşağıdaki parçayı okuyunuz.
Track6:

21. YÜZYILDA MESLEKLER

Gelecek yüzyılın birçok mesleği henüz yok. Zaten 1900'lü yılların ilk otuz mesleğinden sadece yedisi hâlâ ilk otuz içerisinde yer alıyor. Örneğin; 1900'lü yıllarda yüz Amerikalıdan otuz beşi halkı beslemek için çalışıyordu. Günümüzdeyse bu oran sadece yüzde ikidir.

21. yüzyılda, mesleklerden hemen hemen hepsi bilgisayarı iyi bilmeye bağlı olsa da, pek çok farklı meslek var olmaya devam edecek.

Eski meslekler tekrar eski veya yeni isimleriyle değer kazanacak. Bahçıvanlık, temizlikçilik, doktorluk, öğretmenlik, manikürcülük, oyunculuk, yönetmenlik, aşçılık, psikologluk ve çeşitli zanaat grupları eski ismi ve değeriyle devam edecek.

21. yüzyılda ortaya çıkacak yeni gözde meslekler olacak. Örneğin; mikrocerrahlık, iş avukatlığı, bilgisayar tamirciliği, iletişim mühendisliği, telif hakları denetleyiciliği, internet reklâmcılığı, internet tasarımcılığı, yüksek teknoloji yöneticiliği, sigortacılık ... gibi

Henüz bilinmeyen, geleceğin yeni teknoloji uzmanları ortaya çıkacak. Estetik mühendisi, ağ mimarı, insan ve hayvan klonları tasarımcısı bunlardan bazıları olacaktır.

Hizmet sektöründe de öz geçmiş editörü, insan ilişkileri analisti, uyruk değiştirme danışmanı, özel ders öğretmeni, masalcı, üvey ana baba gibi yeni meslekler ortaya çıkacaktır.

Gelecekte her mesleğin üretken olabilmesi için iki ya da daha fazla mesleğin bitişme noktasında olması gerekmektedir.

2. Okuduğunuz parçaya göre aşağıdaki cümlelerden doğru olanın başına "D"; yanlış olanın başına "Y" yazınız.

a. ( ) 21. yüzyılda yeni meslekler ortaya çıkacak.

b. ( ) 21. yüzyılda 20. yüzyılda olan hiçbir meslek olmayacak.

c. ( ) Mesleklerin çoğu bilgisayarı kullanmayı gerektirecek.

d. ( ) Henüz bilinmeyen teknoloji uzmanları ortaya çıkacak.

e. ( ) Bazı mesleklerin yüzyıllara göre önemi artmakta veya azalmaktadır.

3. Aşağıdaki cümleleri okuduğunuz parçaya göre sıralayınız.

[1] 1900'lü yıllarda yüz Amerikalıdan otuz beşi halkı beslemek için çalışıyordu.

[ ] Yeni meslekler ise çok gözde olacak.

[ ] Gelecekte her mesleğin üretken olabilmesi için iki ya da daha fazla mesleğin bitişme noktasında olması gerekmektedir.

[ ] Hizmet sektöründe yeni meslekler ortaya çıkacak.

[ ] Bazı meslekler tekrar eski ve yeni isimleriyle değer kazanacak.

DEĞERLENDİRME

1. Aşağıdaki mesleklerle resimleri eşleştiriniz.

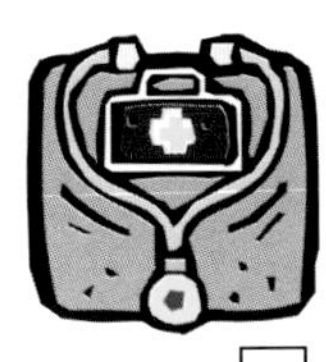

- **a.** Şoför
- **b.** Sanatçı
- **c.** Yazar
- **d.** Tamirci
- **e.** Doktor

2. Aşağıdaki cevaplara uygun sorular yazınız.

a. **A:** ....?
B: Babamın mesleği gazeteciliktir.

b. **A:** ....?
B: Pilot olmayı düşünüyorum.

c. **A:** ....?
B: Bence en iyi meslek sevdiğin meslektir.

d. **A:** ....?
B: Bence 21. yüzyılda en popüler meslek doktorluk olacaktır.

Proje Ödevi

Ülkenizdeki en ünlü meslek sahiplerinin (50*70 boyutundaki karton) resimlerini ve yaptıkları meslekleri içeren bir proje ödevi hazırlayınız.

Yapılışı: Resimleri bir gazeteden veya dergiden kesin ve altına şu bilgileri yazın.

Adı, soyadı:
Mesleği:
Yaşı:
Kişisel özellikleri:

3. "Çizmeyi aşmak" deyiminin anlamı aşağıdakilerden hangisidir?

- **A.** Çok konuşmak
- **B.** Konuyu anlayamamak
- **C.** Uzmanlığı dışındaki konuya karışmak
- **D.** Konunun uzmanı olmak

4. Aşağıdaki karışık kelimelerden anlamlı cümleler kurunuz.

a. ortaya / yeni / hizmet sektörü... / meslekler / çıkacak
....

b. henüz / yüzyıl... / birçok / yok / meslek... / gelecek
....

c. meslek / sevdiğim / en / öğretmenlik...
....

5. Aşağıdaki soruları cevaplayınız.

a. Bildiğiniz beş mesleği yazınız.
....

b. İdealinizde hangi meslek var, niçin?
....

c. Gelecek yüzyılda hangi meslekler yok olacak?
....

d. Sevdiğiniz mesleği mi, yoksa çok para kazanacağınız mesleği mi seçmek istersiniz?
....

e. Meslek seçimi konusunda nelerin etkisinde kalıyorsunuz?
....

f. Meslek seçiminde büyüklerin baskısını doğru buluyor musunuz?
....

6. Aşağıdaki tabloyu doldurunuz.

Aile bireyiniz	Mesleği
Babam	Polis
Annem	....
Ağabeyim	....
Amcam	....
Halam	....
Teyzem	....
Dayım	....
Kız kardeşim	....

MÜZİK KUTUSU

1. Aşağıdaki boşlukları dinlediğiniz şarkıya göre doldurunuz.

FABRİKA KIZI

Gün doğarken her sabah,
Bir kız geçer kapımdan.
Köşeyi dönüp kaybolur,
Başı önde yorgunca.

.... tütün sarar;
Sanki kendi içer gibi,
Sararken de hayal kurar,
Bütün insanlar gibi.

Bir .... olsun ister,
Bir de içmeyen kocası.
Tanrı ne verirse geçinir gider,
Yeter ki mutlu olsun yuvası.

Dışarıda bir .... başlar.
Yüreğinde derin sızı.
Gözlerinden yaşlar akar,
Ağlar .... kızı.

Oysa yatağında bile,
Bir gün uyku göremez.
.... anası gibi,
Kadınlığını bilemez.

Makineler diken gibi,
Batar her gün kalbine.
.... örecek elleri,
Her gün .... derdinde.

Gün batarken her akşam,
Bir kız geçer kapımdan.
Köşeyi dönüp kaybolur,
Başı önde yorgunca.

Fabrikada .... sarar;
Sanki kendi içer gibi.
Sararken de .... kurar,
Bütün insanlar gibi.

2. Aşağıdaki soruları dinlediğiniz şarkıya göre cevaplayınız.

a. Şarkıda anlatılan kız nerede çalışmaktadır?
....

b. Kızın istekleri nelerdir?
....

c. Kız fabrikada ne yapmaktadır?
....

D

Seçmek istediğiniz mesleğin özelliklerini içeren bir yazı yazınız.

OYUN

İşte size bir salata ama bu salatanın bildiğimiz salatayla bir ilgisi yok. Çünkü bu bir harf salatası. Sağdan sola; yukarıdan aşağıya, dikey, yatay ve çapraz bir yol izleyerek, 25 mesleğin adını bulunuz.

Örnek: VETERİNER

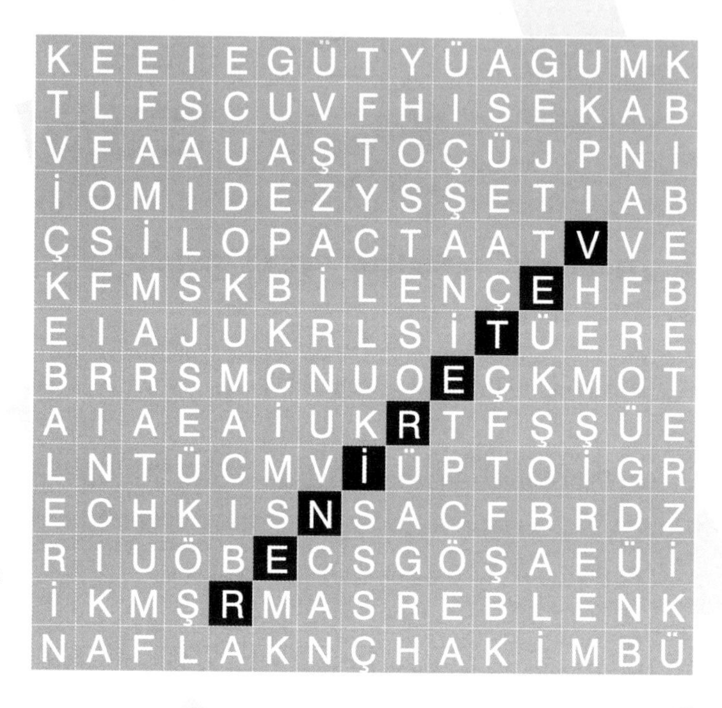

K	E	E	I	E	G	Ü	T	Y	Ü	A	G	U	M	K
T	L	F	S	C	U	V	F	H	I	S	E	K	A	B
V	F	A	A	U	A	Ş	T	O	Ç	Ü	J	P	N	I
İ	O	M	I	D	E	Z	Y	S	Ş	E	T	I	A	B
Ç	S	İ	L	O	P	A	C	T	A	A	T	V	V	E
K	F	M	S	K	B	İ	L	E	N	Ç	E	H	F	B
E	I	A	J	U	K	R	L	S	İ	T	Ü	E	R	E
B	R	R	S	M	C	N	U	O	E	Ç	K	M	O	T
A	I	A	E	A	İ	U	K	R	T	F	Ş	Ş	Ü	E
L	N	T	Ü	C	M	V	İ	Ü	P	T	O	İ	G	R
E	C	H	K	I	S	N	S	A	C	F	B	R	D	Z
R	I	U	Ö	B	E	C	S	G	Ö	Ş	A	E	Ü	İ
İ	K	M	Ş	R	M	A	S	R	E	B	L	E	N	K
N	A	F	L	A	K	N	Ç	H	A	K	İ	M	B	Ü

KELİMELER

KAPTAN	HOSTES	ŞOFÖR	MUHTAR
BEKÇİ	BALERİN	HEMŞİRE	KASAP
MİMAR	AŞÇI	DOKUMACI	MANAV
HÂKİM	VETERİNER	EBE	TERZİ
SUBAY	SUCU	POLİS	ECZACI
FIRINCI	SÜTÇÜ	PİLOT	KALFA
DİŞÇİ			

Bunları Biliyor musunuz?

¤ En hızlı sakal tıraşı yapma rekoru İngiliz berberler Denny Rowe ve Gerrj Harley'e aittir. Rowe, 19 Haziran 1988'de korumalı bir ustura kullanarak 60 dakika içinde 1994 kişiyi tıraş etti. (1,8 saniye/tıraş). Dört tanesinin yüzünü kanattı. Harley ise açık bir ustura kullanarak 13 Ağustos 1984'te 60 dakikada 235 cesur adamı tıraş etti. (15,3 saniye/tıraş) Bir tanesinin yüzünü kanattı.

¤ Amerika Birleşik Devletleri Sinema ve Sanat Bilimleri Akademisince 16 Mayıs 1929'dan beri dağıtılan Akademi ödüllerini (halk arasındaki adıyla Oskar) en çok kazanan kişi "Walter Disney" dir. "Walter Disney", 1901-1966 yılları arasında 20 Oskar heykeli ve 12 Oskar plâketi kazanmıştır.

Pratik Türkçe

Konu 3 Nasıl Bir Evde Yaşıyorsunuz?

DERSE HAZIRLIK

1. Aşağıdaki soruları cevaplayınız.

a. Evin bölümlerini söyleyebilir misiniz?
b. Siz nasıl bir evde yaşıyorsunuz?
c. Nasıl bir evde yaşamayı isterdiniz?
d. Yaşadığınız ülkenin, geleneksel ev şekli nasıldır? (Kaç odalı? Kaç katlı? Beton mu ahşap mı?...)
e. Türkiye'de birçok aile şehirde yaşar. Fakat yazları da köylere giderler. Siz hiç köye gittiniz mi? Köy evlerinin şehirdekilerden farkı nedir?

2. Aşağıdaki evler nerede yapılmıştır? Bu evler hakkındaki fikirlerinizi belirtiniz. Siz bu evlerden hangisinde yaşamak isterdiniz? Niçin?

KELİMELER

1. Aşağıdaki kelimeleri anlamlarıyla eşleştiriniz.

a. göç etmek
b. apartman
c. çadır
d. çatı
e. taşınmak

1. Evin en üst kısmı
2. Oturmak amacıyla yer değiştirmek
3. Bir ülkeden veya şehirden dönmemek üzere ayrılmak
4. Bezden ev
5. Çok katlı ev

2. "Ev" kelimesi her insanda farklı anlamlar çağrıştırabilir. Aşağıdaki kelimelerden hangileri size evinizi hatırlatmaktadır? Bu kelimelerin önüne "✔" işareti koyunuz.

☐ ikâmetgah	☐ sıcaklık	☐ güç kaynağı
☐ sığınak	☐ konut	☐ mutluluk
☐ paylaşma	☐ yuva	☐ kale
☐ gizlilik	☐ resmî	☐ özlem
☐ korku	☐ hapishane	☐ samimîlik
☐ hasret	☐ soğukluk	☐ güven
☐ şahsîlik	☐ cennet	

3. Aşağıdaki ev eşyalarını uygun oda isimlerinin altına yazınız.

perde	*cezve*	*leğen*
kanepe	*ayna*	*demlik*
bulaşık makinesi	*ocak*	*çalışma masası*
fincan	*halı*	*vitrin*
koltuk	*sözlük*	*karyola*
yemek masası	*çamaşır makinesi*	*gardırop*
masa lâmbası	*kitaplık*	*küvet*
televizyon	*telefon*	*ahize*

Oturma odası	Mutfak	Banyo
....	....	....
....	....	....
....	....	....
....	....	....
....	....	....
....	....	....
....	....	....
....	....	....

OKUMA - ANLAMA

1. Aşağıdaki parçayı okuyunuz.

TÜRKİYE'NİN İLK AKILLI EVİ

Türkiye'nin bilgisayarla donatılmış ilk akıllı evi Compex fuarında tanıtıldı. Akıllı ev; mutfak, hobi odası, salon, çocuk odası ve çalışma odasından oluşuyor. Akıllı ev ve içindeki cihazlar günün yirmi dört saati boyunca internet erişimli herhangi bir araçtan, kilometrelerce uzaktan bile kontrol edilebiliyor. Cep telefonu ya da benzeri internet erişimli bir cihaz ile evin sıcaklığı ayarlanabiliyor.

Akıllı buzdolabı, çamaşır ve bulaşık makinesi, aspiratör ve fırın, internet erişimli herhangi bir cihazdan kontrol edilebiliyor. Buzdolabı, içindeki ürünleri tanıyabiliyor. Markette alışveriş yaparken cep telefonuyla buzdolabına bağlanarak alışveriş listesi alabiliyorsunuz. Bulaşıkları ve çamaşırları iş yerinden vereceğiniz bir talimatla yıkatabiliyorsunuz. Tüm ürünler, arıza durumunda servise ve size mesaj göndererek durum raporu verebiliyor.

Akıllı evlerde hırsızlara da geçit yok. Hırsızın eve girmesiyle birlikte evin ışıkları ve panjurları otomatik olarak açılıyor. Kısa mesaj ile hırsız size bildiriliyor.

Çalışan anne ve babalar için akıllı ev, çocuklarıyla her an ilgilenebilme imkânı veriyor. İş yerinizden evdeki kamera sistemine bağlanarak televizyon üzerinden çocuklarınızı kontrol edebiliyor ve onlarla konuşabiliyorsunuz. Çocuklarınızın okuldan döndüğünü size haber verebilen akıllı ev, yine bilgisayarınızın üzerindeki fırın mönüsü ile yemekleri ısıtmanızı sağlıyor.

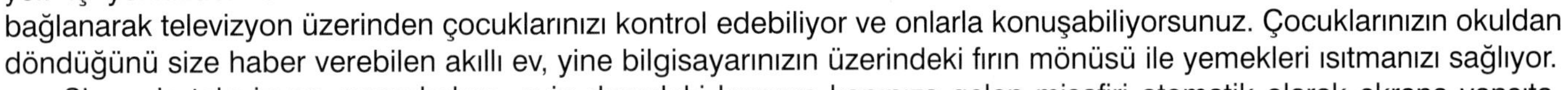

Siz evde televizyon seyrederken, evin dışındaki kamera kapınıza gelen misafiri otomatik olarak ekrana yansıtabiliyor.

Peki bu evin fiyatını merak ediyor musunuz? 145 metrekarelik bu ev 119 milyar lira. Yani yaklaşık olarak 85.000 dolar.

2. Okuduğunuz parçaya göre aşağıdaki cümlelerden doğru olanın başına "D"; yanlış olanın başına "Y" yazınız.

a. ( ) Türkiye'nin bilgisayarla donatılmış ilk akıllı evi Compex fuarında tanıtıldı.
b. ( ) Akıllı ev; mutfak, hobi odası, salon, çocuk odası ve çalışma odasından oluşuyor.
c. ( ) Akıllı ev hırsızları öldürüyor.
d. ( ) Akıllı evdeki buzdolabına bağlanarak bir alışveriş listesi alabilirsiniz.
e. ( ) Çocuklar için akıllı evler çok tehlikelidir.
f. ( ) Akıllı ev yaklaşık olarak 85.000 dolardır.

3. Aşağıdaki soruları okuduğunuz parçaya göre cevaplayınız.

a. Türkiye'nin bilgisayarla donatılmış ilk akıllı evi nerede kuruldu?
....
b. Akıllı ev hangi odalardan oluşuyor?
....
c. Akıllı eve hırsız girdiğinde ev sizi nasıl haberdar ediyor?
....
d. Akıllı ev hırsızlara karşı nasıl bir tepki veriyor?
....
e. Akıllı evin fiyatı kaç lira?
....

ÖRNEKLEME

Aşağıdaki soruları tekrarlayınız ve uygulayınız.

Soru 1
Kendi evinizde mi yoksa kirada mı oturuyorsunuz?

Cevap
Kendi evimizde oturuyoruz.

Kısa Cevap
Kendi evimizde

Uygulama
....

Soru 2
Ne kadar kira ödüyorsunuz?

Cevap
Ayda 120 milyon lira.

Kısa Cevap
120 milyon

Uygulama
....

Soru 3
Nerede yaşıyorsunuz?

Cevap
Apartmanda iki odalı bir dairede.

Kısa Cevap
Dairede

Uygulama
....

Soru 4
Ev adresiniz ne?

Cevap
Ev adresim:
Çamlıca Mahallesi
Huzur sok.
No: 16 Daire: 5
Kadıköy/İSTANBUL

Uygulama
....
....
....
....

Soru 5
Ahmetlerde bugün ders çalışacağız, fakat nasıl gideceğimi bilmiyorum. Tarif edebilir misiniz?

Cevap
Tabi. Kadıköy'den 17 numaralı otobüse bin. Sonra Göztepe'ye gelince inersin. Durağın karşısında İnönü Caddesi var. Caddeden yukarıya doğru yürü. İkinci sokağa gelince sağda bir eczahane var. Ahmetlerin evi eczahanenin üstünde.

Kısa Cevap
Buradan 17 numaralı otobüse binin. Site durağında inin. Eczahanenin üzerindeki daire.

Uygulama
....
....
....
....
....
....
....
....
....
....
....

KONUŞMA

Evin özellikleri	Çevre özellikleri	
oda sayısı	ulaşım	sinema
bahçe	kasaba	sahil
merkezî ısıtma	şehir	alışveriş merkezi
mutfak	hava alanına yakınlık	lokantalar
banyo	tren istasyonu	tiyatro
140 metre kare	okula yakınlık	park
daire	iş yerine yakınlık	piknik yeri
müstakil ev	deniz otobüsü	deniz

1. Yukarıdaki kelimelerden faydalanarak aşağıdaki soruları cevaplayınız.

a. Nasıl bir evde yaşıyorsunuz? (Apartman / Müstakil ev / Bahçeli ev)
b. Daireniz kaç metre kare? Dairenizde kaç oda var?
c. Evinizin çevresinde neler var?
d. Şehirdeki bazı merkezlere (okul, alışveriş merkezi, iş yeri) nasıl gidiyorsunuz?
e. Büyük şehirlerde yaşamanın avantajları nelerdir? Arkadaşlarınızla tartışınız.

DİNLEME

1. Aşağıdaki diyaloğu dinleyiniz.

EMLÂKÇIDA

Ali Bey : İyi günler efendim. Bir ev satın almayı düşünüyorum. Yardımcı olabilir misiniz?

Emlâkçı : Tabi efendim. Nasıl bir ev arıyorsunuz?

Ali Bey : Biz kalabalık bir aileyiz. Onun için oda sayısı çok önemli. Ev en az üç odalı olmalı.

Emlâkçı : Problem yok. Elimizde birçok üç odalı ev var.

Ali Bey : Sadece bu kadar değil. Aynı zamanda okula yakın olmalı. Çünkü çocuklarımın hepsi okula gidiyor. Ulaşımın sorun olmasını istemiyorum. Bir de evin etrafında park olsa iyi olur. Çünkü ben her pazar koşarım. Yeni evimizde bu alışkanlığımın kaybolmasını istemiyorum.

Emlâkçı : Merak etmeyin efendim. İsteklerinize göre birkaç tane evimiz var. Sizin yapacağınız yalnızca birini seçmek.

Ali Bey : Teşekkür ederim. Müsaade ederseniz eşimi de buraya çağırmak istiyorum. Onun düşüncesi benim için önemli. Şimdi işten çıkmış olmalı. Birazdan burada olur.

2. Dinlediğiniz diyaloğa göre aşağıdaki cümlelerden doğru olanın başına "D"; yanlış olanın başına "Y" yazınız.

a. ( ) Ali Beyin kalabalık bir ailesi var.
b. ( ) Ali Beyin iki çocuğu okula gidiyor.
c. ( ) Ali Bey için oda sayısı çok önemli değil.
d. ( ) Ali Bey eşinin fikrini de almak istiyor.
e. ( ) Emlâkçıda Ali Beyin istediği şekilde bir ev yok.

3. Aşağıdaki soruları dinlediğiniz diyaloğa göre cevaplayınız.

a. Ali Bey kaç odalı bir ev arıyor?
....
b. Ali Bey alacağı evin çevresinde niçin bir park olmasını istiyor?
....
c. Niçin okula yakın bir ev almak istiyor?
....
d. Ali Bey emlâkçıdayken eşi nerededir?
....

TELÂFFUZ

- C -

Özellikleri

a. Türk alfabesinin üçüncü harfidir.
b. Yumuşak sessiz harflerdendir.
c. Kelimenin başında ve ortasında bulunabilir.
   Örnek: ca, can, canan...
   cüce, yüce, baca...
d. **Okunuşu:** ca, ce, cı, ci, co, cö, cu, cü
   ac, ec, ıc, ic, oc, öc, uc, üc

ALIŞTIRMA

Aşağıdaki tekerlemeyi tekrarlayınız.

Cüce çinici Celali Hoca gizlice marpuççular içindeki zücaciyecilere gidip içi Çince yazılı cicili bicili cam çubukları cepceğizine indirmiş.

- Ç -

Özellikleri

a. Türk alfabesinin dördüncü harfidir.
b. Sert sessiz harflerdendir.
c. Kelimenin başında, ortasında ve sonunda bulunabilir.
   Örnek: çan, çanak, çiçek...
   aç, açı, açlık...
   topaç, çekiç, dalgıç...
d. **Okunuşu:** ça, çe, çı, çi, ço, çö, çu, çü
   aç, eç, ıç, iç, oç, öç, uç, üç
e. "ç" sert sessizi ile biten kelimelerden sonra sessiz harfle başlayan bir ek gelirse, gelen ekin ilk sessizi de sert sessiz (ç, f, h, k, s, ş, t) olur.
   Örnek: saç-sız, üç-taş

ALIŞTIRMA

Aşağıdaki tekerlemeyi tekrarlayınız.

Çatalca'da başı çıbanlı topal çoban, çatal sapan yapar ve satar.

DİL BİLGİSİ

KELİME ANLAMI

ISLAK HALILAR

O gün her şey yolunda gitti. Akşama kadar güzel güzel oynadık. Annemin uyarılarına çok dikkat ettik. Ama sabahleyin uyandığımızda, beklenmedik bir durumla karşılaştık. Yatak odamızın halısı su içinde yüzüyordu. Yatmadan önce sular kesilmişti. Muslukları açık unutmuşuz. Banyodan taşan sular her yeri ıslatmıştı. Çok üzüldüm. Zavallı anneciğim, dikkatli olmamız için bizi ne kadar uyarmıştı. Onu üzmemek için, kardeşimle birlikte, ıslak halıyı balkona çıkarıp güneşe serdik. Taşan suları da boşalttık. Her tarafı temizleyip düzelttik.

Kelime Anlamı

Her kelime bir kavram veya nesneyi karşılamak için doğar. Bu yüzden her kelimenin bir temel anlamı mutlaka vardır. Ancak toplumsal yaşamda meydana gelen değişiklikler sözcüklerin anlamlarında da değişiklikler meydana getirir.

Bir kelime, değişik nedenlerden dolayı birçok kavramı veya nesneyi karşılayabilir. Böyle kelimelere çok anlamlı kelimeler denir. Türkçe bu tür kelimeler yönüyle zengindir.

— Örnek

"almak"
Marketten bisküvi aldım. (temel anlam)
Bu bavul bu kadar giysiyi almaz. (sığmak)
Işık gözümü aldı. (kamaşmak)
Arkadaşımı içeriye almadılar. (girmek)

Bu cümlelerde "almak" fiilinin daha başka anlamları da vardır. Bu nedenle bir kelimenin anlamının ne olduğu ancak cümle içinde belli olur.

KELİMELERİN ANLAM DEĞİŞMELERİ

Gerçek Anlam

Bir kelimenin karşıladığı ilk ve temel anlamdır. Her sözcüğün bir gerçek anlamı mutlaka vardır. Sözcük tek başına kullanıldığında genellikle ilk olarak gerçek anlamı akla gelir.

— Örnek

Göz : Başımızda yer alan ve görmemizi sağlayan organ.
Ahmet'in gözleri bozukmuş.
Açmak : Kapalı bir şeyin kapağını ve üstünü açmak.
Pencereyi açınca kuş kaçtı.
Ayak : Vücudumuzun yürümeye yarayan organıdır.
Top oynarken ayağını kırmış.

Mecaz Anlam

Bir kelimenin gerçek anlamından tamamen farklı bir anlamda kullanılmasıdır. Bu anlamıyla kelime tamamen farklı bir kavramı karşılar.

— Örnek

Göz
Anahtarı çekmecenin gözüne bıraktım. (bölümüne)
Açmak
Bu elbise seni hiç açmamış. (güzel göstermemiş)
Ayak
Köprünün ayaklarını tamir edecekler. (direkler)

Eş Anlam

Aynı kavramı karşılayan farklı kelimelere eş anlamlı kelimeler denir.

— Örnek

ak ⟶ beyaz
siyah ⟶ kara
âlim ⟶ bilgin

Cümledeki bir kelimeyi çıkarıp yerine başka bir kelimeyi koyduğumuzda anlam değişmiyorsa bu kelimeye eş anlamlıdır diyebiliriz. Ancak kalıplaşmış sözlerde kelime değiştirilemez.

— Örnek

Çocuğun kara gözleri vardı. "siyah göz" diyebiliriz.
Alnımın kara yazısı. "siyah yazısı" diyemeyiz.

Karşıt Anlam

Birbirine karşıt kavramları karşılayan kelimelerdir.

erken ⟶ geç
ileri ⟶ geri
ak ⟶ kara
âlim ⟶ cahil
aşağı ⟶ yukarı
güzel ⟶ çirkin
şişman ⟶ zayıf
hızlı ⟶ yavaş

Olumsuzluk ve karşıt anlam karıştırılmamalıdır. Bir kelimenin olumsuzu o kelimenin zıttı değildir. "Oturmak" kelimesinin zıttı "oturmamak" değil "kalkmak" tır. "Almak" kelimesinin zıttı "almamak" değil "vermek" tir.

ALIŞTIRMALAR

1. *Aşağıdaki cümlelerin hangisinde karşıt kelimeler bir arada kullanılmıştır?*

A. Okuldan biraz geç çıkmışım.
B. Güldüğümüz günleri hatırladıkça ağlıyorum.
C. Savaşta hafif bir yara almış.
D. Kaç gündür bir şey yemedim.

2. *Aşağıdaki cümlelerin hangisinde altı çizili kelime mecaz anlamıyla kullanılmıştır?*

A. Cesaretinin <u>kırılmasına</u> izin verme.
B. Çevre <u>temizliğine</u> önem vermeliyiz.
C. Arkadaşla eve kadar <u>yürüdük</u>.
D. Çocuğun <u>gözleri</u> ağrıyormuş.

DEYİM

Aşağıdaki deyimleri okuyunuz.

a. Evdeki hesap çarşıya uymamak: İşlerin önceden düşünüldüğü gibi değil de başka bir şekilde gitmesi.

Örnek:
Yarın tatile çıkacaktık ama babam izin alamadı. **Evdeki hesap çarşıya uymadı.**
Kendime takım elbise alacaktım ama **evdeki hesap çarşıya uymadı**. Çünkü param çok azdı.

b. Evde kalmak: Yaşı ilerlediği halde evlenecek kısmeti çıkmamak. Evlenme şansı olmamak.

Örnek:
Ayşe bir türlü evlenemiyor. Böyle giderse **evde kalacak**.
Evin ekmeğini çıkaran çocuk, **evde kalmış** kızlar gibi bekârlıkta ısrar ediyor.

c. Ev bark sahibi olmak: Bir evi ve ailesi olmak.

Örnek:
Kış günü herkesin **evi barkı** olsun.
Bu selde **evi barkı** yıkılanlara yardımda bulunmalıyız.

d. Ocağı yıkılmak: Evi barkı mahvolmak.

Örnek:
Trafik kazasında Mehmet Amcanın **ocağı yıkıldı**.
17 Ağustos depreminde birçok ailenin **ocağı yıkıldı**.

ALIŞTIRMALAR

Aşağıdaki resimlerle deyimleri eşleştiriniz.

a. Evde kalmak
b. Ocağı yıkılmak
c. Evdeki hesap çarşıya uymamak
d. Ev bark sahibi olmak

Bunları Biliyor musunuz?

¤ Dünyanın en yüksekte bulunan evleri, Hindistan-Tibet sınırında Mana geçidindeki Basisi köyünde bulunmaktadır. Köyün rakımı 5990 metredir.

¤ Dünyanın tek bir çatı altındaki en büyük ticarî binası, Hollanda'da bulunan VBA Kooperatifi adlı çiçek pazarı binasıdır.

¤ Dünyanın en büyük sarayı Çin'in başkenti Pekin'de bulunan imparatorluk sarayıdır.

¤ Dünyanın en büyük evi Amerika'nın Carolina eyaletinde bulunan George Washington'un torunları olan George ile William Cacil'e ait 250 odalı bir evdir.

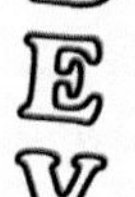

ÖDEV

a. Nasıl bir evde oturmak isterdiniz? Hayalinizdeki evi anlatan bir paragraf yazınız.

b. Ülkenizde bulunan önemli bir yapıyı (saray, villa, dağ evi...) tanıtınız.

SERBEST OKUMA

1. *Aşağıdaki parçayı okuyunuz.*

SAFRANBOLU EVLERİ

Ben Safranboluluyum. Aynı zamanda Safranbolu belediye başkanıyım. Size yaptığımız çalışmalardan çok, Safranbolu evlerinden bahsetmek istiyorum. Safranbolu'yu dünyaya tanıtan en önemli özellik, geleneksel Türk mimarisi tarzındaki evlerdir. Safranbolu'da hiçbir ev derme çatma yapılmamıştır. Tüm evler bahçe içinde, çoğunlukla üç katlı, 6-8 odalı, geniş ve büyük evlerdir.

Safranbolu evleri çevreye son derece saygılıdır. Doğa-ev-insan, sokak-ev, sokak-çarşı ilişkileri oldukça düzenli ve dengelidir. Safranbolu evlerinin çevreye olduğu kadar komşuya da saygısı vardır. Hiçbir ev diğerinin manzarasını engellemez. Kısacası Safranbolu'da manzara, adaletli bir şekilde paylaşılmıştır.

Evin bahçesiyle sokak bir taş duvarla ayrılmıştır. Büyükçe bir kapıyla bazen bahçeye, bazen de eve girilir. Her kapının üzerinde kocaman kilitler vardır. Kilitlerin yanında "şakşak" halkaları vardır. Bu halkalar vurularak kapı çalınır.

Zemin kat: Evin girişinde, yani zemin katta "hayat" vardır. Aynı zamanda odunların kurutulması için bir bölüm yer alır. Zemin katta ayrıca ahırlar, büyük kazan ocakları ve ambarlar bulunur.

Üst kat: Üst kata ahşap bir merdivenle çıkılır. Burası diğer katlara göre daha basıktır. Bu katta gerektiğinde yatak odası olarak da kullanılabilen bir mutfak bulunur. Gündelik yaşam bu katta geçer. Çünkü bu katın soğuk kış günlerinde ısıtılması daha kolay olur.

Üçüncü kat: Üçüncü kat, Safranbolu evlerinde mükemmelliğe varılan noktadır. Bu katta tavanlar daha yüksektir. Odaların giriş kapıları köşelerdedir. Kapı ve oda arasında direk teması önleyen ahşap paravanlar vardır. Odaların tavanları ahşap süslemelerle kaplıdır. Her oda bir ev gibi düşünülmüştür. Bunun için her odada ahşap dolapların içinde duş kabinleri vardır.

Odalarda oturma düzeni dahi bir düzene bağlanmıştır. Sedirin en uygun yeri ailenin en büyüğüne ya da misafire aittir. Oda girişindeki noktada ise odaya yapılacak servisi yöneten kişi oturur.

Safranbolu evlerinin daha birçok özelliği vardır. Ben size mutlaka gelip görmenizi tavsiye ediyorum. Anlatılacak o kadar çok şey var ki! En iyisi gelin ve bizim misafirimiz olun.

2. *Okuduğunuz parçaya göre aşağıdaki cümlelerden doğru olanın başına "D"; yanlış olanın başına "Y" yazınız.*

a. ( ) Safranbolu, dünyada en çok safran bitkisiyle tanınmıştır.
b. ( ) Safranbolu'da evler genellikle iki katlıdır.
c. ( ) Hiçbir ev bir diğerinin manzarasını engellemez.
d. ( ) Ahırlar ve kazan ocakları evden ayrı bir yerde bulunur.
e. ( ) Üst kat diğer katlara göre daha basıktır.
f. ( ) Üçüncü katta her odada duş kabinleri vardır.
g. ( ) Üst kattaki mutfakta gerektiğinde yatabilirsiniz.

3. *Aşağıdaki soruları okuduğunuz parçaya göre cevaplayınız.*

a. Safranbolu evlerinin çevreyle ilişkisi nasıldır?
....
b. Zemin katta neler vardır?
....
c. İkinci katta neler bulunmaktadır?
....
d. Gündelik yaşam niçin orta katta geçer?
....
e. Odalarda oturma düzeni nasıldır?
....

BENİM EVİM

Ben Kâmil Şahin. Ankara'da yaşıyorum. Evimiz şehrin merkezinde sayılır. Ancak okuluma biraz uzak. Yedinci sınıfta okuyorum. Yeterince büyük olmadığım için tren veya otobüsle okula gitmeme ailem izin vermiyor. Bazen annem, bazen de babam beni okula bırakıyor. Evimizin yanında güzel bir park var. Pazar sabahları orada babamla koşuyoruz. Arada bir de sinemaya gidiyoruz. Bu konuda çok şanslıyız. Çünkü evimizin yakınında güzel bir sinema var. Doğum günlerimi evde kutluyorum. Benim doğum günüm kış ayına rastlıyor. Evimizi babam da çok seviyor. Babam boş vakitlerinde bahçede çalışmaktan çok hoşlanır. Ancak babam için tek bir sorun var. O da benim yaşım. Bir an önce büyümemi istiyor. Neden mi? Çünkü beni okula götürüp getirmekten bıkmış.

1. Aşağıdaki soruları yandaki paragrafa göre cevaplayınız.

a. Kâmil, doğum günlerini niçin evde kutluyor?

....

b. Babası, niçin bir an önce Kâmil'in büyümesini istiyor?

....

c. Kâmil'in yaşadığı evin özellikleri nelerdir?

....

2. Yukarıdaki resimlerle aşağıdaki tanımları eşleştiriniz.

1. Saray : Onlarca odası olabilir. Mermerlerinden halılarına kadar hepsi özel yapılmıştır. Avizeleri bazen birkaç ton gelebilir. Görkem ve güzellik son safhaya ulaşmıştır.

2. Apartman : Çok katlı evlerdir. Daha çok şehirlerde yer alırlar. Dairelerden oluşur.

3. Köy evi : Genellikle tek katlı olur. Hayvanların konulduğu ahırlar ya evin altında ya da başka bir yerde olur. Köylerde kalorifer olmadığı için soba kullanılır. Bu yüzden hepsi bacalıdır. Genellikle gösterişsiz evlerdir.

4. Dağ evi : Tek katlı da olabilir dubleks de olabilir. Kış aylarında avcılık veya kayak yaparken tatil amacıyla kullanılır. Köy evlerine göre daha güzeldir. Etraflarında pek ev olmaz.

5. Köşk : Büyük kişilerin yaşadığı görkemli evlerdir. İki veya üç katlı olur. Oda sayısı çoktur ve her oda ayrı bir güzelliktedir. Genellikle bahçenin içinde küçük bir havuz olur. Yalıdan en belirgin farkı deniz kenarında olmamasıdır.

3. Aşağıdaki cümleleri başka nasıl söyleyebilirsiniz? (✔) işareti koyunuz.

a. Kapıya baksana, kapı çalınıyor.
- ☐ Kapıya açsana, kapıyı dövüyorlar.
- ☐ Kapıyı açsana, kapıya vuruyorlar.

b. Evlerin çevreye olduğu kadar komşuya da saygısı vardır.
- ☐ Evlerin çevreye saygısı olduğu gibi komşulara da saygısı vardır.
- ☐ Evlerin ne kadar evlere saygısı varsa daha fazla çevreye vardır.

c. Mutfak, gerektiğinde yatak odası da olabilir.
- ☐ Mutfak, ihtiyaç olduğu zaman yatak odası da olabilir.
- ☐ Mutfak, lâzımlı olduğunda yatak odası olması mümkündür.

4. Aşağıdaki boşlukları verilen kelimelerle doldurunuz.

biçimi	malzemeler	çatılar
kültüre	hemen hemen	yapı

Evlerin yapılış .... ve yapımında kullanılan .... elbette .... göre değişir. Yağmurun .... hiç yağmadığı kurak bölgelerde düz .... sıkça görülen .... biçimleridir.

5. Aşağıdaki test sorularını cevaplayınız.

a. **Aşağıdaki cümlelerde altı çizili kelimelerden hangisi gerçek anlamda kullanılmıştır?**

A. Ayağında burnu aşınmış eski bir ayakkabı vardı.
B. Dikiş makinesinin kolunu hızla çeviriyordu.
C. Çok uzaklardan iki el silah sesi geldi.
D. İri gövdesini zorlukla sürüklüyor.

b. **Aşağıdaki cümlelerin hangisinde altı çizili kelime mecaz anlamda kullanılmıştır?**

A. Gelecek hafta yine buluşalım.
B. Beyaz bir atın üstünde gelin gidiyordu.
C. Bu boş sözlere ben inanmam.
D. Çocuğu uyutmak için odaya götürdü.

c. **Aşağıdaki cümlelerin hangisinde "soğuk" sözcüğü ötekilerden farklı bir anlamda kullanılmıştır?**

A. Soğuk havaya karşı hiç direnci yoktur.
B. Arkadaşımın böyle soğuk davranmasına üzüldüm.
C. Yaz kış soğuk suyla yıkanmayı sever.
D. Artık soğuk ve yağışlı günler başladı.

d. **"Kimileri sanatın boş bir uğraş olduğunu iddia ederler." Burada geçen "boş" kelimesinin anlamı aşağıdakilerden hangisidir?**

A. saçma
B. faydalı
C. yararsız
D. kısır

MÜZİK KUTUSU

1. Aşağıdaki boşlukları dinlediğiniz şarkıya göre doldurunuz.

YÜKSEK YÜKSEK TEPELERE EV KURMASINLAR

Yüksek yüksek tepelere .... kurmasınlar,
Aşrı aşrı memlekete kız vermesinler.
Annesinin bir tanesini hor görmesinler,
Uçan da kuşlara malûm olsun,
Ben .... özledim.
Hem annemi hem babamı,
Ben köyümü özledim.

Annemin yelkeni .... açsa da gelse,
Babamın bir atı olsa binse de gelse.
Uçan da kuşlara malûm olsun,
Ben annemi ....
Hem annemi hem babamı,
Ben .... özledim.

2. Aşağıdaki kelimelerden hangisi şarkıda yer almamaktadır? (✔) işareti koyunuz.

☐ ev ☐ ülke ☐ anne ☐ kuş ☐ dede ☐ gemi ☐ köy

OYUN

Tablodaki bütün evleri ziyaret edeceğim. "A" dan başlayıp, "K" de bitmek üzere, aynı yerden iki defa geçmeden hangi yolu izlemeliyim?

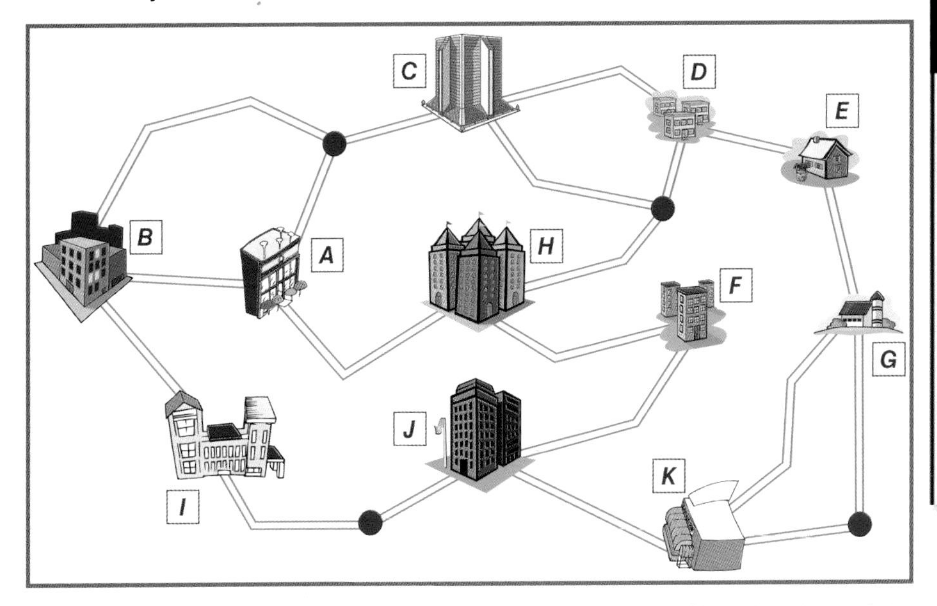

TERCÜME

Aşağıdaki cümleleri kendi dilinize çeviriniz.

1. Eviniz okulunuza ne kadar uzak?

   ....

2. Buradan postahaneye nasıl gidebilirim?

   ....

3. Ailemle birlikte bir dağ evinde yaşamak istiyorum.

   ....

Pratik Türkçe

Konu 4

Hayvanların Sıcak Dostluğu

DERSE HAZIRLIK

1. Aşağıdaki soruları cevaplayınız.

a. En sevdiğiniz evcil hayvan hangisidir?
b. Korktuğunuz bir evcil hayvan var mı?
c. Sizin bir çiftliğiniz olsaydı hangi hayvanları beslemek isterdiniz?
d. Birbirine düşman olan ev hayvanlarının hangileri olduğunu biliyor musunuz?

2. Aşağıdaki soruları yandaki resimden faydalanarak cevaplayınız.

a. Resimde gördüğünüz ev hayvanlarını söyleyiniz.
b. Resimden de faydalanarak bir çiftlikte bulunan eşyaları sıralayınız.

KELİMELER

1. Aşağıdaki tablodan faydalanarak örnekteki gibi cümleler kurunuz.

Hayvanlar	Özellikleri
keçi	inatçı
at	hızlı
kedi	nankör
tilki	kurnaz
köpek	sadık
tavşan	ürkek
koyun	uysal

Örnek : Köpek sadık bir hayvandır.

a. ....
b. ....
c. ....
d. ....
e. ....
f. ....

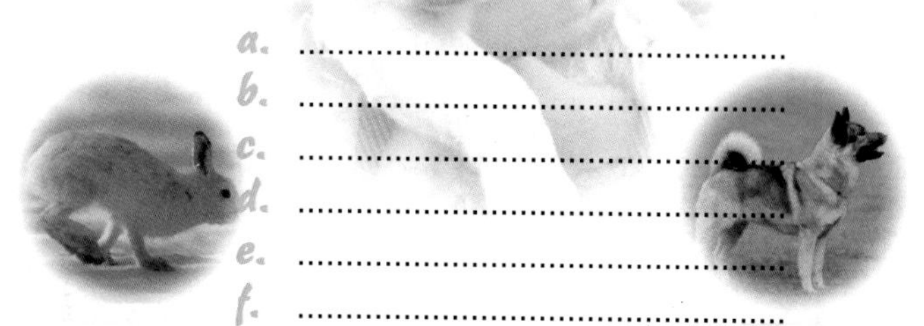

2. Aşağıdaki kelimelerin anlamlarını yazınız.

a. **Evcil** : ....
b. **Otçul** : ....
c. **Etçil** : ....
d. **Çiftlik** : ....
e. **Ahır** : ....
f. **Ağıl** : ....

3. Aşağıdaki evcil hayvanlar nerede yaşarlar? Kelimeleri eşleştiriniz.

a. at
b. inek
c. öküz
d. horoz
e. kuş
f. balık
g. köpek
h. koyun
ı. keçi

1. ağıl
2. ahır
3. kümes
4. kafes
5. kulübe
6. akvaryum

OKUMA - ANLAMA

1. *Aşağıdaki parçayı okuyunuz.*

VAN KEDİSİ

Evcil hayvanların her birisinin ayrı özellikleri vardır. İpek gibi kürkü, değişik renkteki gözleri, mükemmel avcılığı ve suda oynamayı sevmesiyle en çok ilgi çekenlerden biri de Van kedisidir.

Van kedisi, sevimli, cana yakın, zeki, çevik, sadık, güzel ve ilgi çekici bir hayvandır. Hassas duyu organları vardır. Yemeğin uygun sıcaklıkta olup olmadığını ön ayaklarıyla kontrol eder, uygun sıcaklıkta değilse yemez.

Sivri pençeleri, keskin dişleri ve kıvrak vücudu onu, mükemmel bir avcı yapmıştır. Ev içinde ve dışında fare, kertenkele, kuş, sinek ve küçük böceklerin kokusunu alır almaz harekete geçer ve avlar. Zararlı böceklerin korkulu rüyasıdır. Bu tür canlılara karşı oldukça etkili bir silâhtır. Ayak parmaklarının üzerinde sessizce yürüyüp avını bir çırpıda yakalar. Ev dışında beraber yaşadıkları kümes hayvanlarına ilişmez.

Van kedisinin kalın kürkü olmasına rağmen soğuktan etkilenir ve titrer. İlkbahar ve sonbaharda kıllarını döker. Yüksek bir yerden düşerken dengesini sağlamak için kuyruğunu ve vücudunu birlikte kullanır.

Bu kedinin diğer bir özelliği de suyu sevmesidir. Her kedi yüzmeyi bilir ama sudan hoşlanmaz. Van kedisi ise bunu seve seve yapar ve suda oyun oynar. Kendi isteğiyle suda oynamayı ve yüzmeyi seven tek kedi türü olarak bilinir.

Çok temiz bir hayvan olup yaşadığı eve ve sahibine bağlıdır. İnsanlar ile birlikte aile ortamı içinde yaşamayı sever. Eğer insanlar ile ilişkisi yoksa ya da çok az ise doğal ortamına döner, vahşîleşmeye başlar.

Van kedisini diğer kedi türlerinden ayıran en önemli özelliklerden bir tanesi de, onun göz rengidir. Diğer canlıların aksine iki gözü farklı renkte olabilmektedir. Cinsine göre her iki gözü mavi; bir gözü mavi, diğeri kehribar veya her iki gözü de kehribar olabilir. Yeni doğan kedinin gözleri grimsidir. Doğumdan 25 gün sonra gözler farklılaşmaya başlar, 40 gün içinde de net olur.

Eskiden Van yöresinde hemen her evde bir Van kedisi bulunurdu. Ancak, son zamanlarda yeterli ilgi gösterilmediği için nesli tükenmektedir. Bunun için de Van kedilerinin soyu korunmaya alınmıştır.

2. *Okuduğunuz parçaya göre aşağıdaki cümlelerden doğru olanın başına "D"; yanlış olanın başına "Y" yazınız.*

a. ( ) Bütün evcil hayvanlar ortak özelliklere sahiptir.
b. ( ) Yeni doğan kedilerin gözleri mavimtraktır.
c. ( ) Van kedisinin kalın kürkü vardır.
d. ( ) Van kedisinin gözleri farklı renktedir.
e. ( ) Van kedisi suda oynamayı seven tek kedi türüdür.

3. *Aşağıdaki kelimelerin zıt anlamlarını parçadan bulunuz ve yazınız.*

a. Aptal — a. ....
b. Vefasız — b. ....
c. Sıkıcı — c. ....
d. Zararlı — d. ....
e. Çirkin — e. ....

4. *Aşağıdaki soruları okuduğunuz parçaya göre cevaplayınız.*

a. Van kedisi en çok nerelerde yaşar?
....

b. Van kedisi yiyeceğini nasıl kontrol eder?
....

c. Van kedisini diğer kedilerden ayıran en önemli özellik hangisidir?
....

d. Kedilerin kaç gün içinde göz renkleri netleşir?
....

e. Van kedilerinin insanlarla ilişkisi nasıldır?
....

TERCÜME

Aşağıdaki cümleleri kendi dilinize çeviriniz.

1. Kediler, çok çevik, cana yakın ve temiz hayvanlardır.
....
2. Bazı hayvanlar, doğal ortamdan uzaklaştırılıp evcilleştirilebilir.
....
3. İnsanlar gibi, bütün hayvanların da kendi aralarında anlaşmak için kullandıkları dilleri vardır.
....
....

KONUŞMA

1. *Aşağıdaki diyaloğu uygulayınız.*

HAYVAN SATICISINDA

A: Buyurun, yardımcı olabilir miyim?

B: Oğluma doğum günü hediyesi olarak sevimli bir hayvan almak istiyorum.

A: Düşündüğünüz bir hayvan var mı?

B: Henüz düşünmedim. Ama sanırım güzel bir kedi olabilir. Oğlum kedileri çok sever.

A: Şuna ne dersiniz? Bir gözü mavi, diğeri kehribar. Eminim oğlunuz çok sevecektir.

B: Hımmm... Çok güzel. Bu bir Van kedisi. Çok pahalı olmalı. Bunun fiyatı ne?

A: 120 milyon. Pahalı olduğunu düşünebilirsiniz. Bu tür kedilere çok az rastlanır.

B: Evet, biraz pahalı. Bir şeyler yapamaz mısınız?

A: Sizin için 110 milyon olabilir. Ödemede kolaylık yapabiliriz.

B: Peki, alıyorum. Bu kediyi çok sevdim.

2. *Hayvanlarda gördüğünüz olağanüstü özellikleri düşününüz. Bunları arkadaşlarınıza anlatınız.*

3. *Bir evcil hayvan almak istediğiniz zaman nelere dikkat edersiniz? Arkadaşınızla aşağıdaki maddeleri de göz önünde bulundurarak konuşunuz.*

a. Boyu
b. Kilosu
c. Fiyatı
d. Evinizde ona uygun bir yer olup olmadığı
e. Yaşı

4. *Hayvanların insanlığa ne gibi katkıları olmuştur?*

5. *Evde beslediğiniz bir hayvan var mı? Niçin özellikle o hayvanı besliyorsunuz?*

6. *Arkadaşlarınızla en faydalı evcil hayvanın hangisi olduğunu tartışınız.*

ÖRNEKLEME

Aşağıdaki soruları tekrarlayınız ve uygulayınız.

Soru 1
En çok hangi hayvanı seversin?

Cevap
En çok köpeği severim.

Kısa Cevap
Köpeği

Uygulama
....

Soru 3
İnek evcil bir hayvan mıdır?

Cevap
Evet, inek evcil bir hayvandır.

Kısa Cevap
Evet

Uygulama
....

Soru 2
İneğin yavrusuna ne denir?

Cevap
İneğin yavrusuna buzağı denir.

Kısa Cevap
Buzağı

Uygulama
....

Soru 4
Binek hayvanları hangileridir?

Cevap
Binek hayvanları at, eşek, deve gibi hayvanlardır.

Kısa Cevap
At, eşek, deve

Uygulama
....

DİNLEME

Bremen Mızıkacıları

1. Aşağıdaki parçayı dinleyiniz.

Bir çiftlikte bir eşek varmış. Gün gelmiş eşek yaşlanmış. İşe yaramaz olmuş. Sahibi onu beslemek istememiş ve bir gün eşeğe:

– Haydi git, artık sana ihtiyacım kalmadı. Bundan sonra sana yem veremem, demiş.

Eşek evden ayrılmış, kırlarda dolaşmış. Bir gün canı sıkılmış. *"Şehre gideyim ve mızıkacılık yapayım"* demiş. Eşek, Bremen'e giderken yolda yaşlı bir köpek görmüş. Köpekle konuşunca onun da evden kovulduğunu öğrenmiş. Eşek de köpeğe kendi durumunu anlatmış:

– Ben şimdi mızıkacılık yapmak için Bremen'e gidiyorum. İstersen sen de bana katılırsın. Ben mızıka çalarken sen de *"Hav hav"* diyerek eşlik edersin.

Çaresiz köpek de bu teklife çok sevinmiş ve beraber Bremen'in yolunu tutmuşlar. Yolda giderlerken bir kedi ve bir horoz görmüşler. Onlar da yalnızlıktan ve terk edilmişlikten sıkılıp yollara düşmüşler. Eşek onlarla da konuşmuş. Kedi ve horoz da bu gruba katılmayı kabul etmiş. Hep beraber çeşitli sesler çıkarıp, Bremen'deki insanları eğlendireceklermiş. Yolları uzun olduğu için Bremen'e varamamışlar. Hava da kararmaya başlamış. Nihayet akşam olmuş.

– Ormanda yatmayalım. Yırtıcı hayvanlar bizi parçalar, diye düşünmüşler.

Bu sırada ormanda küçük bir kulübe görmüşler. Kedi pencereye tırmanmış ve bir de bakmış ki kulübede hırsızlar var. Daha sonra hemen arkadaşlarına bu durumu anlatmış:

– Arkadaşlar! Kulübenin içinde hırsızlar var.

Eşek, hemen arkadaşlarını toplayıp plânını anlatmış. Eşek, bahçe çitinin önünde durmuş. Köpek, eşeğin üstüne çıkmış. Köpeğin üstüne de kedi çıkmış. Kedinin üstüne de horoz çıkmış. Sonra hep beraber bağırmaya başlamışlar. Dört hayvanın sesi birleşince, tuhaf bir çığlık olmuş. Bunu işiten hırsızlar paniğe kapılmışlar:

– Jandarmalar geliyor, jandarmalar! Hemen kaçalım, demişler.

Bremen mızıkacıları buna çok sevinmişler ve hemen kulübeye girmişler. Kedi ocak başına oturmuş. Köpek, kapının önüne yatmış. Horoz dama çıkmış. Eşek de bahçede kalmış. Gece yarısı, hırsızlar, bir arkadaşlarını kulübeye göndermişler. *"Bak bakalım jandarmalar oradan gitmişler mi, öğren."* demişler.

Hırsız, kulübeye girmiş. Kulübe karanlıkmış. Bir kibrit yakmak istemiş. Kedinin gözünü ateş sanıp, kibriti kedinin gözüne sokmuş. Kedi, *"miyav"* diyerek hırsızın elini tırmalamış. Hırsız korkmuş ve kaçmaya başlamış. Kaçarken köpek, hırsızın bacağını ısırmış. Eşek, hırsıza bir tekme atmış. Horoz da damdan *"üü, ürü, üüüüüü ..."* diye ötmüş.

Hırsız, arkadaşlarının yanına gelmiş. Arkadaşlarına:

– Arkadaşlar! O kulübeye hiç gitmeyelim. Kulübeye girince birisi elimi kesti, öbürü bacağıma bıçak sapladı. Bahçedeki ise belime tekme vurdu. Bu sırada, başkanları da damdan *"Öldürün onu, öldürüüünnn!"* diye bağırıyordu.

Hırsızlar çok korkmuşlar. Bir daha o kulübeye girmeye cesaret edememişler. Oradan hemen ayrılmışlar. Bremen mızıkacıları da o kulübede birlikte rahat bir hayat yaşamışlar.

2. Aşağıdaki soruları dinlediğiniz parçaya göre cevaplayınız.

a. Eşeğin sahibi niçin eşeği istememiş?

....

b. Eşek, köpeğe ne teklif etmiş?

....

c. Eşek ve yanındakiler nereye gidiyorlarmış?

....

d. Kulübede kimler varmış?

....

e. Hırsız, arkadaşlarına ne anlatmış?

....

DEYİM

Aşağıdaki deyimleri okuyunuz.

a. Kedi gibi dört ayağının üzerine düşmek: En güç durumlardan zarar görmeden çıkmak.

Örnek:

Levent çok şanslıdır. Her zaman **kedi gibi dört ayağının üzerine düşer**.

Çok şanslısın. Yine **kedi gibi dört ayağının üzerine düştün**.

b. Kedinin ciğere baktığı gibi bakmak: Bir şeye büyük bir iç çekmeyle, aç gözlülükle, fazla istekle bakmak.

Örnek:

Çocuklar ağaçtaki meyvelere **kedinin ciğere baktığı gibi bakıyorlardı**.

Kemal Sunal bir filminde lokantadaki tavuğa **kedinin ciğere baktığı gibi bakıyordu**.

c. Kokusunu almak: Bir şeyin kokusunu algılamak. Gizli tutulan bir şeyi öğrenmek.

Örnek:

Tilki peynirin **kokusunu almış**. Kargaya name yapmaya başlamış,

Kedi etin **kokusunu almış**. Evin etrafında dolaşıyor.

d. Dananın kuyruğu kopmak: Uzun süren bir anlaşmazlıktan sonra büyük bir olayın ortaya çıkması.

Örnek:

Sonunda olay ortaya çıktı, **dananın kuyruğu koptu**.

Dananın kuyruğunun kopmaması için biraz daha sabretmelisin.

ALIŞTIRMALAR

1. *Aşağıdaki deyimlerle resimleri eşleştiriniz.*

a. Kedi gibi dört ayağının üzerine düşmek
b. Kedinin ciğere baktığı gibi bakmak
c. Kokusunu almak
d. Dananın kuyruğu kopmak

2. *Aşağıdaki boşluklara yukarıdaki deyimlerden uygun olanını yazınız.*

a. Aç gözlülükle bakmak : ....
b. Korkuların gerçekleşmesi : ....
c. Şanslı olmak : ....
d. Burnuma güzel kokular geliyor : ....

TELÂFFUZ

- D -

Özellikleri

a. Türk alfabesinin beşinci harfidir.
b. Yumuşak sessizlerdendir.
c. Kelimenin başında ve ortasında bulunabilir.
Örnek: da, dam, dana...
oda, dede, dadı...
d. **Okunuşu:** da, de, dı, di, do, dö, du, dü
ad, ed, ıd, id, od, öd, ud, üd

ALIŞTIRMA

Aşağıdaki tekerlemeyi tekrarlayınız.

Davulcu dede değirmendeki uncuyu dolandırırken değirmenin duvarından düştü.

- E -

Özellikleri

a. Türk alfabesinin altıncı harfidir.
b. Sesli ve ince harflerdendir.
c. Kelimenin başında, ortasında ve sonunda bulunabilir.
Örnek: ek, kek, ekmek...
sene, nine, dede...
d. **Okunuşu:** ec, ed, ef, ek, em, et, es, ez
ce, de, fe, ke, me, te, se, ze

ALIŞTIRMA

Aşağıdaki tekerlemeyi tekrarlayınız.

Gece penceredeki benekli tekir kedi tenceredeki eti yedi.

DİL BİLGİSİ

İSİMLER

EV HAYVANLARI

Ev hayvanları, insanların bakıp beslemekten hoşlandığı, arkadaşlık kurduğu hayvanlardır. En çok beslenen ev hayvanları kedi ve köpektir. Muhabbet kuşları, kanaryalar ve tropik balıklar da evlerde sık rastlanan hayvanlardandır.

Ev hayvanları sadece evcil hayvanlar değildir. Sincap, maymun gibi bazı yabanî hayvanların yavruları da birer ev hayvanı olarak eğitilebilir.

Ev hayvanları insanları birçok bakımdan mutlu eder. Köpekler sahiplerine derinden bağlanır, onların isteklerine uyar, oyunlar yapar. Kediler temiz ve güzel hayvanlardır. Kuşlar güzel şakımalarıyla insanları neşelendirir.

Ev hayvanları her canlı gibi bakım ister. Beslenmeli ve korunmalıdır. Bazıları düzenli olarak dolaştırılmalıdır. Hastalandıklarında vakit geçirmeden veterinere götürülmeleri gerekir.

İsim

Canlı, cansız bütün varlıkları ve kavramları karşılayan kelimelere isim denir.

Örnek

İnsan	: Ahmet, Adrian, James, Ronaldo
Eşya	: kalem, masa, sandalye, anahtar
Hayvan	: inek, sığır, aslan, jaguar
Cansız varlıklar	: taş, beton, demir

İsimler varlıklara verilişlerine göre ikiye ayrılırlar:

1 Özel İsim

Kâinatta tek olan, diğer varlıklar içinde aynısı olmayan varlıklara verilen isimlerdir.

Örnek

Karabaş (Köpek ismi), Minnoş (Kedi ismi), Everest, Nil, Akdeniz, Türkiye...

2 Cins İsim

Aynı cinsten, aynı türden olan varlıkların ortak ismidir.

Örnek

kuş, kedi, köpek, dağ, nehir, gezegen...

NOT Cins isimler tek bir varlığa ad olursa özel isim olur.

Gül, en sevdiğim çiçeklerdendir. (Cins isim)
Yeni doğan kızına "Gül" adını verdi. (Özel isim)

İsimlerde Küçültme

İsimlerde küçültme şu eklerle yapılır.

-cık	: Fatmacık, adacık, kedicik...
-cağız	: adamcağız, çocukcağız, hayvancağız...
-ce	: büyükçe, irice, genişçe...
-msi	: mavimsi, pembemsi...
-mtrak	: ekşimtrak, mavimtrak...

NOT Bu ekler her zaman eklendiği kelimeye küçültme anlamı vermez. Bazen sevgi, acıma ve azımsama anlamı da verir.

Örnek

Anneciğimi çok özledim. (Sevgi)
Hayvancağız açlıktan öldü. (Acıma)
Bana on milyoncuk yeter. (Azımsama)

İsimlerde Olumsuzluk

İsimlerde olumsuzluk "değil" ile yapılır.

Örnek

Bu adam benim babam. → Bu adam benim babam değil.
Üçüncü dersimiz fizik. → Üçüncü dersimiz fizik değil.

Çokluk Eki

Türkçede çokluk eki "-lar, -ler"dir. Birden fazla varlığı ifade etmek için kullanılır. Eklendiği kelimenin son sesli harfi "a, ı, o, u" harflerinden biri ise "-lar"; "e, i, ö, ü" harflerinden biri ise "-ler" olur.

Örnek

İnsanlar konuşa konuşa, hayvanlar ise koklaşa koklaşa anlaşır.
Örnekler cansız bilgileri canlandırır.

Bazı özel isimlerden sonra gelerek aile, topluluk anlamı kazandırırlar.

— Örnek

Ahmetler bu akşam bize gelecekler. (Ahmet ve ailesi)
Arzular sınıfça pikniğe gidecekler. (Arzu ve sınıfındaki arkadaşları)

Soru Eki

Türkçede soru eki "mı, mi, mu, mü" dür. Eklendiği kelimeden ayrı olarak yazılır. Kendinden sonra gelen eklerle bitişik yazılır.

— Örnek

Onun kırmızı ayakkabılarını gördün mü?
Akşamları kitap okuyor musun?

Ek fiil ile birleştiğinde araya "y" kaynaştırma harfi girer.

— Örnek

Beni arayan siz mi idiniz? → Beni arayan siz miydiniz?

ALIŞTIRMALAR

1. *Okuduğunuz parçada geçen isimleri bulunuz. Hangisinin özel isim, hangisinin cins isim olduğunu tabloya yazınız.*

İsimler	Özel isim	Cins isim
....	....	....
....	....	....
....	....	....
....	....	....
....	....	....
....	....	....

2. *Aşağıdaki cümlelerde geçen küçültme ekleri hangi anlamlarda kullanılmıştır? Yazınız.*

a. Kediciğimi çok seviyorum.
....
b. Bana birazcık yardım eder misin?
....
c. Adamcağız yerde kıpırdamadan yatıyordu.
....
d. Ablacığım, seni çok özledim.
....
e. Sende azıcık acıma duygusu yok mu?
....
f. Kitapçığın sayfalarını karıştırıyorum.
....

3. *Aşağıdaki cümlelerde çokluk eki alan kelimeler hangi anlamda kullanılmışlardır?*

a. Yaz tatilini amcamların yazlığında geçireceğiz.
....
b. Bu kalemlerin hepsini alıyorum.
....
c. Ahmetler bu hafta imtihan olmuşlar.
....

OYUN

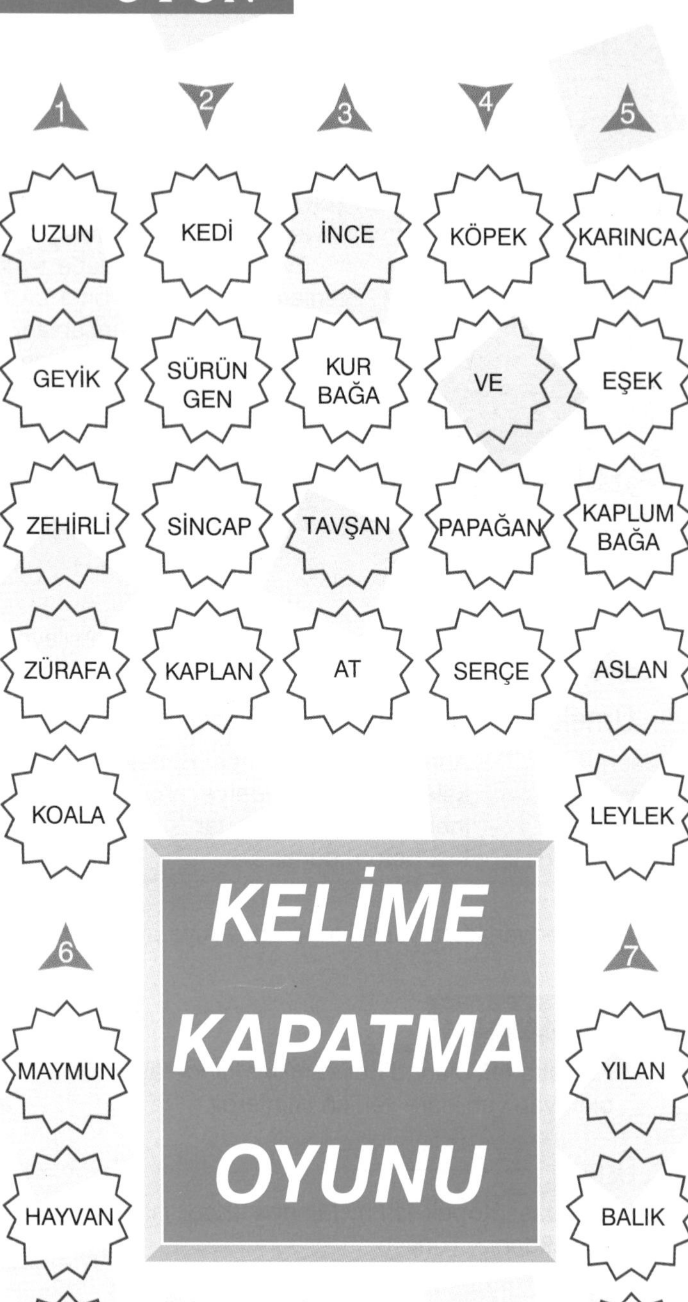

✔ 1. 2. 3. 4. 5. 6. 7. sütunlardan hayvan isimlerini kapatın.

✔ Şimdi işaretlenmemiş kelimeleri soldan sağa doğru okuyun. Karşınıza bir soru çıkacak. Bu soruyu okuyun ve sorunun cevabını bulun.

YARASA
FİL

KELEBEK

DEĞERLENDİRME

1. Aşağıdaki boşlukları uygun kelimelerle tamamlayınız.

a. Tavşan gibi .... (kuvvetli, ürkek, zeki)
b. Kuzu gibi .... (hareketli, tembel, uysal)
c. Kedi gibi .... (sevimli, nankör, hileci)
d. Köpek gibi .... (çalışkan, sadık, yırtıcı)
e. Öküz gibi .... (sevimli, çalışkan, kuvvetli)
f. Eşek gibi .... (huysuz, aptal, neşeli)

2. Aşağıdaki boşluklara resimlerdeki hayvanların çıkardıkları sesleri yazınız.

a. havlamak
b. ....
c. ....
d. ....
e. ....
f. ....
g. ....
h. ....
ı. ....
i. ....

3. Hangi hayvanın hangi özelliklerinden faydalanırız? (✔) işareti koyunuz.

	Etinden	Sütünden	Yününden	Derisinden	Gücünden
a. At	☐	☐	☐	☐	☐
b. Eşek	☐	☐	☐	☐	☐
c. Tavuk	☐	☐	☐	☐	☐
d. Horoz	☐	☐	☐	☐	☐
e. İnek	☐	✔	☐	☐	☐
f. Koyun	☐	☐	☐	☐	☐
g. Keçi	☐	☐	☐	☐	☐
h. Öküz	☐	☐	☐	☐	☐
ı. Koç	☐	☐	☐	☐	☐
i. Deve	☐	☐	☐	☐	☐

4. Aşağıdaki test sorularını cevaplayınız.

a. Koyunun yavrusuna .... denir.
A. kuzu B. civciv C. tay D. enik

b. İneğin yavrusuna .... denir.
A. dana B. teke C. sıpa D. buzağı

c. Atın yavrusuna .... denir.
A. tay B. enik C. kuzu D. civciv

d. Köpeğin yavrusuna .... denir.
A. teke B. enik C. kuzu D. tay

5. Aşağıdaki boşlukları doldurunuz.

a. Atlar .... yer.
b. Kediler .... içer.
c. Köpekler .... yalamayı sever.
d. Kuşlar .... yer.
e. İnekler .... yer.

6. Aşağıdaki bilgilerden doğru olanın başına "D"; yanlış olanın başına "Y" yazınız.

a. ( ) Atların boynuzları vardır.
b. ( ) Sığırların yününden istifade ederiz.
c. ( ) Tavuklar yumurtladıktan sonra öter.
d. ( ) Atlar hızlı hayvanlardır.
e. ( ) Koyunlar bal yapar.

7. Aşağıdaki boşlukları "VAN KEDİSİ" adlı okuma parçasına göre doldurunuz.

Van kedisi .... pençeleri, ... dişleri ve .... vücudu sayesine avını kolayca avlar. Yemeğin uygun sıcaklıkta olup olmadığını .... ile kontrol eder. Van kedisinin kalın bir .... vardır. Yüksek bir yerden düşerken .... sağlamak için .... kullanır.

8. Aşağıdaki kelimeleri eşleştiriniz.

a. inek — 1. davar
b. koyun — 2. sığır
c. köpek — 3. boğa
d. tosun — 4. it

9. Aşağıda özellikleri verilen hayvanların isimlerini yazınız.

a. Her gün bize yumurta verir.
....

b. Çok inatçıdır.
....

c. Farelerin düşmanıdır.
....

d. Sesleri taklit edebilir.
....

e. Akvaryumların süsüdür.
....

SERBEST OKUMA

1. Aşağıdaki parçayı okuyunuz.

KANGAL KÖPEĞİ

Günümüzde köpekler çok moda... Büyük şehirlerin küçük parklarında, sokaklarda caddelerde minik finolardan, kocaman kafalı buldoklara kadar gezdirilen köpeklere rastlarız. Dünyada benzeri görülmemiş bir köpek türü olan Kangal çoban köpekleri, Türkiye'de ve yabancı ülkelerde haklı bir üne sahiptir. Özellikle İngiltere'de ve Amerika'da bu köpekleri sevenler tarafından dernekler kurulmuştur.

Kangal köpeğinin tarihçesi hakkında çeşitli rivayetler vardır. Bir rivayete göre Milâttan önce Asurlular ve Babiller tarafından aslan ve kaplan gibi vahşî hayvanlara karşı korunmak, savaşlarda yararlanmak amacıyla bu köpeklerin yetiştirildiği söylenmektedir. Hatta bu köpeklerin bir aslanı bile mağlûp ettiği rivayet edilmektedir.

Kangal veya Karabaş olarak da bilinen Anadolu çoban köpeğinin çok eskilere dayanması ırk özelliklerinin bozulmamasıyla ilgilidir. Kangal köpekleri çiftçilerin en güvenilir dostu ve dünya köpek ırkları arasında kurtlara karşı koyabilen tek köpek cinsidir.

Kangal çoban köpekleri çok cesur, gayet hızlı ve çeviktir. Bu köpekler kendisini sahip olduğu aileyi korumaya adamış ciddî köpeklerdir. Kadınlara ve çocuklara karşı saldırgan değildir. Ama yabancılara karşı çok şüphecidir. Sahibi tarafından azarlandığı zaman suçlu bir çocuk gibi başını öne eğer, sahibinin gözüne bakarak affedilmesini bekler. Kangal çoban köpekleri görevlerine çok sadıktır. Meselâ; dağda sürüden ayrılan veya geride kalan koyunun başında günlerce aç ve susuz bekler. Kangal çoban köpeğine sahip çiftçilerin en büyük gurur kaynağı köpeklerinin kurt boğmalarıdır.

2. Aşağıdaki soruları okuduğunuz parçaya göre cevaplayınız.

a. Asurlular ve Babilliler zamanında Kangal köpekleri nerelerde kullanılmıştır?

....

b. Kangal köpeğini diğer köpeklerden ayıran en önemli özellik nedir?

....

c. Kangal köpeklerinin özellikleri nelerdir?

....

d. Kangal köpekleri kadınlara ve çocuklara karşı saldırgan mıdır?

....

Bunları Biliyor musunuz?

- Köpeklerin beyaz ve siyah dışındaki renkleri göremediklerini,
- Atın yılda, kendi ağırlığının 7 katı kadar yem yediğini,
- İneklerin hayatları boyunca ortalama 200.000 bardak süt verdiklerini,
- Avustralya'da bir atın, türüne az rastlanır bir eşek doğurduğunu, üç haftalık yavrunun kulaklarının kafası kadar büyük olduğunu,
- Sığırların dört tane midesinin olduğunu,
- Kedilerin şekerin tadını ayırt edebildiklerini,
- Atların uyumadan 1 ay kadar ayakta kalabildiklerini, biliyor muydunuz?

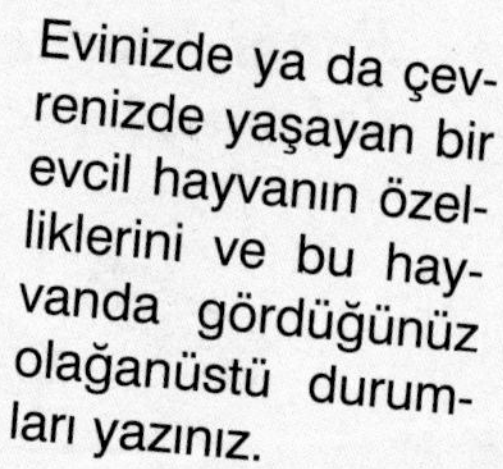

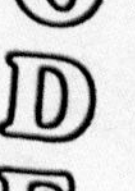

ÖDEV

a. Evinizde ya da çevrenizde yaşayan bir evcil hayvanın özelliklerini ve bu hayvanda gördüğünüz olağanüstü durumları yazınız.

b. En sevdiğiniz evcil hayvanı anlatan bir paragraf yazınız.

MÜZİK KUTUSU

1. Aşağıdaki boşlukları dinlediğiniz şarkıya göre doldurunuz.

ARKADAŞIM EŞŞEK

Kaç yıl oldu saymadım köyden göçeli,
.... geldi geçti görüşmeyeli.
Hiç .... göndermedin o günden beri,
Yoksa bana küstün mü, unuttun mu beni?

Dün yine seni andım, ... doldu,
O tatlı günlerimiz bir anı oldu.
Ayrılık geldi başa, katlanmak gerek,
Seni çok çok özledim arkadaşım ....

Arkadaşım .... arkadaşım şek arkadaşım eşşek.
Arkadaşım eş arkadaşım şek arkadaşım eşşek.

Yaban ayıları çayırda tepişiyor mu?
Çilli .... kedilerle dövüşüyor mu?
Sarıkız .... buzağı sütten kesti mi?
Kuzularla oğlaklar sevişiyor mu?

Uzun kulaklarını son bir kez salla.
Tüm eski dostlarımdan bir .... yolla,
Ayrılık geldi başa, katlanmak gerek,
Seni çok çok .... arkadaşım eşşek.

Arkadaşım eş arkadaşım şek arkadaşım eşşek.
Arkadaşım eş .... şek arkadaşım eşşek.

2. Aşağıdaki karışık kelimelerden anlamlı cümleler kurunuz.

a. gerek / geldi / ayrılık / başa / katlanmak
....

b. ayıları / yaban / çayırda / tepişiyor mu?
....

c. oldu / günlerimiz / bir / anı / o tatlı
....

Pratik Türkçe

Konu 5

Ne Yemek İstersiniz?

DERSE HAZIRLIK

1. Aşağıdaki soruları cevaplayınız.

a. En sevdiğiniz yemekler hangileridir?
b. Ülkenizde dünya çapında meşhur olan bir yemek var mı?
c. Anneniz en güzel hangi yemekleri pişirir?
d. Yemek yapmayı biliyor musunuz?

a

2. Aşağıdaki resimlerde gördüklerinizi anlatınız. Siz de öğle yemeğinizi nerede yediğinizi söyleyiniz.

b

c

KELİMELER

1. Aşağıdaki kelimelerle yandaki resimleri eşleştiriniz.

a. tuzluk
b. garson
c. masa örtüsü
d. peçete
e. tabak
f. aşçı
g. çatal
h. tencere
ı. kepçe

2. Aşağıdaki kelimeleri anlamlarıyla eşleştiriniz.

a. servis yapmak
b. bulaşık yıkamak
c. dışarıda yemek
d. yemek yapmak
e. sofra hazırlamak
f. tarif vermek

1. Yemeğin nasıl yapılacağını anlatmak.
2. Sofrayı yemek yenecek hâle getirmek.
3. Yemek için bir şeyler hazırlamak.
4. Evde yemek yememek başka yerde yemek.
5. Yemekten sonra kirlenen tabakları yıkamak.
6. Lokantada veya evde yemek yiyenlere hizmet etmek.

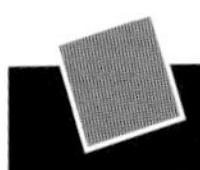

OKUMA - ANLAMA

1. Aşağıdaki parçayı okuyunuz.

ÇİKOLATA

Çikolatayı sevmeyen çocuk var mıdır? Her hâlde yoktur. Yalnızca çocuklar değil, yetişkinler de çikolatadan çok hoşlanırlar. Çikolata, yediden yetmişe herkesin sevdiği bir yiyecektir. Peki ya çikolata olmasaydı? Dünyadaki bütün çikolatalar birden bire kaybolsaydı. Sütlü, fındıklı, fıstıklı çikolatalar ve çikolatalı dondurmalar yeryüzünden silinseydi. Hayat ne kadar tatsız olurdu bir düşünsenize.

Aslında çikolatanın geçmişi çok da eski değildir. Hayatımıza yalnızca birkaç yüz yıl önce girmiştir. Kristof Kolomb Amerika kıtasını keşfettiği zaman birçok şeyi ülkesine götürmüştü. Bunlar arasında kakao çekirdekleri de vardı. Çikolatanın ana maddesi olan kakao, Avrupa'da yetişmiyordu ve bilinmiyordu. İlk olarak İspanya'ya getirildi. Burada tarçın ve vanilya ile tatlandırıldı.

İspanya'da sıvı çikolata, sıcak olarak içiliyordu. İspanyollar bu içeceğin lezzetindeki sırrı yaklaşık yüz yıl sakladılar. Bu sır daha sonra Fransızlar tarafından öğrenildi. İngilizler çikolataya süt ekleyerek onu daha da zenginleştirdiler.

Günümüzde çikolata üretimi epeyce gelişmiştir. Yeni çikolata türleri ortaya çıkmıştır. Çikolata aynı zamanda bir enerji deposudur. Bundan dolayı sporcular yarışmalardan önce çikolata yerler. Çikolatanın kalori değeri de oldukça yüksektir. Bir kilo çikolatada 5280 kalori, peynirde 4000 kalori, ette de 1470 kalori vardır.

Siz de yapacağınız maç öncesi çikolata yiyebilirsiniz. Çikolata yerken aşırıya kaçmayın. Annenizi kızdırabilirsiniz. Başka yiyeceklerden de enerji elde edebileceğinizi unutmayın.

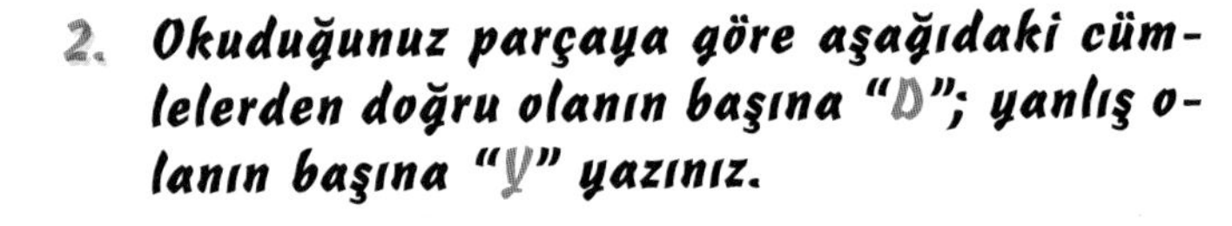

2. Okuduğunuz parçaya göre aşağıdaki cümlelerden doğru olanın başına "D"; yanlış olanın başına "Y" yazınız.

a. ( ) Yetişkinler çikolatadan pek hoşlanmazlar.
b. ( ) Çikolata, hayatımıza 3-4 yıl önce girmiştir.
c. ( ) Çikolata, Avrupa'da çok eskiden beri biliniyordu.
d. ( ) İspanya'da çikolata sıvı ve sıcak olarak içiliyordu.
e. ( ) Çikolatada etten ve sütten daha fazla kalori vardır.
f. ( ) Sporcuların çoğu maç öncesi çikolata yerler.

3. Aşağıdaki soruları okuduğunuz parçaya göre cevaplayınız.

a. Çikolatayı kim, nereden ve ne zaman Avrupa'ya getirmiştir?

....

b. Çikolatanın ana maddesi nedir?

....

c. Sporcular niçin çikolata yerler?

....

d. İngilizler çikolataya nasıl bir yenilik katmışlardır?

....

e. Peynirde, ette ve çikolatada ne kadar kalori vardır?

....

4. Aşağıdaki boşlukları verilen kelimelerle doldurunuz.

epey	yalnızca	aynı zamanda
aslında	aşağı yukarı	aniden

a. .... çikolatanın geçmişi çok da eski değildir.
b. Çikolata, yaşantımıza .... birkaç yüzyıl önce girmiştir.
c. İspanyollar çikolatanın sırrını .... yüzyıl sakladılar.
d. Çikolata, ... bir enerji kaynağıdır.
e. Çikolatanın kalori değeri de .... yüksektir.
f. Dünyadaki bütün çikolatalar .... kaybolsa ne olurdu?

ÖRNEKLEME

Aşağıdaki soruları tekrarlayınız ve uygulayınız.

Soru 1
Siparişinizi alabilir miyim?

Cevap
Biz siparişimizi biraz sonra vereceğiz.

Kısa Cevap
Biraz sonra lütfen.

Uygulama
....
....

Soru 2
Tatlı alır mısınız?

Cevap
Hayır, tatlı almayayım.

Kısa Cevap
Almayayım

Uygulama
....

Soru 3
Başka bir şey ister miydiniz?

Cevap
Hayır, teşekkür ederim.

Kısa Cevap
Hayır

Uygulama
....

Soru 4
Kiminle yemek yemekten hoşlanırsınız?

Cevap
Ailemle yemek yemekten hoşlanırım.

Kısa Cevap
Ailemle

Uygulama
....
....
....

KONUŞMA

1. ***Aşağıdaki diyaloğu uygulayınız.***

LOKANTADA

Garson : Siparişinizi alabilir miyim?
İlhan Bey : Elbette. Yemeklerden neler var?
Garson : Etli fasulye, fırında patates ve İskender var. Bir de kebap çeşitlerimiz var efendim.
İlhan Bey : Ben etli fasulye alacağım.
Garson : Tamam efendim. Siz ne istersiniz hanımefendi?
Emine Hanım : Ben İskender almak istiyorum, üstüne de mümkünse biraz yoğurt koyun.
Garson : Mümkün efendim. Yemekten önce çorba almaz mıydınız?
Emine Hanım : Ah evet, iyi olur. Ben domates çorbası alabilirim. Bir de salata lütfen.
Garson : Siz beyefendi?
İlhan Bey : Teşekkürler. Ben başka bir şey almayacağım.

2. ***Siz de sıra arkadaşınızla pastahanede geçen bir diyalog kurunuz.***
3. ***Arkadaşlarınızla çikolatanın faydalı mı zararlı mı olduğunu tartışınız.***

DEYİM

Aşağıdaki deyimleri okuyunuz.

a. Ekmeğini taştan çıkarmak: En güç işleri bile yapıp geçimini sağlamak.

Örnek:

Ahmet çok kabiliyetlidir, **ekmeğini taştan çıkartır**.

Babam eskiden bana, **ekmeğini taştan çıkarmalısın**, derdi.

b. Karın tokluğuna çalışmak: Kazandığı paranın ucu ucuna yetmesi. Pek faydası olmayan bir işte çalışmak.

Örnek:

Çok az kazanıyor, **karın tokluğuna çalışıyordu**.

Bizim şehirde **karın tokluğuna çalışan** çok işçi var.

c. Yediği önünde yemediği arkasında: Bolluk içinde olmak. İstediği şeye ulaşabilecek durumda olmak.

Örnek:

Orhan'ın hiçbir derdi yok. **Yediği önünde yemediği arkasında**.

Akşamki davette **yediğimiz önümüzde yemediğimiz arkamızdaydı**.

d. Bir eli yağda bir eli balda: Bolluk içinde rahat bir hayat sürmek.

Örnek:

Bir eli yağda bir eli balda yaşayan insanlar geçim sıkıntısı çeken halkı ne kadar anlar.

Ahmet'in ailesi çok zengin. O yüzden Ahmet **bir eli yağda bir eli balda** yaşıyor.

ALIŞTIRMALAR

1. Aşağıdaki boşlukları uygun deyimlerle doldurunuz.

Biz beş kardeşiz. Kardeşlerimden Suat çok çalışkandır. O âdeta .... Hiç kimseden borç ve yardım almıyor. Ama ortanca ağabeyim Sadık bir türlü geçinemiyor. Sürekli iş değiştiriyor. Kendisine bile faydası yok. Sadece .... çalışıyor. Küçük kardeşim Soner ise çok şanslı. Çünkü o babamla kalıyor. Bütün ihtiyaçlarını babam karşılıyor. Onun bir eli ....

2. Aşağıdaki deyimlerle resimleri eşleştiriniz.

a. Karın tokluğuna çalışmak

b. Bir eli yağda bir eli balda

c. Yediği önünde yemediği arkasında

d. Ekmeğini taştan çıkarmak

Bunları Biliyor musunuz?

Uzmanların belirttiğine göre olumsuz ruhsal durumlar uygun yiyeceklerle aşılabilir. Örneğin; öfkemizi makarna ve bol sebze yiyerek yenebiliriz. Yine uzmanlara göre, moral bozukluğunun, depresyonun, stresin ve boş vermişliğin tek ilâcı bol ve bilinçli yemek yemek.

Hangi ruh hâlinde hangi yiyecek yenmeli?

Öfke : Kızgın ve öfkeliyseniz uyarıcı niteliklere sahip olan çay ve kahveden uzak durmak gerek. Kırmızı eti de ağzınıza sürmeyin.

Keyifsizlik : Hiçbir şeyden memnun olmuyorsanız hiç keyfiniz yoksa, soğan ve pırasayı tercih edin.

Kara sevda : Pirinç ve şekerden kaçının. Bu iki gıda karamsarlığı artırır.

Özgüven : Turunçgillerin hepsi insana öz güven aşılıyor ve umut saçıyor.

Çekingenlik : Kuşku ve çekingenliğe karşı mercimek en iyi ilâç.

Yorgunluk : Çalışmaktan dolayı yıpranmaya karşı bezelye yiyin.

Zihin karışıklığı : Kafanız karışıksa nane çiğneyin.

Saldırganlık : Saldırganlığınızı, kontrol altında tutmak için cevize başvurun.

TELÂFFUZ

- F -

Özellikleri

a. Türk alfabesinin yedinci harfidir.
b. Sert sessiz harflerdendir.
c. Kelimenin başında, ortasında ve sonunda bulunabilir.
Örnek: fal, fil, film...
af, afet, Cafer...
saf, lâf, sarraf...
d. **Okunuşu:** fa, fe, fı, fi, fo, fö, fu, fü
af, ef, ıf, if, of, öf, uf, üf
e. "f" sert sessizi ile biten kelimelerden sonra sessiz harfle başlayan bir ek gelirse, gelen ekin ilk sessizi de sert sessiz (ç, f, h, k, p, s, t, ş, t) olur.
Örnek: sınıf-ta, çarşaf-çı...

ALIŞTIRMA

Aşağıdaki tekerlemeyi tekrarlayınız.

Bir koca kafa
Koydum rafa
Raftan düştü
Şişti kafa

- G -

Özellikleri

a. Türk alfabesinin sekizinci harfidir.
b. Yumuşak ünsüzlerdendir.
c. Kelimenin başında ve ortasında bulunabilir.
Örnek: gar, garaj, görev...
gaga, gölge, görgü...
d. **Okunuşu:** ga, ge, gı, gi, go, gö, gu, gü
ag, eg, ıg, ig, og, ög, ug, üg

ALIŞTIRMA

Aşağıdaki tekerlemeyi tekrarlayınız.

Galip, Geyve'de gır gır giden gocuklu göçmen gururuyla güldü.

- Ğ -

Özellikleri

a. Türk alfabesinin dokuzuncu harfidir.
b. Yumuşak ünsüzlerdendir. Yumuşak g (ğ) şeklinde söylenir.
c. Kelimenin başında bulunmaz. Ortasında ve sonunda bulunur.
Örnek: doğal, yoğurt, soğuk...
dağ, bağ, çağ...
d. **Okunuşu:** ağ, eğ, ığ, iğ, oğ, öğ, uğ, üğ

ALIŞTIRMA

Aşağıdaki tekerlemeyi tekrarlayınız.

Dağdan dağa dağ idim,
Başı tuğlu bey idim,
Eve geldim evlendim,
Tam belimden bağlandım.

DİNLEME

1. *Aşağıdaki parçayı dinleyiniz.*

CİĞER YAHNİSİ

Canı, ciğer yahnisi isteyen Hoca, bir kilo ciğer almış. Eve getirmiş.

– Hatun bak! Ciğer getirdim. Akşama güzel bir yahni pişir de yiyelim, demiş.

İşi çıkan Hoca evden ayrılmış. Kadın ciğeri doğramış ve pişirmiş. Kokuyu alan komşu kadınlar Hoca'nın evine gelmişler. Kadınlar pişen ciğeri Hoca'nın karısıyla beraber afiyetle yemişler.

Gün boyunca ciğer yahnisini düşünen Hoca akşam eve gelmiş.

– Çok acıktım. Çabuk ciğeri getir, demiş.

Karısı sofrayı kurmuş. Ama ciğer yokmuş. Bu duruma Hoca'nın canı çok sıkılmış.

– Önce ciğeri getirsene, demiş.

Kadın, ciğeri komşu kadınlarla yedik, diyememiş. Çünkü kızacağını biliyormuş.

– Sorma Hoca, ciğeri kedi yedi, demiş.

Hoca hemen sofradan kalkmış ve kediyi aramaya başlamış. Kediyi yakalamış ve karısına;

– Ciğeri bu mu yedi?

– Evet, demiş karısı.

Hoca, karısından teraziyi istemiş. Karısı bu işe çok şaşırmış. Hoca kediyi tartmış. Bakmış kedi bir kilo.

Karısına;

– Ciğer bir kiloydu. Kedi de bir kilo geliyor. Öyleyse ciğer nerede? Eğer ciğer bu ise kedi nerede? demiş.

2. *Aşağıdaki soruları dinlediğiniz parçaya göre cevaplayınız.*

a. Hoca akşam yemeğinde ne yemek istemiş?
....

b. Hoca'nın karısı ciğeri ne yapmış?
....

c. Hoca, karısının yalanını nasıl bulmuş?
....

d. Siz, Hoca'nın karısının söylediklerini doğru buluyor musunuz?
....

DİL BİLGİSİ

İYELİK EKLERİ

PAZARDA

Ahmet akşam üzeri pazara gitti. Çantasını aldı. Annesinden yeteri kadar para aldı. Cüzdanını cebine koydu. Otobüs biletini almayı unutmadı. Pazara vardı. Pazardan 2 kg üzüm, 3 kg patates ve 1 kg patlıcan aldı. Fakat salatalık almadı. Çünkü salatalığı beğenmedi.

İyelik Ekleri

İsimlerin sonuna eklenerek onların kime ve neye ait olduklarını bildiren eklerdir. Aitlik, sahiplik ekleri de diyebiliriz. İyelik ekleri şahıslara göre değişir.

Örnek

Ahmet'in kalem-i (Kalemin kime ait olduğunu belirtir.)
Kapının kol-u (Kol kapıya aittir.)

		Son harf sessiz ise	İyelik eki	Son harf sesli ise	İyelik eki
1. Tekil şahıs	Benim	Ceket	im	Çanta	m
2. Tekil şahıs	Senin	Ceket	in	Çanta	n
3. Tekil şahıs	Onun	Ceket	i	Çanta	sı
1. Çoğul şahıs	Bizim	Ceket	imiz	Çanta	mız
2. Çoğul şahıs	Sizin	Ceket	iniz	Çanta	nız
3. Çoğul şahıs	Onların	Ceket	leri	Çanta	ları

Şahıslara Göre İyelik Ekleri

- ✔ Sesli ile biten kelimelerde iyelik eki üçüncü tekil şahısta "-sı, -si, -su, -sü" şeklindedir.
- ✔ İyelik ekleri eklendikleri isimlerin sahiplerini bildirir.
- ✔ İyelik eklerinin başka görevleri de vardır.
- ✔ Üçüncü tekil şahıs iyelik eki olan "-sı, -si" yer bildiren kelimelerden sonra gelerek belirtme görevinde kullanılır.

Örnek

Bura-sı → Burası çok güzel.
Böyle-si → Böylesi hiç görülmedi.

- ✔ "-ları, -leri" üçüncü çoğul şahıs iyelik eki zaman bildiren kelimelere eklenip genelleme anlamı katar.

Örnek

Sabah-ları → Sabahları koşuyorum. (Her sabah)
Akşam-ları → Akşamları hep bu parka geliriz. (Her akşam)

NOT İyelik eki "-ları, leri" ile çoğul eki "-lar, -ler" karıştırılmamalıdır.

MÜZİK KUTUSU

1. Aşağıdaki boşlukları dinlediğiniz şarkıya göre doldurunuz.

HALİL İBRAHİM SOFRASI

İnsanoğlu haddin bilir kem söz söylemez iken
El alemin namusuna yan gözle bakmaz iken
Bir .... kurulmuş ki Halil İbrahim adına
Ortada bir .... boş mu dolu mu bilen yok
Bir sofra kurulmuş ki Halil İbrahim adına
Ortada bir tencere, boş mu .... bilen yok

Buyurun dostlar buyurun Halil İbrahim sofrasına!
Buyurun dostlar buyurun Halil İbrahim sofrasına!
Buyurun dostlar buyurun Halil İbrahim sofrasına!

Daha ...., bıçak, ... icat edilmemişken,
İsmail'e inen koç kurban edilmemişken,
Bir kavga başlamış ki nasip kısmet uğruna.
Kapağı ver kulpu al kurbanı hiç soran yok.
Bir kavga başlamış ki nasip kısmet uğruna.

Yıllardır sürüp giden bir pay alma çabası,
Topu topu bir dilim kuru .... kavgası.
Bazen durur bakarım bu ibret tablosuna,
Kimi .... peşinde kiminin ise tuzu yok.

Alnı açık gözü .... buyursunlar baş köşeye.
Kula kulluk edenlerse ömür boyu taş döşeye,
Nefsine hakim olursan kurulursun tahtına.
Çala .... saldırırsan ne çıkarsa bahtına.

Halat gibi bileğiyle yayla gibi yüreğiyle,
Çoluk çocuk geçindirir haram nedir bilmeyenler.
Buyurun siz de buyurun buyurun dostlar buyurun.

Barış der her bir yanı altın gümüş taş olsa,
Dalkavuklar etrafında el pençe divan dursa,
Sapa kulpa kapağa itibar etme dostum.
İçi boş tencerenin bu sofrada yeri yok.
Sapa kulpa kapağa itibar etme dostum.

.... pula ihtişama aldanıp kanma dostum,
İçi boş insanların bu dünyada yeri yok.
Para pula ihtişama aldanıp kanma dostum,
İçi boş insanların bu dünyada yeri yok.

DEĞERLENDİRME

1. Aşağıdaki bilgilerle resimleri eşleştiriniz.

a. Türk mutfağının vaz geçilmezleri arasında ilk sıralarda sayabileceğimiz yemekler içinde önemli yer tutar. İçine kıyma konularak küçük hamur parçalarının dürülmesiyle hazırlanan bir yemektir. Daha çok üzerine yoğurt eklenerek yenilir.

b. Türklerin en meşhur yemeğidir. Dünyanın her yerinde yapılır ve beğenilerek yenir. Etler bir şişe yuvarlak olarak yerleştirilir. Sonra odun ateşinde çevire çevire pişirilir. En ilginç tarafı ise kılıç gibi bir bıçakla kesilmesidir.

c. İlk hamburger 1895 yılında Los Angeles'ta yapılmış. Aslında ismini Almanya'nın Hamburg şehrinden almıştır. Daha çok pratik yemek olarak tercih edilir. Ekmek arasına et ve tavuk kızartmaları çoğu zaman da köfte konur. Salatalık turşusu da ilâve edilir.

2. Aşağıdakileri eşleştiriniz.

a. Siparişinizi alabilir miyim?
b. İskender alabilir miyim lütfen?
c. Çorbalardan neler var?
d. Meyvelerden bir şey alır mıydınız?
e. Bize biraz ekmek getirir misiniz?
f. İstersen arabaya bakabilirim?

☐ Hayır, gerek yok.
☐ Biraz sonra vereceğiz.
☐ Elbette.
☐ Domates, ezogelin, mercimek efendim.
☐ Hayır, şimdilik almayacağız.
☐ Hemen getiriyorum efendim.

3. Aşağıdaki karışık kelimelerden anlamlı cümleler kurunuz.

a. kahvaltıda / zeytin / var / rafadan yumurta / reçel / ve
....

b. kabuklarını / sonra / domatesin / kaba / doğrayın / bir
....

c. siz / ortamda / yemek / hoşlanırsınız / bir / nasıl / yemekten
....

d. ne / dersin / akşam / Çin / bu / lokantasında / yemeğe / yemek
....

4. "Annesi yemeğini güçlükle yedirdi."

Yukarıdaki cümleye "kime?" sorusunu soracak olursak verilecek cevap aşağıdakilerden hangisi olur?

A. annesine **B.** ona **C.** arkadaşına **D.** bana

5. Cümlelerdeki yanlışlıkları bulunuz ve cümleleri yeniden yazınız.

a. Yalnız başa yemek yemekten hiç hoşlanmam.
....

b. Etin fazlası fayda değildir.
....

c. Yemek yapmaktan zevk alırım.
....

d. Bulaşıkları her zaman abla yıkar bizim evde.
....

e. Peçeteler masaya düzenli yerleştirmek gerek.
....

6. Üçüncü kişi eki alan sözcüklerin sonuna "ile" getirilince araya "y" ünsüzü girer ve "ile" nin başındaki "i" sesi düşer.

Ali - ile → Ali'yle geldi. (o)

Aşağıdakilerin hangisinde yukarıdakine benzer bir kullanım yoktur?

A. Kardeşiyle sinemaya gitmek istemiş.
B. Büyük bir gürültüyle içeri girdi.
C. Anneyle kızı aynı evde oturuyormuş.
D. Ahmet ile Hasan okuldan geldiler.

7. Aşağıdaki kutularda verilen kelimelerden anlamlı cümleler yazınız.

Bana Bize	bir birkaç biraz	bardak kaşık peçete kürdan mayonez salata	getirebilir misiniz?

a. ....
b. ....
c. ....
d. ....
e. ....
f. ....

8. Çocuğun söylediği cümlelerde yanlışlıklar vardır. Annesi cümlelerdeki yanlışlıkları düzeltiyor. Siz annesine yardımcı olun.

Çocuk : Anne bak tabağında hiç emek kalmadı. Hepsini yedim.

Anne : Tabağında değil .... demelisin. Emek değil ....

Çocuk : Bol Kepçe lokantasının yemeklerisi hiç güzel değildi?

Anne : Yemeklerisi değil ....

Çocuk : Bizim tencerem niçin küçük anne?

Anne : Öyle söylenmez oğlum. Bizim .... veya benim ....

OYUN

YERLEŞTİRMECE

Aşağıdaki kelimeleri bulmaca karelerine doğru bir şekilde yerleştiriniz.

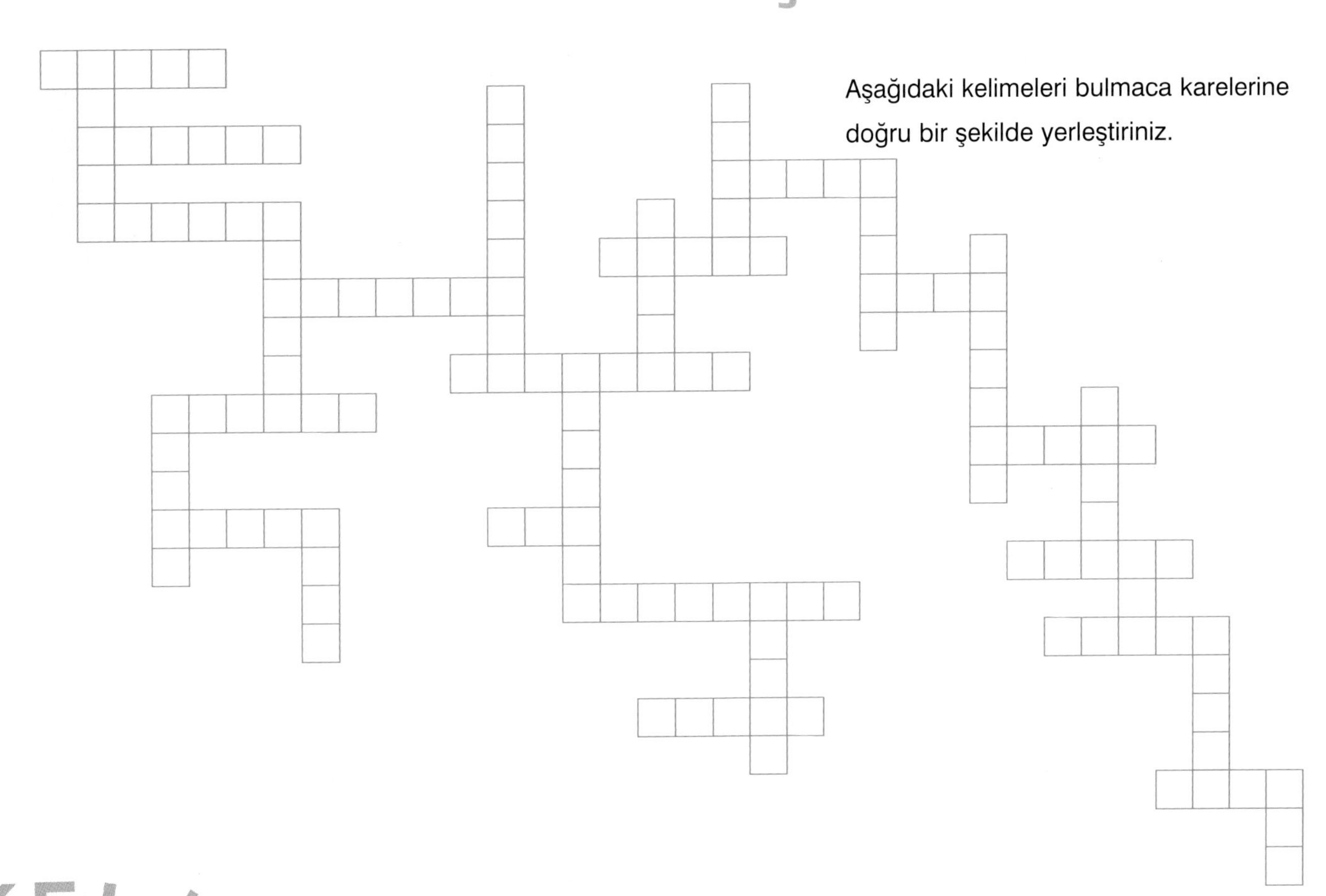

KELİMELER

PEYNİR	KABAK	MAYDANOZ	DOMATES	BAL	ÇİKOLATA	FASULYE	EKMEK
REÇEL	ÇORBA	SUCUK	ZEYTİN	YUMURTA	YEMEK	SARIMSAK	BALIK
ÇAY	KARPUZ	MANTAR	ŞEKER	TAVUK	KAHVE	SÜT	HAVUÇ
ELMA	KAVUN	MUZ	ÜZÜM	LİMON	KİRAZ	ÇİLEK	PASTA

1. *Aşağıdaki parçayı okuyunuz.*

ÇİĞ KÖFTE

İbrahim peygamber döneminde yaşayan Urfalı bir avcı, avladığı bir ceylanı eve getirerek hanımından yemek yapmasını ister. Hanımı evde odun bulamaz. Çevrede yakacak bir şey yoktur. Avcı hanımından bir çare bulmasını ister. Bunun üzerine kadın ceylanın karnından bir miktar yağsız et keser. Yağsız eti bir taş üzerinde başka bir taşla ezmeye başlar. Sonra ezilmiş eti bulgur, biber ve tuzla karıştırarak yoğurur. Buna yeşil soğan ve maydanoz ekler. Böylece o tadına doyum olmayan çiğ köfte meydana gelir.

Malzemeler
- 1 su bardağı ince bulgur
- 250 gram iyice dövülmüş yağsız kıyma
- 1 adet kuru soğan
- 1 kaşık zeytin yağı
- 1 demet maydanoz
- 1 baş taze soğan
- 1 baş taze sarımsak
- 1 adet domates
- 2 yemek kaşığı yemek salçası
- kuru nane

Çiğ köftenin yapılışı:

Bulguru önceden hafif ıslatın. Rendelenmiş kuru soğanı ve küçük küçük doğranmış domatesi karıştırın. İçine tuz, karabiber, kırmızıbiber, kimyon ve biber salçası ekleyin. İyice karıştırdıktan sonra eti ilâve edin. Bulgur ve et yumuşayıncaya kadar iyice yoğurun. Bu yoğurma, etin durumuna göre uzun bir süre devam eder. Bu karışıma zeytin yağı, ince ince doğranmış maydanoz, taze soğan, sarımsak ve nane katın. Biraz daha yoğurduktan sonra ceviz büyüklüğünde köfteler yapın. Köfteleri marul yapraklarına yerleştirin. Üzerine biraz limon sıkın ve afiyetle yiyin.

2. *Aşağıdaki soruları okuduğunuz parçaya göre cevaplayınız.*

a. Efsaneye göre çiğ köfte hangi peygamber döneminde ortaya çıkmış?

....

....

b. Çiğ köfte ateşte pişirilir mi?

....

....

c. Çiğ köfte hangi malzemelerden yapılır?

....

....

ÖDEV

a. Ülkenizde yapılan meşhur bir yemeği tarif ediniz.

b. Bir hafta boyunca hangi yemekleri yediniz? Aşağıdaki tabloyu doldurunuz.

	Akşam	Öğle	Sabah
Cuma			
Perşembe			
Çarşamba			
Salı			
Pazartesi			

TERCÜME

Aşağıdaki cümleleri kendi dilinize çeviriniz.

1. Mümkünse bir tabak daha alabilir miyim?
   ....
2. Bu akşam yemeğe bize misafirler gelecek.
   ....
3. Lokantada yemek yemek evde yemek kadar hoşuma gitmiyor.
   ....

Hatırlatma

birkaç → **Sayılabilen nesneler için kullanılır.**

biraz → **Sayılamayan nesneler için kullanılır.**

hiç → **Olumsuz cümlelerde ve olumlu-olumsuz soru cümlelerinde kullanılır.**

Örnek

Hiç domates kalmamış
Hiç zeytin var mı?
Hiç şeker kalmamış mı?
Hiç şeker yok mu?

Pratik Türkçe

Her Mevsim Güzeldir

DERSE HAZIRLIK

1. Aşağıdaki soruları cevaplayınız.

a. Ülkenizde hangi mevsimler görülmektedir?
b. Hangi mevsimde hangi kıyafetleri giyeriz?
c. Hangi mevsimi daha çok seviyorsunuz? Bu mevsimde neler yaparsınız?
d. Ülkenizde olağanüstü mevsim olayları yaşanıyor mu?
e. Dünyanın farklı bölgelerinde farklı iklimlerin olmasının sebepleri sizce neler olabilir?

2. Aşağıdaki resimleri inceleyiniz. Bu resimlerin hangi mevsime ait olduğunu belirtiniz. Bu mevsimlerde yapılan başka etkinlikleri söyleyiniz.

KELİMELER

1. Aşağıdaki kelimeleri en soğuktan en sıcağa doğru sıralayınız.

soğuk ☐ serin ☐ dondurucu [1] sıcak ☐ ılık ☐ kavurucu ☐

2. Aşağıdaki boşlukları, altı çizili kelimenin zıt ya da olumsuz anlamlarıyla doldurunuz.

a. Bugün hava <u>çok iyi</u>; ama yarın .... olabilir.
b. Bu hafta havanın <u>kapalı</u> olduğuna bakma. İnşallah gelecek hafta .... olacak.
c. <u>Yağmurlu</u> havada top oynanmıyor. Havanın .... olduğu bir günü bekleyelim.
d. <u>Soğuk</u> bir havada denize girmek kimin fikriydi? .... havada girmediğimiz için ailenizden azar işiteceğiz.
e. Hava .... olunca içim açılıyor. <u>Yağmurlu</u> havalar ise beni karamsar yapıyor.

3. Aşağıdaki kelimelerle resimleri eşleştiriniz.

buzul ☐
fırtına ☐
kutup ☐
çöl ☐
atmosfer ☐
bitki örtüsü ☐

a b c d e f

OKUMA - ANLAMA

1. *Aşağıdaki parçayı okuyunuz.*

KAR'IN HİKÂYESİ

Önce biri düşer sessizce. Ardından bir diğeri iner yavaşça. Sonra bir başkası. Kar tanelerinin yaptığı bu yolculuk sürer ve tabiat beyaz bir örtünün altında kalmaya başlar. Çok ilginçtir ki; kar kristallerinin hiçbiri diğerine benzememektedir.

Kar bütün izleri siler. Çocuklar evlerinden dışarı çıkmak için can atarlar. Bakışlarını gökyüzündeki kar tanelerine çevirirler ve uçuşan karları seyrederler. Sonra kardan adam yapma hazırlıklarına başlanır. Bunun için havuç, kömür, atkı ve süpürge hazırlanır. Kızaklar saklandıkları arka balkonlardan çıkarılır. Kaymak için tekrar kontrol edilir. İşte çocuklar ve yetişkinler bütün bunlarla kış süresince eğlenirler. Evet kardan adam yapmak ve kızakla kaymak yalnızca çocukların eğlencesi değildir. Yetişkinler de severek bunları yapar ve eğlenirler.

Yine kar yağmaya devam eder. Hiçbir yer görünmeyene kadar yağar, yağar... Artık ırmaklarda balık avlamak için başka metotlar kullanılmalıdır. Balıkçılar önce buzu keserler, sonra da suya ağ bırakırlar. Eğer şansları iyi giderse o gün balıkçılar için kazançlı bir gün demektir. Akşama doğru esen sert rüzgâr balıkçıları evlerine dönmeye mecbur eder. Balıkçıların eşleri ve çocukları onları kartopuyla karşılarlar. Evet artık kartopu savaşı başlamıştır. Eline eldivenini giyen bu savaşa katılır. Bu oyunda en çok eğlenenler, her zaman olduğu gibi, yine çocuklar olur. Çünkü onlar bütün bir yıl, kış ayını kartopu oynamak için beklemişlerdir. Oyundan yorulanlar evlerine girerler. Akşamları sıcak sobanın başında kestane pişirirler ve birbirlerine hatıralarını anlatırlar. İşte bütün bu güzellikleri bütün insanlık bir kar tanesine borçludur.

2. *Okuduğunuz parçaya göre aşağıdaki cümlelerden doğru olanın başına "D"; yanlış olanın başına "Y" yazınız.*

a. ( ) Kardan adam için havuç, atkı, kömür gerekir.
b. ( ) Yetişkinler kızakla kaymaktan hoşlanmazlar.
c. ( ) Yetişkinler kardan adam yapmaktan hoşlanırlar.
d. ( ) Hava çok soğuk olursa sular buz tutar.
e. ( ) Balıkçılar balık tutmak için buzu keserler.
f. ( ) Balıkçılar oltayla balık avlarlar.
g. ( ) Akşamları sobada ekmek kızartırlar.

3. *Aşağıdaki soruları okuduğunuz parçaya göre cevaplayınız.*

a. Kışın çocuklar ve yetişkinler ne yaparlar?
....
b. Kışın balıkçılar balık avlamak için nasıl bir metot kullanırlar?
....
c. Balıktan dönen balıkçıları, eşleri ve çocukları nasıl karşılarlar?
....
d. Kartopu savaşında en çok kimler eğlenirler?
....
e. Kar tanesinin özelliği nedir?
....
f. Küçük gibi görünen bir kar tanesi insan yaşamını nasıl etkiliyor?
....

4. *Aşağıdaki boşlukları okuduğunuz parçaya göre doldurunuz.*

a. Dışarıda lâpa lâpa kar ....
- ☐ düşüyor
- ☐ yağıyor

b. Balıkçılar suya ağ ....
- ☐ gönderirler
- ☐ atarlar

c. Birbirlerine .... anlatırlar.
- ☐ hatıralarını
- ☐ oyunlarını

5. *Başka nasıl söyleyebilirsiniz? (✓) işareti koyunuz.*

a. Kış süresince herkes eğlenir.
- ☐ Kış boyunca eğleniriz.
- ☐ Kış zamanınca eğleniriz.

b. Balık avlamak için deniz kenarına gideceğiz.
- ☐ Balık tutmaya sahile ineceğiz.
- ☐ Balık getirmek için sahile gideceğiz.

c. Sobanın başında tatlı tatlı sohbet ederler.
- ☐ Sobanın üstünde güzelce sohbet ederler.
- ☐ Sobanın etrafında hoşça sohbet ederler.

Aşağıdaki soruları tekrarlayınız ve uygulayınız.

Soru 1

Hangi mevsimi nerede yaşamak isterdiniz?

Cevap

Kış mevsimini İsviçre'de yaşamak isterdim.

Kısa Cevap

Kış mevsimini İsviçre'de

Uygulama

....

Soru 2

Bir ülkenin iklimi o ülkenin halkını nasıl etkiler?

Cevap

Günlük alışkanlıklarının farklı olmasına neden olabilir.

Kısa Cevap

Alışkanlıklarını etkiler.

Uygulama

....

Soru 3

Sonbahar mevsiminde kendinizi nasıl hissedersiniz?

Cevap

Bu mevsimde kendimi daha duygusal hissederim.

Kısa Cevap

Kendimi duygusal hissederim.

Uygulama

....

Soru 4

Aşağıdaki tabloya bakarak bu mevsimlerde neler yaptığınızı söyleyiniz.

İlkbahar	Yaz
Gündüzleri - Pikniğe gitmek - Top oynamak Geceleri - Televizyon seyretmek - Halı sahada maç yapmak	Gündüzleri - Denize gitmek - Yüzmek Geceleri - Bahçede çay içmek - Sahilde yürüyüş yapmak
Sonbahar	**Kış**
Gündüzleri - Ormana gitmek - Bisiklete binmek Geceleri - Kitap okumak - Sinemaya gitmek	Gündüzleri - Kayak yapmak - Kartopu oynamak Geceleri - Sobanın üstünde kestane pişirmek - Masallar anlatmak

Cevap

Yazları denizde yüzerim ve sahilde yürüyüş yaparım.

Kısa Cevap

Yüzerim ve yürüyüş yaparım.

Uygulama

....
....
....
....
....

1. Aşağıdaki diyalogları uygulayınız.

A.

Ali : Eldivenlerini yanına almayı unutmadın değil mi?

Osman : Unutmadım. Kaşkolümü de aldım. Bugün hava çok soğuk olacak. Radyodan dinledim.

Ali : Acaba kar yağacak mı? Ne dersin?

Osman : Bilmiyorum. Yalnızca havanın kapalı olacağını söylediler. Bir de sıcaklık sıfırın altına düşecekmiş.

Ali : Öyleyse sıkı giyinmekle iyi yapmışız. Hadi çıkalım. Arkadaşlar gelmiştir. Ormandaki buz tutan gölde kayak yapacağız.

Osman : Ben geleceğim, fakat kayak yapmayacağım. Yalnızca sizi seyredeceğim. Çünkü gölde kaymaktan korkuyorum. Buz her an kırılabilir.

B.

Murat : Bugün çok eğleneceğiz. Adalara yüzmeye gidiyoruz.

Kenan : Baksana, hava da çok güzel. Hiç bulut yok. Güneş bütün güzelliğiyle bize gülümsüyor.

Murat : Evet, yüzmek için iyi bir gün seçmişiz. Bugün çok sıcak olacak.

Kenan : Murat, biz balık tutmayacak mıyız?

Murat : Tabi ki tutacağız. İşte balık tutmak için hazırlığımız tamam. Yalnız ağ almadım. Oltayla tutacağız.

Kenan : Hem yüzmek, hem balık tutmak gerçekten çok eğlenceli olacak. Acıkınca tuttuğumuz balıkları yeriz.

Murat : Bak bu iyi bir fikir. Ateş yakmak için çakmak almalıyız. Ben şimdi geliyorum.

2. *Siz de arkadaşınızla sevdiğiniz bir mevsim hakkında konuşunuz.*

3. *Mevsimlere göre evinizde ne tür değişiklikler oluyor? Aşağıdaki kelimelerden faydalanarak konuşunuz.*

soba	yorgan	sıcak su	yağlı yiyecekler	soğutucu
kalorifer	çarşaf	soğuk su	hafif yiyecekler	ısıtıcı

4. *Kışın üşüyen ayaklarınızı karla yıkamak doğru mudur?*

5. *Yaşadığınız yerlerde mevsim değişiklikleri oluyor mu?*

6. *Kaç tane hava olayı söyleyebilirsiniz?*

7. *Mevsimlerin insanlar üzerindeki etkilerini tartışınız.*

DİNLEME

1. *Aşağıdaki parçayı dinleyiniz.*

GÜNEŞLE RÜZGÂR

Sıcak bir öğleden sonraydı. Güneş yukarıdan tarlaları, ağaçları, insanları seyrediyordu. "Ne kadar da güçlüyüm" diye düşündü içinden. "Bu kadar güçlü ve faydalı olmak ne güzel."

Bu arada aşağıda, ağaçların büyük bir gücün etkisiyle sağa sola yattığını gördü. O tarafa doğru biraz daha alçaldı. Evet tahmin ettiği gibiydi. Bütün bu karışıklığın arkasında Rüzgâr vardı.

– Kolay gelsin Rüzgâr, dedi yavaşça.

Ortalıkta öyle bir gürültü vardı ki sesini kendisi bile zor duyuyordu. Daha yüksek sesle söylediklerini tekrarladı.

– Kolay gelsin Rüzgâr.

– Uuuu, kimi görüyorum. Ne yapıyorsunuz benim bölgemde?

Bu söz Güneş'i çok kızdırdı. Burası nereden onun bölgesi oluyor ki?...

– Sizin bölgeniz mi? Sanırım yanlış duydum. Bütün gökyüzü ve yeryüzü hep benim bölgemdir. Siz ancak misafir olabilirsiniz.

– Hu hu hu diye, güldü Rüzgâr.

– Hayret ben de sizin için aynı şeyi düşünüyordum.

Bunun üzerine Rüzgâr şiddetini daha da artırdı. Her şey birbirine girdi. Güneş de iyice kızmış olacak ki, ortalığı şiddetli bir sıcak kapladı.

Bulutlar sağa sola kaçıştı, kuşlar yuvalarına çekildi.

Yalnız iri bir bulut kümesi her şeye rağmen hızla onlara yaklaştı.

– Ne yapıyorsunuz siz? Böyle tartışma mı olur?

– Başka çaremiz yok, dedi Güneş.

– Hayır, dedi Bulut. Bir yol var.

Bir anda sessizlik oldu.

– O yol nedir? diye sordu ikisi birden.

– Evet ikiniz gücünüzü bir yarışla ispatlayacaksınız.

– Nasıl?

– Şu aşağıdaki paltolu adamı görüyor musunuz?

– Evet

– İşte hanginiz o adamın paltosunu çıkarabilirse o, en güçlü sayılacak.

– Rüzgâr öyle esti öyle esti ki ağaçların dalları kırıldı. Adam da sıkı sıkı paltosuna sarıldı. Yarım saat sonra Rüzgâr yorgun bir biçimde döndü.

– Buna imkân yok. Güneş'e; "Bir de şansını sen dene, ama çok ümitlenme, başarılı olamayacaksın" dedi.

Güneş bütün sıcaklığıyla yeryüzünü ısıttı. Her şey öyle ısındı ki, adam da sıcaktan bunaldı ve paltosunu çıkardı.

Böylece yarışı Güneş kazanmış oldu.

2. *Aşağıdaki soruları dinlediğiniz parçaya göre cevaplayınız.*

a. Yeryüzündeki karışıklığın sebebi neydi?

....

b. Güneş, Rüzgâr'a ne dedi?

....

c. Güneş, neden kızdı?

....

d. Güneş, yarışı nasıl kazandı?

....

DEYİM

Aşağıdaki deyimleri okuyunuz.

a. Havadan nem kapmak: Çok çabuk etkilenmek.

Örnek:

Havadan nem kapan insanlarla arkadaşlık etmek zordur.

Havadan nem kapan insan olmak iyi değil.

b. Havanın gözü yaşlı olmak: Neredeyse yağmur yağacak bir hava.

Örnek:

Eve gidelim. **Havanın gözü yaşlı**. Islanabiliriz.

Havanın gözü yaşlı deyip çalışmayı bıraktılar.

c. Güneş çarpmak: Yazın güneş altında çok kalmaktan dolayı hastalanmak.

Örnek:

Güneş çarpmasın diye şapka giydim.

Çocuk, **güneş çarptığı** için hasta olmuş.

d. Buz kesilmek: Çok üşümek, buz gibi soğumak, titremek.

Örnek:

Kış günü çocukların ayakları **buz kesildi**.

Elim ayağım **buz kesildi**. Soğuktan tir tir titriyorum.

ALIŞTIRMALAR

1. Aşağıdaki kelimeler yukarıdaki deyimlerden hangisini hatırlatmaktadır?

a. Titriyorum

....

b. Çok alıngansın

....

c. Yağmur gelecek

....

d. Sıcaktan başım dönüyor

....

TELÂFFUZ

- H -

Özellikleri

a. Türk alfabesinin onuncu harfidir.

b. Sert sessiz harflerdendir.

c. Kelimenin başında, ortasında ve sonunda bulunabilir.

Örnek: han, hamam, Hasan...
ahır, ahtapot, ahmak...
ah, şah, padişah...

d. **Okunuşu:** ha, he, hı, hi, ho, hö, hu, hü
ah, eh, ıh, ih, oh, öh, uh, üh

e. "h" sert sessizi ile biten kelimeden sonra sessiz harfle başlayan bir ek gelirse, gelen ekin ilk sessizi de sert sessiz (ç, f, h, k, p, s, ş, t) olur.
Örnek: Fatih-te, silâh-çılık

ALIŞTIRMA

Aşağıdaki tekerlemeyi tekrarlayınız.

Hırsız hırsız hurmalı,
Bizim kapıyı kırmalı,
Hırsızın yüzü kömürden
Bizim kapı demirden

DİL BİLGİSİ

HÂL EKLERİ

SOĞUĞU YENMEK İÇİN

Geçen hafta turumuzun bütün üyeleri Sibirya'dan Kanada'ya kadar olan 2000 kilometrelik yoldan geri dönmeye mecbur kaldılar. Çünkü herkesin bildiği gibi kuzey kutbu kışın barışsever bir yer değildir.

Kuzey kutbunda bu sene o kadar soğuk oldu ki, birçok seyahat turu güvenlik nedeniyle iptal edildi. Kamil, Ahmet ve Nazım olumsuz gezi şartlarına rağmen, gezilerine devam ettiler. Buradaki sorunlardan bir diğeri de sıcaklığın -50'lerin altına düştüğü zamanlardır. Bu zamanlarda bile bu üçlü, gezginlerin korkulu rüyası olan "kayan buz kütleleriyle" mücadele ettiler. Çok sert rüzgâr estiği zaman bu kütleler hareket edebilir ve kırılabilir. Rüzgâr da bir başka problemdir. Bütün bu problemlere karşı bu üçlü iyi hazırlanmıştı. Kalın çorap ve geyik derisinden yapılmış botlar giymişlerdi. Ellerini de iyice sarmışlar ve eldiven giymişlerdi. Asıl problemler akşamları çadır kurulacağı zaman başlıyordu. Maalesef bütün bu hazırlıklar yeterli olmadı. Grup, gezisini durdurmak zorunda kaldı. Bu şanssızlık sadece onların başına gelen bir şey değildi.

Hâl Ekleri

İsim ve isim soylu kelimeler cümlede "-i, -e, -de, -den" ve yalın hâllerde bulunurlar. Hâl ekleri cümlede kelimeleri birbirlerine bağlar.

- ✔ Eve gitti. (İsmi fiile bağlamış)
- ✔ Evde gitarı var. (İsmi isme bağlamış)
- ✔ Evi için çalışıyor (İsmi edata bağlamış)

Hâl ekleri isimlerin anlamlarını değiştirmez, sadece onların cümlede kullanılmalarını sağlar.

İsimlerin 5 hâli vardır:

1 Yalın Hâl

İsimlerin hiçbir ek almamış şekilleridir.

- ✔ ev, okul, yol, dershane, öğretmen

— Örnek

Biraz sonra çay içelim.
Sizce en güzel iklim hangisi?

2 Yönelme Hâli (-e)

İsimlerin "-a" ve "-e" eki almış şekilleridir.

- ✔ okul-a ⟶ okula
- ✔ bahçe-y-e ⟶ bahçeye
- ✔ Tokyo-y-a ⟶ Tokyo'ya

— Örnek

Kanada'ya kadar durmadan yürüdüler.
Herkes rüzgâra karşı koyamayacağını anladı.
Haksızlığa hiç dayanamam.

3 Yükleme Hâli (-i)

İsimlerin "-ı, -i, -u, -ü" almış şekilleridir.

- ✔ kapı-y-ı ⟶ kapıyı
- ✔ Antarktika-y-ı ⟶ Antarktika'yı
- ✔ Yağmur ⟶ Yağmuru

— Örnek

Yağan karı kimse dikkate almamıştı.
Arkadaşı okulda yalnız bırakmamalıydım.
Çocuğu sev, vatanı koru.

4 Bulunma Hâli (-de)

İsimlerin "-da, -de, -ta, -te" eklerini almış şekilleridir. İsimleri fiile bağlarlar.

- ✔ çiçek-te ⟶ çiçekte
- ✔ sokak-ta ⟶ sokakta
- ✔ fırtına-da ⟶ fırtınada

— Örnek

Bu zamanda herkes birbirine yardım etmeli.
Soğukta ne yapacaklarını bilemiyorlardı.
Elverişsiz hava şartlarında araba kullanılmaz.

5 Ayrılma Hâli (-den)

İsimlerin "-dan, -den, -tan, -ten" eklerini almış şekilleridir.

- ✔ sıkıntı-dan ⟶ sıkıntıdan
- ✔ güneş-ten ⟶ güneşten
- ✔ sıcak-tan ⟶ sıcaktan

— Örnek

Çadırımızdan çıkamıyorduk.
Misafirleri hava alanından almamız gerekiyor.
Gruptan sessizce ayrıldık.

Karşılaştırma anlamı da katar.

— Örnek

Erzurum'dan soğuk şehir yok.
Bundan iyisi bulunmaz.

ALIŞTIRMALAR

Aşağıdaki boşlukları uygun hâl ekleriyle doldurunuz.

Bugün günler..... cumartesi. Sabah erken...... kalktım, bir de ne göreyim? Dışarısı bembeyaz. Kahvaltı..... hemen sonra kalın elbiselerim..... giydim ve dışarıya fırladım. Karların üzerin...... biraz kaydım. Az sonra Hüseyin, Can ve Suat da geldiler. Arkadaşlarla kardan adam yapmaya karar verdik. Hüseyin evlerin....... havuç, kömür ve şapka getirdi. Ben de kürek getirdim. Kardan adam yapmaya başladık. Can kardan adam..... burnu..... taktı. Suat da gözleri..... yerleştirdi. Ben de şapka....... koydum. Kardan adam çok güzel olmuştu.

DEĞERLENDİRME

1. Aşağıdaki cümlelerdeki yanlışlıkları bulunuz ve cümleleri yeniden yazınız.

a. Eldivenine giyen kartopu oynar.

....

b. Oyunu yorulanlar evlerine girerler.

....

c. Kristallerin hiçbiri birbirinin aynı değildir.

....

d. Balıkçılar önce buza keserler.

....

2. Aşağıdaki diyaloğu sıralayınız.

☐ Yağmadı. Bu yıl kurak oldu.
[1] Yaz tatilini nerede geçirdiniz?
☐ Orada havalar nasıldı?
☐ Antalya'da
☐ Bütün bir yaz güneş vardı.
☐ Hiç yağmur yağmadı mı?

3. Aşağıdaki cümleleri başka nasıl söyleyebilirsiniz? (✓) işareti koyunuz.

a. Ahmet işe gitmeden önce sakalını kesti.
☐ Ahmet, işe gitmeden önce tıraş oldu.
☐ Ahmet, işe gitmeden önce sakalını tıraş yaptı.

b. Afrika ülkeleri daha çok tarımla geçimlerini sağlarlar.
☐ Afrika ülkeleri daha çok tarımla geçinirler.
☐ Afrika ülkeleri daha fazla tarımdan beslenirler.

4. Aşağıdaki boşlukları verilen kelimelerle doldurunuz.

esmek / yağmak / çıkmak / düşmek / görünmek

a. Dışarıya baksana kar ne kadar da yavaş ....
b. Bütün gün yağmur .... Onun için maç iptal oldu.
c. Dışarıdaki .... rüzgârı duyabiliyor musun?
d. Fırtına sırasında bahçedeki ağaca yıldırım ....
e. İki haftalık tatilimizde güneş bir defa bile ....

5. Kutudaki kelimelerden ve eklerden faydalanarak anlamlı cümleler yazınız.

sinema okul ev soğuk	-ı, -i, -u, -ü, -a, -e -da, -de, -ta, -te -dan, -den -tan, -ten	gitmek çok ayrılmak kalmak	özlüyor iyi değil istiyor hoşuna gidiyor

Örnek: Soğukta kalmak iyi değil.

a. ....
b. ....
c. ....
d. ....

6. Kutudaki kelimelerden ve eklerden anlamlı cümleler yazınız.

kış yaz ilkbahar sonbahar	-ın -da	hava	rüzgârlı soğuk sıcak ılık nemli karlı sert yağmurlu kuru	olabilir

Örnek: Kışın hava karlı olabilir.

a. ....
b. ....
c. ....
d. ....
e. ....
f. ....

7. Aşağıdaki soruları ve cevapları eşleştiriniz.

a. Yarın hava nasıl olacak?
b. Dışarıda hava bozuk mu?
c. Tatil için gittiğiniz yerde havalar nasıldı?
d. Hava nasıl?

1. Yağmurlu.
2. Kapalı / açık olacak.
3. Havalar güneşliydi.
4. Hayır, hava açık.

8. Aşağıdaki kelimelerle cümleleri eşleştiriniz.

a. titiz
b. korkak
c. sabırsız
d. cesur
e. dikkatli
f. enerjik

1. Ayşe araba sürerken hiçbir kuralı çiğnememeye dikkat eder.
2. Kemal bir işin hemen olmasını ister. Hiç bekleyemez.
3. Fuat hiçbir şeyden korkmaz. Gözünü budaktan sakınmaz.
4. Nermin yalnız dışarı çıkamaz. Her zaman yanında birisinin olmasını ister.
5. Murat hep sporla ilgilenir. Onun enerjisi bitmek bilmez.
6. Tamer çok hassastır. Ayakkabısı tozlansa hemen siler.

OYUN

Yukarıdaki resimlerden her biri bir mevsime karşılık gelmektedir. Aşağıdaki resimleri yukarıdaki resimlerle eşleştiriniz.

a b c d e f g h

MÜZİK KUTUSU

1. Aşağıdaki boşlukları dinlediğiniz şarkıya göre doldurunuz.

YAKAMOZ

.... yağar ıslanırsın, vay aman!
.... doğar kurumazsın, vay aman!
Ay ışığı der durursun, vay aman!
Yakamozsun sen.

Sessiz sessiz ağlar gibisin, vay aman!
Güneş doğdu gideceksin, vay aman!
Bırak ...... gitsin, sen kal bu gece vay aman!
Umudumsun sen.

2. Aşağıdaki kelimeleri dinlediğiniz şarkıya göre eşleştiriniz.

a. güneş	1. ağlamak
b. yağmur	2. doğmak
c. sessiz sessiz	3. yağmak

Bunları Biliyor musunuz?

¤ Küresel ısınma yüzünden 2050 yılında Shangai ve deniz kıyısındaki diğer Çin şehirlerinde büyük seller olacak. Bu sellerde 76 milyon kişi evsiz kalacak.

¤ Sahra çölündeki Tidikelt kasabasına on yıl boyunca hiç yağmur yağmamıştır.

Orman Bakanlığı, avcılara, içinde hava durumunu da öğrenmelerine yarayacak pratik bilgilerin bulunduğu bir kitapçık hazırladı. Bu kitapçıkta bazı ip uçları şöyle sıralanıyor:

¤ Bacadan çıkan duman biraz yükseldikten sonra aşağı doğru savruluyorsa yağmur gelecektir.

¤ Akşam üstü havadaki kızıllık, güzel havanın müjdecisidir.

¤ Sabah güneş doğarken gökyüzü kızıl ise, o gün hava kötü olacaktır.

¤ Gri başlayan gün, kuru havayı işaret eder.

¤ Vadiden erken kalkan sis, yağmuru gösterir. Dağlık alanlarda sis öğleye kadar açılmazsa yağmur yağacaktır.

17 SERBEST OKUMA

1. *Aşağıdaki parçayı okuyunuz.*

KÜRESEL ISINMA

Bilim adamlarının araştırmalarına göre yerküremiz günden güne ısınıyor. İklim kuşaklarının kayması sonucu, yağmur kuşağı kuzeye doğru genişliyor. Yağışlar belli bölgelerde yoğunlaşıyor. İnsan aktivitelerinden kaynaklanan iklim değişiklikleri, dünyayı tehdit ediyor. İklim artık, bir yerde uzun yıllar boyunca aynı özelliği gösteren hava durumu anlamına gelmiyor.

Son yıllarda, değişen hava şartlarının karşısında nasıl giyineceğimize karar veremez olduk. Zira sabah yüzünü gösteren güneş, öğleden sonra yerini yağmura bırakmakta, akşama doğru da gökyüzü yine parlak görünümünü almaktadır. Havalardaki bu sıcaklık artışı, her mevsimde kendini belli ettirmektedir.

Her iki yarım kürede buzulların eriyerek kutuplara doğru çekilmesi; yüksek dağların tepelerindeki buzulların ve kar örtüsünün azalması, deniz suyu seviyesinin yükselmesi, kuş türlerinin yok olması dünyanın günden güne ısındığını gösteriyor. Günümüze ait bu iklim değişikliklerinin en önemli sebebi insanların doğaya verdikleri zararlardır. Yaz ayları her yıl biraz daha uzuyor. Buzullar eriyor. Seller, kasırgalar, hortumlar... yüzlerce can alıyor. Hayvan soyunun genetiği değişiyor. Türler yok oluyor.

Peki küresel ısınma insanları nasıl etkileyecek? Küresel ısınma, kalp, solunum yolu, alerjik ve diğer hastalıklara sebep olacak. Sürekli sıcak hava, sel, fırtına gibi hava olayları, psikolojik rahatsızlıklara, hastalıklara ve ölümlere yol açacak. Hava sıcaklığının artması ve suların azalması, kolera gibi hastalıkları yaygınlaştıracak.

Gece ve kış soğuklarının hafiflemesi, önemli bir sorun olacak. Bazı bölgelerde şiddetli kuraklık dönemlerinden sonra gelecek aşırı yağışlar, sıtma gibi hastalıkları artıracak.

Bu dünyada yaşamak zorunda kalan insanlar yaptıkları işlerle doğal dengeyi bozuyor. Kim bilir belki de küresel ısınma dünyanın sonunu getirecek. Belki biz bunu göremeyeceğiz. Ama yüzyıllar sonra gelecek torunlarımız bunu görecekler.

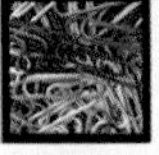

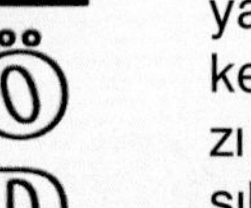

ÖDEV

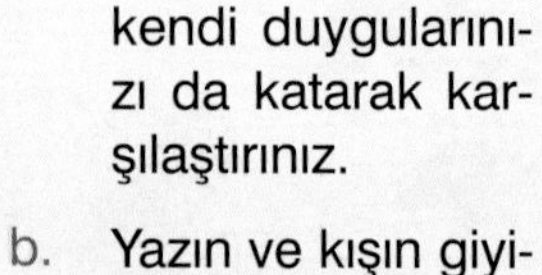

a. Kış mevsimi ile yaz mevsimini, kendi duygularınızı da katarak karşılaştırınız.

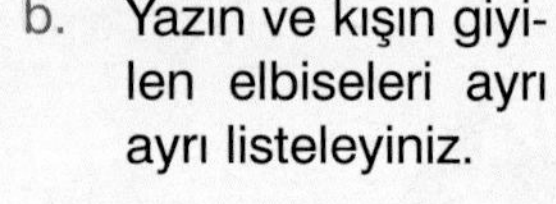

b. Yazın ve kışın giyilen elbiseleri ayrı ayrı listeleyiniz.

c. Sonbahar mevsiminde çevrenizde görülen değişiklikler hakkında bir paragraf yazınız.

2. *Aşağıdaki soruları okuduğunuz parçaya göre cevaplayınız.*

a. Küresel ısınma neden olmaktadır?

....

b. Küresel ısınmada insanın etkisi var mıdır?

....

c. Son yıllarda hava durumu nasıl gitmektedir?

....

d. Dünyanın günden güne ısındığını gösteren örnekler nelerdir?

....

e. Küresel ısınma hangi hastalıklara sebep olacak?

....

f. Küresel ısınma sonucunda neler olacak? Kısaca yazınız.

....
....
....
....

TERCÜME

Aşağıdaki cümleleri kendi dilinize çeviriniz.

1. Havalar iyi olunca insan da mutlu oluyor.
....
2. Her mevsimin kendine göre bir güzelliği var.
....
3. Elverişsiz hava şartlarına rağmen yollarına devam ettiler.
....

Örnek

Ali geldi.	→	Gelen Ali'dir.
Birisi geldi.	→	Gelenin kim olduğu belli değil.
Sinemaya gittiler.	→	Gittikleri yer belli (sinema).
Bir yere gittiler.	→	Gittikleri yer belli değil.
Ali'yi ziyaret edelim.	→	Ziyaret edilecek kişi belli.
Birisini ziyaret edelim.	→	Belli değil.

Pratik Türkçe

Konu 7

Her Milletin Kendine Özgü Giyim Tarzı Vardır

DERSE HAZIRLIK

1. Aşağıdaki soruları cevaplayınız.

a. Millî kıyafetlerinizin neler olduğunu biliyor musunuz?
b. En çok sevdiğiniz kıyafetler hangileridir?
c. Sizce en ilgi çekici kıyafet hangi millete aittir?
d. Yazları ve kışları neler giyersiniz?
e. Kravatın ilk defa hangi ülkede kullanılmaya başlandığını biliyor musunuz?

2. İki resim arasındaki altı farkı bulunuz.

KELİMELER

1. Aşağıdaki elbiselerle resimleri eşleştiriniz.

a. çorap
b. kemer
c. tişört
d. şapka
e. atkı
f. pantolon
g. ayakkabı
h. elbise
ı. çanta
i. gömlek

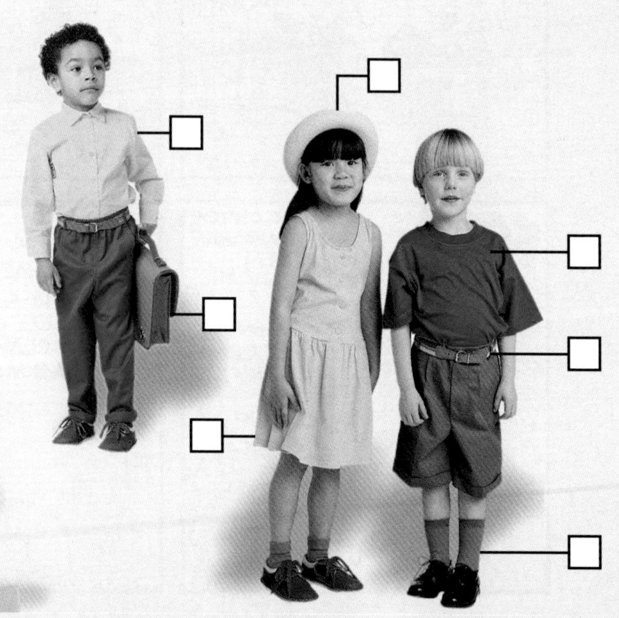

2. Aşağıdaki kelimeleri eşleştiriniz.

a. ayakkabı
b. pantolon
c. kemer
d. gömlek

1. toka
2. yaka
3. paça
4. bağcık

OKUMA - ANLAMA

1. Aşağıdaki parçayı okuyunuz.

MİLLÎ KIYAFETLER

Giyinmek, en gerekli ihtiyaçlarımızdan biridir. Peki siz ne giyeceğinize kendiniz mi karar veriyorsunuz, yoksa bu işi annenizin yardımıyla mı yapıyorsunuz? Bu sorunun cevabını bilemiyorum ama bazıları giyinmek için kara kara düşünmüyor. Çünkü onlar, yaşadıkları ülkeyi simgeleyen millî kıyafetleriyle âdeta bütünleşmiş durumdadır. Kim mi onlar? Yaşadığımız dünya üzerinde hâlâ birtakım geleneklerini sürdüren bazı topluluklar.

İnsan bedenini örten giysi, aksesuar ve bunları kullanma biçimleri giyim şeklimizi oluşturur. Üstelik giyinme tarzımız; cinsiyet, kültür, coğrafî bölge ve tarihsel çağlara göre farklılıklar gösterir. Bir ülkenin kültürü ne kadar gelişmişse geleneksel giyim tarzları da o ölçülerde incelikli ve çeşitlidir. Tıpkı Türkiye'de olduğu gibi. Bunu Türkiye'nin hemen hemen her bölgesinin kendine özgü kıyafetlerinin oluşundan anlayabiliriz. Giyim tarzları ile ilgili bazı ülkelerden örnekler verelim: Afrika, her gün parlak renkli elbiseler görebileceğimiz bir kıtadır. Kuzeyde erkekler uzun kaftanlar, kadınlar ise işlemeli blûzlar, bol şalvar ve pelerin giyerler. Kuzey kutbunun keskin soğuk iklimli bölgelerinde yaşayan Aynu halkı, ayı balığı derisinden çizme, pantolon, kürklü paltolar ve sıcak tutması için başlıklar yaparlar.

Amerika'daki Kızılderililer ise, buffalo sığır derisinden yapılmış elbiseler, ayakkabılar giyerler. Bugün bu kıyafetler sadece festivallerde ve özel günlerde giyiliyor.

Düşünün ki, yüksek bir tepede bulunuyorsunuz. Açık ve soğuk havanın etkili olduğu bir yerde yaşıyorsunuz. Böyle yerlerde yaşayan insanlar da yüksek bölgelere özgü elbiseler giyerler. İskoçyalı erkekler ekose kumaştan diz uzunluğunda eteklik giyerler. Her İskoç ailesi veya kabilesinin kendine özgü bir ekose kumaş modeli vardır.

2. Okuduğunuz parçaya göre aşağıdaki cümlelerden doğru olanın başına "D"; yanlış olanın başına "Y" yazınız.

a. ( ) Her milletin kendine özgü bir giyim tarzı vardır.

b. ( ) Bir ülkedeki giyim tarzının çeşitliliği kültürün çeşitliliğiyle doğru orantılıdır.

c. ( ) Afrikalılar parlak renkli giysileri severler.

d. ( ) Giyim tarzlarını belirleyen etkenlerden biri de yaşanılan coğrafyadır.

e. ( ) Giyinmek bazıları için sorun değildir.

3. Aşağıdaki cümlelerde altı çizili kelimelerin yerine kullanılabilecek kelimelerin altını çiziniz.

a. Giyinmek en <u>zarurî</u> (gerekli, gereksiz, belirli) ihtiyaçlardan biridir.

b. İnsan bedenini <u>örten</u> (ısıtan, kapatan, açan) giysi, aksesuar ve bunları kullanma biçimleri giyim şeklimizi oluşturur.

c. Giyinme tarzımız; cinsiyet, kültür, coğrafî bölge ve tarihsel çağlara göre <u>farklılıklar</u> (benzerlik, ayrılık, değişiklik) gösterir.

d. Afrika, <u>her gün</u> (daima, ara sıra, bazen) parlak renkli elbiseler görebileceğimiz bir kıtadır.

ÖRNEKLEME

Aşağıdaki soruları tekrarlayınız ve uygulayınız.

Soru 1
Ne tür giysileri tercih edersiniz?

Cevap
Spor giysileri tercih ederim.

Kısa Cevap
Spor giysileri

Uygulama

....

Soru 2
Hangi renk gömlekten hoşlanırsınız?

Cevap
Mavi renk gömlekten hoşlanırım.

Kısa Cevap
Mavi renkten

Uygulama

....

....

Soru 3
Pantolonun fiyatı kaç para?

Cevap
Pantolonun fiyatı 10 milyon lira.

Kısa Cevap
10 milyon.

Uygulama

....

Soru 4
Kaç numara ayakkabı giyiyorsunuz?

Cevap
42 numara ayakkabı giyiyorum.

Kısa Cevap
42 numara

Uygulama

....

Soru 5
Modayı takip eder misiniz?

Cevap
Evet, modayı takip ederim.

Kısa Cevap
Ederim

Uygulama

....

KONUŞMA

1. ***Aşağıdaki kelimelerden faydalanarak arkadaşlarınızla alışveriş mağazasında geçen bir diyalog kurunuz.***

PANTOLON	GÖMLEK	AYAKKABI
✔38 beden	✔siyah	✔kahverengi
✔lâcivert	✔1 beden	✔39 numara
✔ucuz	✔çizgili	✔10 milyon
✔kaliteli	✔kışlık	✔deri
✔yazlık	✔pamuklu	✔topuklu

2. ***Giyim eşyalarınızı seçerken nelere dikkat edersiniz?***

fiyat	ucuz	modaya uygun	resmî	fermuarlı
kalite	sade	spor	renkli	düğmeli

3. ***İnsanlar neden pahalı markaları giyinmek isterler?***

4. ***Karşınızdaki insanların giyim kuşamlarına dikkat eder misiniz?***

5. ***Giyim kuşamda moda takip edilmeli midir? Arkadaşlarınızla tartışınız.***

DİNLEME

1. Aşağıdaki diyaloğu dinleyiniz.

MAĞAZADA

Satıcı : Buyurun efendim. Hoş geldiniz.
Müşteri : Hoş bulduk. Teşekkür ederim. Pantolon almak istiyorum.
Satıcı : Pantolon reyonumuz bu tarafta. Kaç beden giyiyorsunuz?
Müşteri : 42 veya 44 beden giyiyorum.
Satıcı : Hangi renkten hoşlanıyorsunuz?
Müşteri : Lâcivert.
Satıcı : Kışlık mı, yazlık mı istersiniz?
Müşteri : Mevsimlik olsun.
Satıcı : Mevsimlik 42 beden pantolonlarımız burada.
Müşteri : Şu lâcivert olanını deneyebilir miyim?
Satıcı : Tabi buyurun. Kabinimiz burada.
Satıcı : Nasıl oldu efendim.
Müşteri : Biraz dar oldu gibi. Kilo almışım.
Satıcı : 44 bedeni vereyim efendim. Size çok şık olur.
Müşteri : Tamam. 44 beden iyi gelir.
Satıcı : Evet, çok şık oldu efendim.
Müşteri : Fiyatı ne kadar?
Satıcı : 20 milyon lira.
Müşteri : Pahalıymış. Biraz indirim yapamaz mısınız?
Satıcı : Sizin için 18 milyon olur.
Müşteri : Peki alıyorum.
Satıcı : Güle güle giyin efendim.
Müşteri : Teşekkür ederim. Sağ olun.

2. Aşağıdaki soruları dinlediğiniz diyaloğa göre cevaplayınız.

a. Müşteri ne almak istiyor?
....
b. Müşteri hangi renkten hoşlanıyor?
....
c. Yazlık mı, kışlık mı istiyor?
....
d. Aldığı eşya için kaç para ödüyor?
....
e. Müşteri, kaç beden pantolon giyiyor?
....

DEYİM

Aşağıdaki deyimleri okuyunuz.

a. Etekleri tutuşmak: Çok telâşlanmak. Heyecandan ne yapacağını bilememek.

Örnek:
Babasının yeni aldığı bardağı kırınca **etekleri tutuştu.**
İstediği olmayınca bizimkilerin **etekleri tutuştu.**

b. Etekleri zil çalmak: Büyük sevinç içinde bulunmak, çok sevinmek.

Örnek:
Bayramlık elbisesini görünce **etekleri zil çaldı.**
Hemen **etekleri zil çalmasın**. İşin gerçeğini bir öğrenelim.

c. Çorap örmek: Sorun çıkarmak. Hile yapmak.

Örnek:
Önüne arkana iyi bak. Seni sevmeyenler başına **çorap örebilir.**
Bu adama dikkat et. Başına bir **çorap örebilir.**

ALIŞTIRMALAR

1. Aşağıdaki deyimlerle resimleri eşleştiriniz.

a. Çorap örmek
b. Etekleri zil çalmak
c. Etekleri tutuşmak

2. Aşağıdaki kelimelerle deyimleri eşleştiriniz.

a. telâşlanmak	1. çorap örmek
b. belâ getirmek	2. etekleri zil çalmak
c. sevinmek	3. etekleri tutuşmak

İSİM TAMLAMALARI

ELBİSE ALIRKEN NELERE DİKKAT EDERSİNİZ?

		Evet	Hayır
a.	Elbisenin kalitesine dikkat ederim.	☐	☐
b.	Elbisenin fiyatına dikkat ederim.	☐	☐
c.	Elbisenin markasına dikkat ederim.	☐	☐
d.	Elbisenin desenine dikkat ederim.	☐	☐
e.	Elbisenin renklerine dikkat ederim.	☐	☐
f.	Elbisenin düğme renklerine dikkat ederim.	☐	☐
g.	Elbisenin bedenine dikkat ederim.	☐	☐
h.	Elbisenin modaya uygun olmasına dikkat ederim.	☐	☐
ı.	Elbisenin mevsime uygunluğuna dikkat ederim.	☐	☐
i.	Elbisenin yıkama özelliklerine dikkat ederim.	☐	☐

Türkçenin öbekleşmesindeki temel kural; önce yardımcı öğenin sonra da ana öğenin gelmesidir. İki kelimenin bağlanmasında birinci kelime yardımcı öğe, ikinci kelime ana öğedir. Bundan dolayı Türkçede bir ismin anlamını türlü anlam ilgileriyle tamamlamak istediğimizde o ismin başına yardımcı, tamamlayıcı bir isim getirerek isim tamlaması kurarız.

İki isim arasında iyelik ilgisi kurmak amacıyla oluşturulan tamlamaya isim tamlaması denir.

— Örnek

Gömleğin düğmesi. (Burada ana öğe düğmedir; yardımcı öğe ise gömlektir.)

Pantolonun kumaşı. (Burada ana öğe kumaştır; yardımcı öğe pantolondur.)

İsim tamlamalarında yardımcı öğeye yani birinci isme tamlayan; ana öğeye yani ikinci isme tamlanan denir.

İsim tamlamaları üç çeşittir:

1. Belirtili isim tamlaması
2. Belirtisiz isim tamlaması
3. Zincirleme isim tamlaması

1 Belirtili İsim Tamlaması

Tamlayanı söz söyleyen ve dinleyen tarafından bilinen ve tamlayanı ile tamlananı arasında geçici bir ilgi bulunan isim tamlamasıdır. Bu isim tamlamasında tamlayan, "-ın -in, -un, -ün, -nın, -nin, -nun" tamlanan ise "-ı -i, -u, -ü," iyelik eklerini alır.

— Örnek

<u>Çocuğun</u> <u>gömleği</u>. (Çocuk söz söyleyen kişi tarafından bilinmektedir.)
Tamlayan Tamlanan

<u>Kravatın</u> <u>iğnesi</u>. <u>Ceketin</u> <u>düğmesi</u>.
Tamlayan Tamlanan Tamlayan Tamlanan

2 Belirtisiz İsim Tamlaması

Tamlayanı söz söyleyen ve dinleyen tarafından belirli olmayan ve tamlayanı ile tamlananı arasında sürekli bir bağ bulunan isim tamlamasıdır. Tamlayan ek almaz. Tamlanan "-i" ekini alır. Bu iyelik eki ses uyumlarına bağlıdır.

— Örnek

Çocuk gömleği. (Çocuk, söz söyleyen ve dinleyen tarafından belirli olmayan bir çocuktur. Çocuk ile gömlek arasında bağ süreklidir.)

Kravat iğnesi.
Gömlek kumaşı.
Ceket düğmesi.

3 Zincirleme İsim Tamlaması

Tamlayanı isim tamlaması olan (Belirtili ya da belirtisiz isim tamlaması) tamlama çeşidine zincirleme isim tamlaması denir. Bu tür tamlamalarda isim tamlaması tamlayan olur ve yeniden tamlama kurar.

— Örnek

Tamlayan		Tamlanan
Gömlek kumaşının	/	rengi.
Çocuk gömleğinin	/	düğmesi.
Ceketin düğmesinin	/	şekli.
Patronun	/	çalışma odası.

ALIŞTIRMALAR

1. Aşağıdaki cümlelerdeki isim tamlamalarını yazınız.

a. Kazağın kolları çok uzunmuş.
....

b. Ayakkabı boyasını dün almıştım.
....

c. Pijamanın uzunluğuna arkadaşları epeyce güldü.
....

d. İnsanların giyinişinin şekli kendilerini ilgilendirir.
....

e. Mavi tişörtün fiyatı çok yüksekti.
....

2. Aşağıdaki karışık kelimelerden anlamlı cümleler kurunuz ve isim tamlamalarının altını çiziniz.

a. kopardım / kordonunu / dün / saatin
....

b. elbiselerini / dolabına / asmalısın / elbise
....

c. tercih ederim / pantolonun / her zaman / çizgilisini
....

d. gözlüğümün / dün / kırdım / futbol / camını / oynarken
....

DEĞERLENDİRME

1. Aşağıdaki nesnelerle fiilleri eşleştiriniz.

a. Gömlek	1. ...açmak
b. Kravat	2. ...iliklemek
c. Düğme	3. ...giymek
d. Şemsiye	4. ...takmak

2. Aşağıdaki sıfatlarla kıyafetleri eşleştirerek sıfat tamlamalarını yazınız.

yünlü	gömlek
pamuklu	kazak
naylon	pantolon
deri	kolye
kaliteli	yüzük
ucuz	ceket
şık	takım elbise
pahalı	çorap
dar	kaban
uyumlu	bot
bol	çizme
geniş	ayakkabı
kısa	atlet
uzun	külot

a. ....
b. ....
c. ....
d. ....
e. ....
f. ....
g. ....
h. ....

3. Aşağıdaki boşlukları verilen kelimelerle doldurunuz.

ayakkabı / gömlek / etek / pantolon / kolye / çorap

a. Kaç beden .... giyiyorsunuz?
b. .... numaram 42'dir.
c. Kaç numara .... istiyorsunuz?

4. Aşağıdaki resimlere bakarak giysileri reyonlara yerleştiriniz.

Çocuk Reyonu	Bayan Giyim Reyonu	Erkek Giyim Reyonu
....	....	....
....	....	....
....	....	....
....	....	....

5. Aşağıdaki boşlukları verilen kelimelerle doldurunuz.

yani / ama / çünkü / ve / belki

a. Ayşe Hanım, Ramazan Bayramı yaklaştığı için oğluna gömlek .... pantolon; kızına ise ayakkabı, etek ve blûz alacaktı .... parası ancak ayakkabıya yetti.
b. .... Ayşe Hanım, önümüzdeki bayrama kızına etek ve blûz alabilir.
c. Ayşe Hanım, kızına etek ve blûz alamadı .... parası ancak ayakkabıya yetti.
d. .... kısacası Ayşe Hanım, bayramda kızını sevindiremedi. Bundan dolayı kendisi de çok üzgün.

6. Aşağıdaki kelimelerden zincirleme isim tamlaması oluşturunuz.

a. Sınıf / kapı / kol : ....
b. Türkçe / kitap / sayfa : ....
c. Ali / kitap / kapak : ....
d. Elbise / dolap / askı : ....
e. Ahmet / ayakkabı / bağ : ....

7. Aşağıdaki anketi doldurunuz.

a. Sınıfınızda kaç kişi kazak giymiş? ☐
b. Sınıfınızda kaç tane kravat var? ☐
c. Sınıfınızda kaç kişinin kahverengi çorabı var? ☐
d. Sınıfınızda kaç arkadaşınız beyaz gömlek giymiş? ☐
e. Sınıfınızda kaç arkadaşınız gözlüklü? ☐

8. Tatile çıkacaksınız. Yanınızda altı parça kıyafet alacak olsanız hangi kıyafetlerinizi alırsınız?

a. ....
b. ....
c. ....
d. ....
e. ....
f. ....

9. Aşağıdaki boşlukları verilen fiillerle tamamlayınız.

çıkarmak	giyinmek	denemek
pazarlık	yapmak	ödemek

a. Maç yaparken formam ile birlikte şort ....
b. Müşteri, tezgâhtar ile sıkı bir .... yapıyor.
c. Müşteri, sıkı bir pazarlıktan sonra gömleğe 10 milyon ....
d. Mağazalardan aldığımız malları kabinde ....
e. Eve girerken ayakkabılarımızı ....

- I -

Özellikleri

a. Türk alfabesinin on birinci harfidir.

b. Sesli, kalın ve düz bir harftir.

c. Kelimenin başında, ortasında ve sonunda bulunabilir.
Örnek: ısı, ılık, ıslık...
batı, bazı, sarı...

d. **Okunuşu:** ıb, ıç, ıd, ıf, ık, ıs, ıt, ız
bı, çı, dı, fı, kı, sı, tı, zı

ALIŞTIRMA

Aşağıdaki tekerlemeyi tekrarlayınız.

Kırk kırık küp, kırkının da kulpu kırık küp

- İ -

Özellikleri

a. Türk alfabesinin on ikinci harfidir.

b. Sesli, ince ve düz bir harftir.

c. Kelimenin başında, ortasında ve sonunda bulunabilir.
Örnek: iz, izci, inci...
kişi, dikiş, ikilik...

d. **Okunuşu:** ib, iç, id, if, ik, il, im, iz
bi, çi, di, fi, ki, li, mi, zi

ALIŞTIRMA

Aşağıdaki tekerlemeyi tekrarlayınız.

Şu tespihi imamelemeli mi, yoksa imamelememeli mi?

- J -

Özellikleri

a. Türk alfabesinin on üçüncü harfidir.

b. Yumuşak sessizlerdendir.

c. Kelimenin başında ve ortasında bulunabilir.
Örnek: Japon, jilet, jest...
jeoloji, panjur, biyoloji...

d. **Okunuşu:** ja, je, jı, ji, jo, jö, ju, jü
aj, ej, ıj, ij, oj, öj, uj, üj

ALIŞTIRMA

Aşağıdaki tekerlemeyi tekrarlayınız.

Japon jeolog jiletini jüriye verdi.

SERBEST OKUMA

1. Aşağıdaki parçayı okuyunuz.

GİYİMİMİZDE RENKLERİN ROLÜ

Kıyafetlerimiz, birçok sebepten dolayı değişiklik ve çeşitlilik gösterebilmektedir. Bu değişiklikler kıyafetin şekline, rahatlığına, iklim şartlarına ve rengine bağlıdır.

Yapılan araştırmalara göre bazı renkler insana neşe, huzur; bazıları keder ve sıkıntı verirken bazı renkler de insanı dinlendirmektedir. Göze ve ruha hitap eden renkler çok çeşitlidir. Bunların temelini kırmızı, mavi ve sarı oluşturmaktadır. Bu renkler aynı zamanda diğer renklerin meydana gelmesini sağlamaktadır. Bazı renklerin insan ruhu üzerindeki etkileri şöyledir:

Kırmızı: Sıcak ve canlı renklerden olan kırmızı, insanda heyecan uyandırmaktadır.

Sarı: Işığın, güneşin ve ısının temsilcisi olarak değerlendirilen bu renk insana cesaret ve ilham vermektedir. Aynı zamanda sakinleştirici ve zihin açıcı bir özelliğe sahiptir.

Yeşil: İnsana huzur ve ümit veren bir renktir. Bu rengin gözleri dinlendirdiği ve insana canlılık kazandırdığı belirtilmektedir.

Mavi: Rahatlık ve huzur izlenimi uyandıran mavi renk, sinirleri yatıştırıcı, ahenk sağlayıcı bir özelliğe sahiptir. Açık mavi renk, soğukluk, yalnızlık ve hüznü yansıtmaktadır.

Beyaz: Masumiyet ve temizliği çağrıştıran bu renk türü diğer renkler arasında köprü kurarak birleştirici bir görev üstlenir. Sıcak havada daha çok kullanılan bu renk insanı daha genç göstermektedir.

Siyah: Yalnızlığın sembolü olan siyah, aynı zamanda ciddiyet, olgunluk ve asaletin simgesidir. Bu renk aynı zamanda sıkıntı, dert ve endişe hissini de çağrıştırmaktadır.

Gri: Bu renk alçak gönüllülüğü ortaya çıkarır. Hassas insanların ruhunda ümitsizlik duygusu meydana getirebilir.

Özenle hazırlanmış, renk ve şekil birliği sağlanmış güzel bir kıyafet insan ruhunda huzur ve olumlu duygular bırakmaktadır. Hoş ve eksiksiz bir kıyafet oluşturmak için üç renkten fazlası kullanılmamalıdır. Üç renk kullanılması hâlinde ise renklerden birinin açık, diğerinin koyu, diğerinin ise parlak ya da canlı tonlardan seçilmesi gerekmektedir.

Renk faktörü, kıyafetlerin model özelliklerine, giyecek kişinin vücut yapısına ve ten rengine göre çeşitlilik gösterebilmektedir. Meselâ; beyaz tenli birinin tamamıyla açık renk bir kıyafet tercih etmesi uyumsuzluk meydana getirir. Ancak bu kıyafeti koyu parçalarla (gömlek, blûz, atkı...) ya da parlak renkli ayakkabıyla tamamlamak gerekir. Yine uzun boylu birinin desenli ve dar elbiseleri tercih etmesi böyle kişileri daha zayıf gösterebilir. Aslında desenli kıyafetleri aşırı kilolu ve kısa boylu insanların tercih etmesi tavsiye edilmektedir. Kilolu insanların uzun, desenli ve siyah renkli modelleri tercih etmeleri estetik ve rahatlık açısından daha uygundur.

Belirtilen bu tür "püf noktalar" sayesinde anlıyoruz ki, kıyafet tercihinde önemli rol oynayan renkler, biçim ve model özelliklerinde olduğu gibi kişinin vücut yapısına, ten rengine, giyeceği yere ve mevsime göre de değişmektedir.

2. *Aşağıdaki soruları okuduğunuz parçaya göre cevaplayınız.*

a. Kıyafetlerdeki değişikliklerin sebepleri nelerdir?

....

b. Sarı rengin insandaki etkileri nelerdir?

....

c. Kilolu insanlar nasıl giyinmelidir?

....

d. Yalnızlığın sembolü olan renk hangisidir?

....

TERCÜME

Aşağıdaki cümleleri kendi dilinize çeviriniz.

1. Ne tür elbiseleri tercih edersiniz?
   ....
2. Modayı takip etmeye çalışırım.
   ....
3. Yaz sezonu indirimi başlamıştır.
   ....

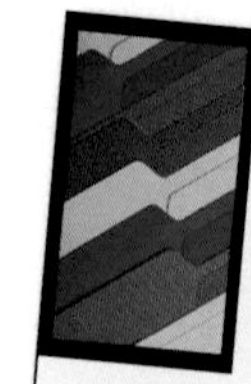

Proje Ödevi

a. Bir karton üzerine sevdiğiniz elbiselerin resimlerini yapıştırınız. Yapıştırdığınız elbiselerin özelliklerini altına yazınız. Bu sıralamayı yaparken en sevdiğiniz giyeceklerden başlamanızı tavsiye ederiz.

b. Ülkenizin millî kıyafetlerini resimlerle anlatınız.

OYUN

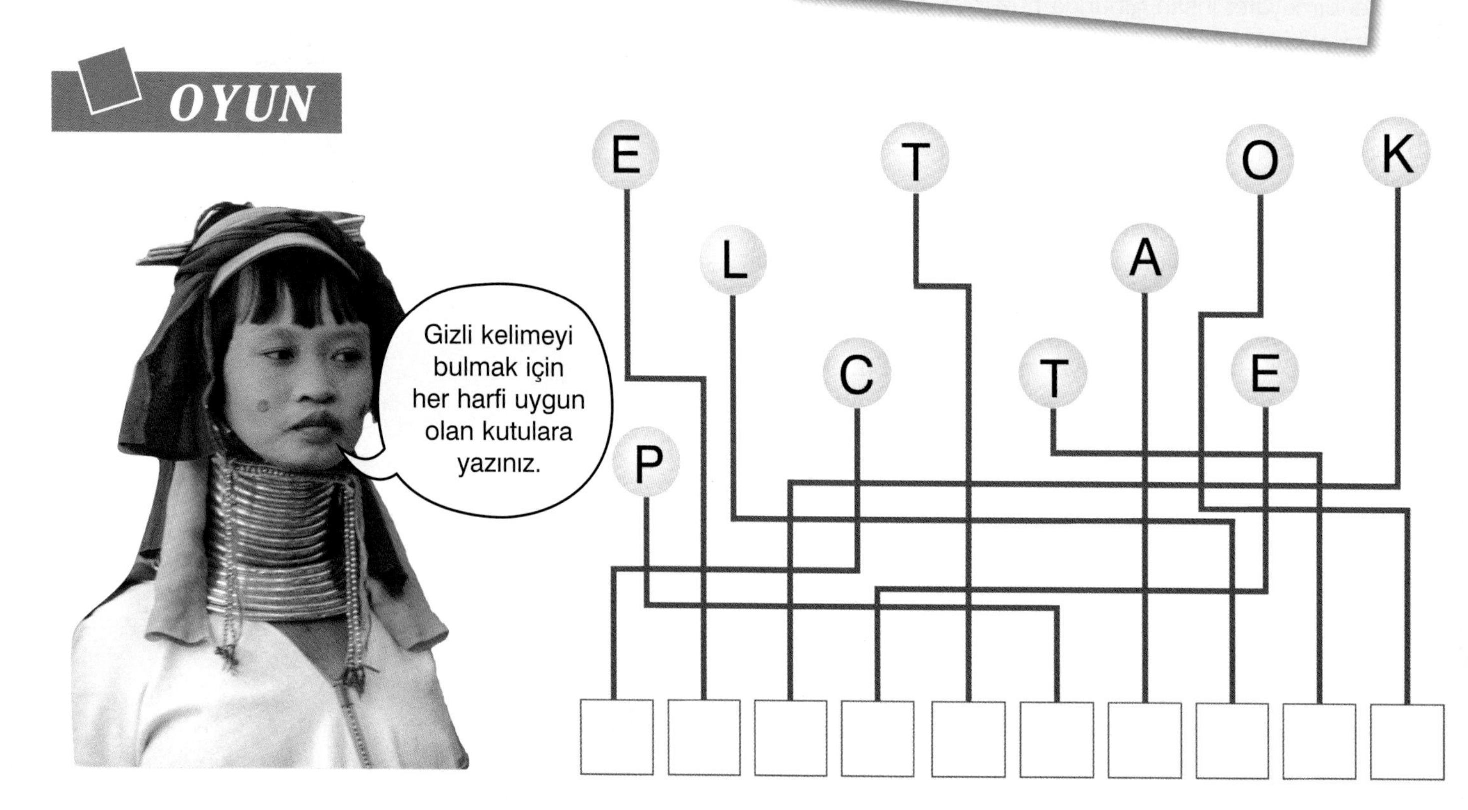

Bunları Biliyor musunuz?

¤ Brezilya ormanlarında yaşayan Kızılderililer, bol çeşit mücevher takınırlar. Fakat onların mücevherleri her zaman altın, gümüş veya değerli taş cinsinden olmaz. Kızılderililer, çoğu kez takı olarak; taşlar, kemikler, dişler, pençeler ve tüyler takarlar.

¤ Kenya'da Masai Kabilesi halkı kendilerine özgü mücevherler, taşlar yaparlar. Onlar gösterişli kolyeler, taçlı kıyafetler yapmak için boncuğun bütün çeşitlerini kullanırlar. Şeritler şeklinde, zikzaklı olarak yaptıkları modellere parlak ve renkli boncukları işlerler.

MÜZİK KUTUSU

1. Aşağıdaki şarkıyı dinleyiniz.

ÜSKÜDARA GİDER İKEN ALDI DA BİR YAĞMUR

Üsküdar'a gider iken aldı da bir yağmur
Katibimin setresi uzun eteği çamur

Katip uykudan uyanmış gözleri mahmur
Katip benim ben katibin el ne karışır
Katibime kolalı da gömlek ne güzel yaraşır

Üsküdar'a gider iken bir mendil buldum
Mendilimin içine de lokum doldurdum

Katibimi arar iken yanımda buldum

Katip benim ben katibin el ne karışır
Katibime kolalı da gömlek ne güzel yaraşır

2. Dinlediğiniz şarkıya göre aşağıdaki karışık kelimelerden anlamlı cümleler kurunuz.

a. uyanmış / katip / uykudan / mahmur / gözleri

....

b. buldum / mendil / bir / iken / gider / Üsküdar'a

....

c. yaraşır / kolalı / gömlek / da / ne güzel / katibime

....

ÖDEV

a. Bir giysi seçerken nelere dikkat edersiniz? Yazınız.

b. Okulda, dışarıda, evde nasıl giyinirsiniz? Anlatınız.

Pratik Türkçe

Konu 8

Hasta Olmak

DERSE HAZIRLIK

1. *Aşağıdaki soruları cevaplayınız.*

a. Hiç hasta ziyaretine gittiniz mi?
b. Bu güne kadar tehlikeli bir hastalık geçirdiniz mi?
c. Hiç hastaneye gittiniz mi? Orada gördüklerinizi ve o anki duygularınızı anlatınız.
d. Doktor olmak ister misiniz?

2. *Aşağıdaki resimler size neler çağrıştırıyor? Birkaç cümle ile anlatınız.*

KELİMELER

1. *Aşağıdaki hastalıklarla resimleri eşleştiriniz.*

a. Başım ağrıyor.
b. Üşüyorum.
c. Boğazım ağrıyor.
d. Dişim ağrıyor.
e. Grip oldum.
f. Midem bulanıyor.
g. Belim ağrıyor.
h. Ateşim var.

2. *Aşağıdaki kelimeleri anlamlarıyla eşleştiriniz.*

a. ilâç
b. tedavi
c. perhiz
d. taburcu olmak
e. stres
f. tansiyon
g. depresyon

1. Hastalığı iyi etme, iyileştirme.
2. Kan basıncı, gerilim.
3. Ameliyat, heyecan gibi etkenlerin insanda oluşturduğu bozukluk.
4. Ruhî bozukluk.
5. Diyet, rejim. Beslenme düzeni.
6. Hastahaneden çıkma.
7. Bir hastalığı iyi etmek için kullanılan madde.

OKUMA - ANLAMA

1. *Aşağıdaki parçayı okuyunuz.*

HASTALIKLAR

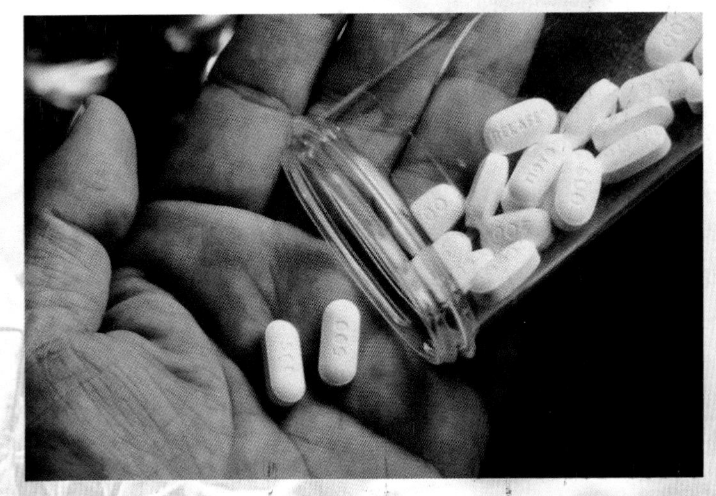

İnsanlık tarihi ilk yüzyıllardan beri aynı hastalıklardan kurtulamıyor. Her yüzyılda binlerce insanı öldüren hastalıkların çaresi bulunuyor fakat daha sonra bir yenisi çıkıyor. Sıtma, kolera, veba... derken yirminci yüzyılda da AIDS insan hayatını tehdit ediyor.

1996 yılında ölen 52 milyon insandan, 17 milyonu kan dolaşımıyla ilgili hastalıklardan, 6 milyonu kanserden, 3 milyonu da solunum yolları hastalıklarından öldü. Bulaşıcı hastalıklar arasında en önemlileri tüberküloz, ishal ve AIDS'tir.

Uzmanlara göre gelecekte bu sıralama çok değişecek. Örneğin; günümüzde 135 milyon insan şeker hastası iken 2025 yılında 300 milyon insan şeker hastası olacak. Özellikle göğsü, mideyi, kalın bağırsağı ve karaciğeri etkileyen kanser zamanla kronik hastalığa dönüşecek.

Günümüzde 40 milyon insan epilepsiye, 30 milyon insan bunamaya, 45 milyon insan şizofreniye yakalanmıştır. 150 milyon insanı etkileyen zihinsel bozukluklar yayılacak. Alzheimer hastalığı ve 340 milyon insanı etkileyen depresyon da büyük ölçüde artacak. Hayvanlar bazı hastalıkların sebebi olacak. Kırmızı et ile kümes hayvanlarının eti yasaklanacak.

Antibiyotiklere daha dayanıklı virüsler ortaya çıkacak. Hastalıklar çok kolay yayılacak. Sinirsel, zihinsel hastalıklar, depresyon, kanser, damar sertliği gelecek yüzyılda da var olacak.

Bilim ve teknolojinin ilerlemesine rağmen gelecek yüzyıllarda da hastalıklar insan sağlığını tehdit etmeye devam edecek.

2. *Okuduğunuz parçaya göre aşağıdaki cümlelerden doğru olanın başına "D"; yanlış olanın başına "Y" yazınız.*

a. ( ) Günümüzde çaresi bulunamayan hastalık kalmamıştır.
b. ( ) Sıtma, kolera, veba... tarih boyunca insanlığı tehdit etmiştir.
c. ( ) Uzmanlara göre 2025 yılında 300 milyon insan şeker hastası olacak.
d. ( ) Kanser günümüzde tehlikeli bir hastalık değildir.
e. ( ) Günümüzde en önemli ruhsal bozukluklardan birisi de "depresyon" dur.
f. ( ) Uzmanlara göre gelecek yüzyıllarda ciddî bir hastalık olmayacak.

3. *Aşağıdaki soruları okuduğunuz parçaya göre cevaplayınız.*

a. Yüzyıllardan beri insanlar için toplu ölümlere sebep olan hastalıklar hangileridir?
....
b. Gelecekte kanser hastalığı nasıl olacak?
....
c. Kırmızı et ve kümes hayvanlarının eti neden yasaklanacak?
....
d. Tıptaki gelişmeler hastalıkları önleyebilecek mi?
....

TERCÜME

Aşağıdaki cümleleri kendi dilinize çeviriniz.

1. Günümüzde bazı hastalıklar tehlike olmaktan çıkmıştır.
....
2. Doktor Bey başımın ağrısı için ne tavsiye edersiniz?
....
3. Günlük hayatta sık karşılaştığımız problemlerden biri de strestir.
....

ÖRNEKLEME

Soru 1
Doktor Bey her tarafım ağrıyor, çok halsizim. Ne yapmalıyım?

Cevap
Sıcak çay içip dinlenmelisin.

Kısa Cevap
Dinlenmelisin.

Uygulama
....

Soru 2
Sizce en tehlikeli hastalık hangisidir?

Cevap
Bence en tehlikeli hastalık AIDS'tir.

Kısa Cevap
AIDS

Uygulama
....

Soru 3
Sizin ülkenizde hastahaneler genel olarak nasıl?

Cevap
Çok iyi.
Hemşireler ve doktorlar hastalarla yakından ilgileniyorlar.

Kısa Cevap
Çok iyi.

Uygulama
....

Soru 4
Hastalığa yakalanmadan önce nelere dikkat etmeliyiz?

Cevap
Yemekten önce ve sonra ellerimizi yıkamalıyız.

Kısa Cevap
Ellerimizi yıkamalıyız.

Uygulama
....

KONUŞMA

1. *Aşağıdaki diyaloğu uygulayınız.*

Murat : Doktor Ahmet Bey mi?
Doktor : Evet, benim Murat Bey. Bugün kendinizi nasıl hissediyorsunuz?
Murat : Boğazım hâlâ ağrıyor. Fakat biraz daha iyiyim. Ama ben bunun için telefon etmedim.
Doktor : Daha iyi olduğunuza sevindim. Peki aramanızın asıl sebebi neydi?
Murat : Oğlum hasta. Ateşi var ve yataktan kalkamıyor. Ne yapmalıyım?
Doktor : Bu aralar grip salgını var. Getirin bir muayene edeyim.
Murat : Ateşini düşürmek için aspirin verebilir miyim?
Doktor : Hayır, muayene etmeden ilâç vermeyin.
Murat : Görüşmek üzere
Doktor : Bekliyorum.

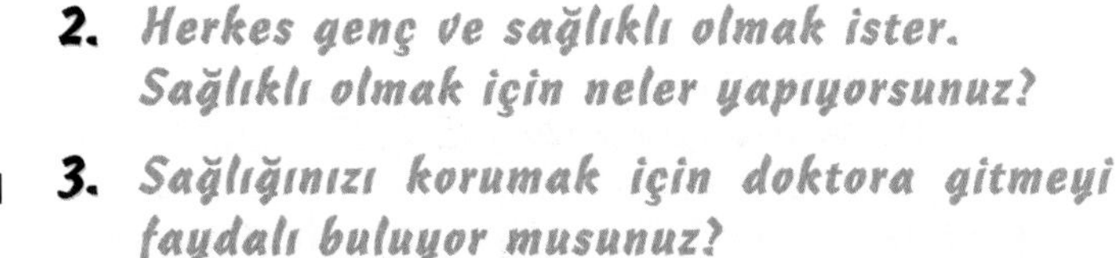

2. *Herkes genç ve sağlıklı olmak ister. Sağlıklı olmak için neler yapıyorsunuz?*

3. *Sağlığınızı korumak için doktora gitmeyi faydalı buluyor musunuz?*

4. *Çok yemenin ve az yemenin sağlık üzerinde etkileri nelerdir?*

5. *Şişmanlık bir hastalık mıdır? Arkadaşlarınızla tartışınız.*

6. *Doğal yollarla tedaviye inanıyor musunuz?*

ÖDEV

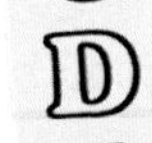

a. Geçirdiğiniz bir hastalıkla ilgili bir paragraf yazınız.

b. Hasta olmamak için neler yapmalıyız?

DİNLEME

1. *Aşağıdaki parçayı dinleyiniz.*

ÜCRET

Soğuk bir kış gecesinde eve dönerken, kaldırımın orta yerinde duran genç bir adama rastladım. Derin derin soluk alıyor ve düşmemek için yanındaki elektrik direğine sarılıyordu.

Vitrine bakıyormuş gibi yaparak göz ucuyla onu seyrettim. Otuz beş kırk yaşlarında olmalıydı. Adamın üzerindeki kıyafetler bir sarhoştan beklenmeyecek kadar temizdi. Yanından geçenlerden bazıları yüksek sesle konuşarak içki içmenin kötülüğünden bahsediyor, bazıları da adamın bu hâline gülüyordu.

Yolun boşalmasını bekledikten sonra yavaşça adamın yanına doğru gittim.

– İyi misiniz, bir ihtiyacınız var mı, diye sordum.

Titreyen adamın ağzından zorlukla bir kelime çıkabildi.

– Hastayım...

Düşmemesi için bir kolumu beline doladım ve taksi beklemeye başladık. Akşam vakitlerinde kesilen kar tekrar, yağmaya başlamıştı. Yavaş yavaş beyazlaşan yolda sokak köpeklerinden başka kimse kalmamıştı.

Gecenin yarısı olduğu için araba bulmaktan ümidimi kestiğim sırada, yanımda bir taksi durdu. Şoföre durumu anlatarak acele etmemizi söyledim. Hastamızı zor da olsa arka koltuğa yatırarak hastahanenin yolunu tuttuk. Hastaya verilen serum tamamlanana kadar başında bekledik.

Nöbetçi doktor, hastayı en azından donmaktan kurtardığımızı ifade ediyordu. Kendine gelen adam daha konuşamadığı için, sadece gözlerimize bakıyor ve tebessüm ediyordu. Daha sonra onu şoförle birlikte tekrar arabaya bindirip evine götürdük.

Hastamızın eşi, onun sık sık şeker komasına girdiğini bildiğinden paniğe kapılmış ve 5-6 yaşlarındaki yavrusunu da alıp sokağa çıkmıştı. Bizi görünce büyük bir sevinçle eşiyle kucaklaştılar.

Saatler süren yorgunluğumuz bir anda kaybolmuştu. Bize nasıl teşekkür edeceğini şaşıran o ailenin mutluluğu karşısında gözlerimiz yaşarmıştı.

Ellerimize sarılarak bizi uğurladıklarında, şoföre borcumun ne kadar olduğunu sordum.

Bana fark ettirmeden göz yaşlarını silmeye çalışırken:

– Borçlu değil alacaklısın dostum, böyle bir iyiliğe beni de ortak etmekle borcunu zaten ödemiştin, dedi.

O mert adamla kucaklaştıktan sonra, gecenin soğuğunu duymuyor ve evime yürüyerek gitmek istiyordum.

MÜZİK KUTUSU

1. *Aşağıdaki boşlukları dinlediğiniz şarkıya göre doldurunuz.*

OLMAYA DEVLET CİHANDA
BİR NEFES SIHHAT GİBİ

Usta terzi dar kumaştan bol gömlek diker.
Doğru tartan esnaf rahat ve huzurlu gezer,
Eğrinin ve doğrunun hesabı mahşerde,
Dünyada biraz huzur her şeye bedel.

.... nasıl gülüm sen ondan haber ver.
.... neye yarar vade gelmişse eğer.
Halk içinde muteber bir nesne yok .... gibi,
Han senin hamam senin konak var senin,
Tarla senin çiftlik senin bağ bostan senin,
Diyelim ki dünya malı tümünden senin,
Ağız tadıyla yersen bir şeye benzer.

Barış der biraz .... ekmeğim olsa,
Buz gibi pınar suyundan bir testim olsa,
Bir de şöyle küpür küpür esen bir çınar gölgesi,
Kaç kula nasip olur ki .... böylesi.
Bir lokma ye bir yudum iç bir of çekiver.

Sağlığın nasıl gülüm sen ondan haber ver,
İlâç neye yarar vade gelmişse eğer.
Halk içinde muteber bir nesne yok sıhhat gibi
Han senin hamam senin .... var senin.
Tarla senin çiftlik senin bağ bostan senin.
Diyelim ki .... malı tümünden senin,
Ağız tadıyla yersen bir şeye benzer.

2. *Dinlediğiniz parçaya göre aşağıdaki cümlelerden doğru olanın başına "D"; yanlış olanın başına "Y" yazınız.*

a. ( ) Adam, sarhoş olduğu için yürüyemiyordu.
b. ( ) Adam, 35-40 yaşlarında gayet temiz giyimliydi.
c. ( ) Adamın düşmemesi için kolumu beline dolayarak beklemeye başladım.
d. ( ) Nöbetçi doktor hastayı donmaktan kurtardığımızı söyledi.
e. ( ) Adam, sık sık kalp krizi geçiren bir hastaymış.
f. ( ) Taksici 10 milyon lira ücret aldı.

- K -

Özellikleri

a. Türk alfabesinin on dördüncü harfidir.
b. Sert sessiz harflerdendir.
c. Kelimenin başında, sonunda ve ortasında bulunabilir.
Örnek: kar, kara, kartal...
ok, okul, korku...
takım, kaşık, yanık...
d. **Okunuşu:** ka, ke, kı, ki, ko, kö, ku, kü
ak, ek, ık, ik, ok, ök, uk, ük
e. "k" sert sessizi ile biten kelimelerden sonra sessiz harfle başlayan bir ek gelirse, bu ekin ilk sessizi de sert (f, h, ş, s, ç, k, p, t) sessiz olur.
Örnek: fıstık-çı, çocuk-ta, yasak-çı...
f. "k" sert sessizi ile biten kelimelerden sonra sesli ile başlayan bir ek gelirse "k" harfi yumuşayarak "ğ" ye dönüşür.
Örnek: çocuk-çocuğu, yaprak-yaprağı

ALIŞTIRMA

Aşağıdaki tekerlemeyi tekrarlayınız.

Kartal kalkar dal sarkar, dal sarkar kartal kalkar.

Aşağıdaki deyimleri okuyunuz.

a. **Birisine bakmak:** Hasta veya yaşlı bir kimsenin ihtiyaçlarını karşılamak
Örnek:
Kardeşim hasta ona **bakıyorum**, gelemem.
İki yıldır ninesine o **bakıyor**.

b. **Hasta olmak:** Çok hoşa gitmek, çok beğenmek (argo)
Örnek:
İbrahim Tatlıses'e **hasta oluyorum**. Bütün kasetleri bende var.
Bu filme **hasta oluyorum**. Kaç kere izledim.

c. **Derdine derman olmak:** Herhangi bir sorunu, problemi, sıkıntıyı halletmek, çözmek.
Örnek:
Derdimize kimse **derman olmadı**. Bir haftadır, sular akmıyor.
Derdini söyle **derman olalım**.

d. **Hastahane kapılarında kalmak:** Devamlı hasta olmak. Sık sık hastahaneye gitmek.
Örnek:
Bu kış **hastahane kapılarında kaldık**. Ailede herkes hasta oldu.
Aydın **hastahane kapılarında kaldı**. Bir türlü iyileşemedi.

- L -

Özellikleri

a. Türk alfabesinin on beşinci harfidir.
b. Yumuşak ünsüzlerdendir.
c. Kelimenin başında, sonunda ve ortasında bulunabilir
Örnek: la, lâf, liman...
ala, elma, âlim...
tahıl, çakıl, sahil...
d. **Okunuşu:** la, le, lı, li, lo, lö, lu, lü
al, el, ıl, il, ol, öl, ul, ül
e. Türkçeye başka dillerden giren bazı kelimelerde "l" harfinin ince olduğunu göstermek için, "l" dan sonra gelen harfin üzerine inceltme işareti (^) konur.
Örnek: ahlâk, ilâve, ilâç, sülâle...

ALIŞTIRMA

Aşağıdaki tekerlemeyi tekrarlayınız.

Dal tartar
Kartal kalkar
Kartal kalkar
Dal tartar

ALIŞTIRMA

1. *Aşağıdaki deyimlerle resimleri eşleştiriniz.*

a. Hasta olmak
b. Birisine bakmak
c. Derdine derman olmak
d. Hastahane kapılarında kalmak

2. *Aşağıdaki cümlelerdeki boşlukları uygun deyimlerle tamamlayınız.*

a. Kardeşim çok hasta. Yakında ameliyat olacak. Ailecek .... kapılarında ....
b. Dedem çok yaşlandı. Artık .... ona .... gerekiyor. Dedem ya amcamlarda kalacak ya da bizde.
c. Kendimi çok kötü hissediyorum. Günden güne zayıflıyorum. Gitmediğim doktor kalmadı ama hiçbiri ....
d. Bu arabaya .... fakat henüz bu arabayı alacak kadar param yok.

SIFATLAR

KANSER

Her zaman kanserin korkunç bir hastalık olduğu düşünülür ve bu kelime insana korku verir. Oysa beş yıl önce kanser teşhisi konmuş olan 3 milyon kişi bugün hayattadır. Birçok hasta tedavi edilmiştir. Bazı hastalarda ise sorun devam etmektedir. Tekrar belirtelim ki, kanser teşhisi ölüm fermanı değildir. Diğer bir yanlış düşünce de kanserin tek bir türü olduğunun düşünülmesidir. Oysa kanserin 100'den fazla türü vardır. Bazı türler sadece bir organa yerleşir. Diğerleri vücudun çeşitli yerlerine dağılır. Her birinin ortak özelliği kontrol edilemeyen zararlı bir hücrenin büyümesidir. Çoğu insan kanserden korkar, çünkü bunun tedavi edilemez bir hastalık olduğuna inanır. Ancak gerçekler böyle değildir. Bu yıl kanser teşhisi konulmuş 10 kişiden 4'ü iyileşmiştir. Bu kişilerin normal yaşam süreleri hiç kanser olmamış aynı yaştaki hemcinsleri ile aynıdır. Bu denli etkileyici istatistiklere rağmen kanser ciddî bir hastalık olma özelliğini korumaktadır. ABD'de her yıl bir milyondan fazla kişiye kanser teşhisi konmaktadır ve kanserden her yıl yaklaşık 500.000 kişi ölmektedir.

Tanım: İsimleri, renk, biçim, hareket ve durum bakımından niteleyen, sayılarını, yerlerini belirten kelimelere sıfat denir.

Örnek: Korkunç hastalık (Nasıl hastalık?)
Sıfat İsim

Özellikleri:

a. Sıfatlar isimlerden önce gelir ve onları niteler.
b. Sıfatlar isim çekim eklerini (hâl, iyelik, çoğul) almaz.

Örnek:

uzun yol ⟶ uzunda yol / uzunu yol / uzunlar yol olmaz

✔ Sıfatlar görev ve anlam yönünden ikiye ayrılır.

1. Niteleme sıfatları
2. Belirtme sıfatları
   a. İşaret sıfatları
   b. Sayı sıfatları
   c. Belgisiz sıfatlar
   d. Soru sıfatları

Niteleme Sıfatları

Tanım: İsimlerin şeklini durumunu niteliğini, hareketini gösteren sıfatlardır. Niteleme sıfatları isimlerin kalıcı özelliklerini gösterir.

Sıfat	İsim	Sıfat	İsim	Sıfat	İsim
mavi	deniz	yakın	akraba	kirli	şehir
küçük	çocuk	geniş	ev	hasta	adam
uzun	yol	tembel	öğrenci	günlük	süt
tatlı	su	iyi	insan	eğri	direk
kötü	gün	gülen	bebek	zeki	öğrenci
sulu	şeftali	susuz	yaz	kurnaz	adam

✔ Niteleme sıfatları isme sorulan "nasıl" sorusunun cevabıdır.

Örnek

Ateşli hastalık (Nasıl hastalık ⟶ Ateşli hastalık)

✔ Doktor yeşil sebzeler yemesini söyledi. (Yeşil)
✔ Salgın hastalıklar çok tehlikelidir. (Salgın)
✔ Şişman adam hastahaneye kaldırıldı. (Şişman)

Belirtme Sıfatları

Tanım: İsimleri sayı, soru, işaret yoluyla ya da kesin olmayacak şekilde belirten sıfatlardır.

Örnek

Hastahanede tam iki yıl yattı.
Dokuz kişiye birden bakamaz bir doktor.
Hangi hemşire size yardımcı oldu?

✔ Belirtme sıfatları dörde ayrılır.

a. İşaret Sıfatları: İsimlerin yerlerini işaret yoluyla gösteren sıfatlardır.

Örnek

Bu soruyu kim sordu?
İlâçları şu çocuk almış.
O revire bir daha gitmem.
Öteki doktorlara da bir bakalım.
Beriki adam daha çok yaralı.

b. Sayı Sıfatları: İsimlerin sayılarını, bölümlerini, sıralarını, parçalarını kesin olarak belirten sıfatlardır.

Örnek

Sadece üç günümüz kaldı.
Dörder kişilik gruplara ayrılmalıyız.
İkinci yatakta yatıyor.

✔ Sayı sıfatları dörde ayrılır:

a. Asıl Sayı Sıfatları: İsimlerin sayılarını kesin olarak belirten sıfatlardır.

Örnek

Her gün on saat tedavi oluyormuş.
Dünyada iki milyar kişi açlık sınırında.
Hastahanede bir gün bile yatmamış.

NOT Başında asıl sayı sıfatı bulunan isimlere çoğul eki getirilemez.

b. Sıra Sayı Sıfatları: İsimlerin sıralarını, derecelerini belirten sıfatlardır.

Asıl sayılara "-nci, -ncı, -ncu, -ncü" ekleri getirilerek oluşturulur.

Örnek

61'inci sokaktan sağa döneceksin.
Hastahanede yattığının 19'uncu günü vefat etti.
Bu sabah ikinci otobüsü de kaçırdım.
Birinci olmak o kadar kolay değil.

✔ Sıra sayı sıfatlarından sonra gelen çoğul isimler çoğul eki alabilir.

Örnek

Üçüncü sınıflar, ikinci olan öğrenciler.

c. Üleştirme Sayı Sıfatları: İsimlerin bölümlere ayrıldığını belirten sıfatlardır.

Sesli uyumuna göre sayı isimlerine getirilen "-ar, -er" ve "-şar, -şer" ekleri ile yapılır.

Örnek

İkişer saat nöbet tuttular.
İki takım da beşer kişi.
Birer gün arayla doğmuşlar.

d. Kesir Sayı Sıfatları: İsimlerin parçalarını bildiren sıfatlardır.

Örnek

Yüzde elli yaşama ihtimali var.
Yarım elma bana yeter.
Yüzde yirmi beş başarı iyi sayılmaz.
Çeyrek saattir burada seni bekliyorum.

3 Belgisiz Sıfatlar

İsimleri kesin olarak değil aşağı yukarı belirten sıfatlardır. Başlıca belgisiz sıfatlar:

Bir, birkaç, birçok, birtakım, bütün, tüm, hiçbir, herhangi bir, bazı, kimi...

Örnek

Kimi insanlar
Bir yaz günü
Her öğrenci
Birtakım insanlar
Birkaç soru
Birçok sorun
Bütün hastalar
Bazı doktorlar
Herhangi bir acı var mı?

✔ Sayı sıfatı olan "bir" ile belgisiz sıfat olan "bir" karıştırılmamalıdır.

Bir ekmek bu kadar çocuğa yetmez. (Sayı sıfatı)
Onu bir akşam vakti görmüştük. (Belgisiz sıfat)

4 Soru Sıfatları

İsimlerin durumlarını, biçimlerini, sayılarını soru yoluyla belirten sıfatlardır.

Örnek

Nasıl hastahaneydi?
Kaç lira ödeyeceksiniz?
Ne gün tahliye olacaksın?
Hangi otobüsle gideceğiz?
Hasta kaçıncı katta yatıyor?

ALIŞTIRMALAR

Aşağıdaki tabloyu doldurunuz.

Sıfatlar	O çocuk Bu çiçek Öteki araba	Uzun yol Eğri direk Güzel çiçek Yanlış söz	Hangi ders? Nasıl yemek? Ne kadar Para?	Kimi adamlar Bazı kişiler Birkaç kaşık	Yarım elma Çeyrek saat On hasta Birinci öğrenci
Niteleme sıfatı					
Sayı sıfatı					
Belgisiz sıfat					
Soru sıfatı					
İşaret sıfatı					

DEĞERLENDİRME

1. Aşağıdaki meslekler neler yapar? Yazınız.

a. doktor ....
b. psikolog ....
c. hemşire ....
d. başhekim ....
e. diş doktoru ....
f. hasta bakıcı ....
g. fizyoterapist ....
h. röntgenci ....

2. Aşağıdaki karışık kelimelerden anlamlı cümleler kurunuz.

a. ne / baş / yapabilirim / için / ağrısı
....
b. olduğu / grip / zaman / almalı mı / C vitamini
....
c. ağrıdığı / belim / zaman / yapmalıyım / ne
....
d. başın ve dişin / zaman / ağrıdığı / almalısın / aspirin
....
e. zaman / ağrıdığı / dişin / yapmalısın / ne
....
f. bulandığı / miden / zaman / yapmalısın / ne
....

3. Aşağıdaki hastalıkları gruplara ayırınız.

		Ağır	Hafif
sıtma	kabakulak		
AIDS	baş ağrısı	....	....
kanser	beyin tümörü	....	....
su çiçeği	tüberküloz	....	....
ülser	verem	....	....
diş ağrısı	nezle	....	....
kuduz	grip	....	....
fıtık			

4. Aşağıdaki diyaloğu sıralayınız.

☐ Lütfen oturun. Doktor birazdan sizi çağıracak.
☐ Teşekkür ederim. Sağ olun.
☐ Buyurun. Yardım edebilir miyim?
☐ Evet. Benim saat on ikide Doktor Beyle randevum vardı.

5. Aynı anlama gelen cümleleri eşleştiriniz.

a. Kesinlikle doktora gitmelisin.
b. Bugün çok kötü görünüyorsun.
c. Korkacak bir şey yok.
d. Şikâyetiniz ne?
e. Bir yeri arayabilir miyim?

1. Bugün berbat görünüyorsun.
2. Neyiniz var?
3. Mutlaka doktora görünmelisin.
4. Önemli bir şeyin yok.
5. Telefon açabilir miyim?

6. Cümlelerdeki yanlışlıkları bulunuz ve cümleleri yeniden yazınız.

a. Ben kalemimi bulamadı. Sen gürdün mü?
....
b. Ne kadar süre üniversiteden mezun oldum?
....
c. Bu pencereyi temizlikçi kadın silinmiştir.
....
d. Mercedes buraya Almandan geliyor.
....
e. En kaliteli saatler İsviçre'den yapılıyor.
....
f. "Hamlet" Şekspir eseridir.
....

7. Aşağıdaki paragrafı verilen kelimelerle tamamlayınız.

ciddî	hastahanesinde	temizliktir	dengeli
basit	yaşlarda	hastahaneye	bakmalı
önlemi	sağlıklı	algınlığı	hasta

Kartal Devlet .... çalışıyorum. Doktorlukta 12. yılım. Bizim .... yüzlerce .... gelir. .... hastalıkların çoğu küçük .... başlıyor. Nezle, soğuk ...., verem, öksürükle başlayan hastalıklardır. İnsan hasta olmak istemiyorsa kendisine iyi .... Öksürük, üşütme, ateş basması, bel ağrısı .... hastalık olarak görülmemeli. Mutlaka .... alınmalı. .... olmanın birinci şartı .... Sonra .... beslenme gelir.

8. Aşağıdaki cümleleri başka nasıl söyleyebilirsiniz? (✔) işareti koyunuz.

a. Bugün kendini nasıl hissediyorsun?
☐ Bugün nasılsın?
☐ Bugün kendini nasıl zannediyorsun?

b. Boğazım hâlâ ağrıyor.
☐ Boğazımın ağrısı bitmedi.
☐ Boğazımın ağrısı geçmedi.

c. Karar vermek için ateşini ölçmeliyiz.
☐ Karar vermek için ateşine bakmalıyız.
☐ Karar vermek için ateşine görmeliyiz.

9. Aşağıdaki cümleleri örnekteki gibi yeniden yazınız.

– Bugün kendini nasıl hissediyorsun?
– Bugün nasılsın?

a. Telefon edebilir miyim? (açmak)
....
b. Neyiniz var? (şikâyet)
....
c. Arada bir başım ağrıyor. (bazen)
....

SERBEST OKUMA

1. *Aşağıdaki parçayı okuyunuz.*

HİPNOZ

Hipnoz, bazılarının sadece isminden haberdar olduğu, pek çoğumuzun ise duyduğu halde inanmadığı ya da inanmak istemediği bir kavramdır. Bilhassa bazı filmlerde kötü niyetle, insanların emir altına alınarak onlara her türlü kötülüklerin yaptırıldığı sahnelerin etkisiyle, hipnozu büyücülük zannedenler çoktur. Ancak hipnoz tarih öncesinden beri bilinmekte ve ondan faydalanılmaktadır.

Hipnoz, bir kişinin başka bir kişiyi birtakım yollarla emri altına alması ve söylediği telkinleri kabul edilebilir duruma getirmesidir. Hipnoz ne uyku ne de uyanıklık hâlidir.

Canlılar arasında henüz anlayamadığımız şekilde bir iletişim bulunduğuna dair birçok örnek vardır. Meselâ; Rusya'da denizin dibindeki bir denizaltında bulunan yavru tavşanlar öldürülmüş, buraya binlerce kilometre uzaklıktaki bir lâboratuvarda bulunan anne tavşan bu yavruların öldürüldüğünü anlamış ve tepki göstermiştir. İşte hipnoz da bunun gibi tam olarak açıklanamayan, ama varlığı kabul edilen bir olaydır. 1965'te İngiltere Sağlık Bakanlığı tarafından hipnozun tıpta bir tedavi metodu olduğu resmen kabul edilmiştir. Bugün pek çok gelişmiş ülkede uzman doktorlarca tedavi metodu olarak kullanılmaktadır.

Tedavide hipnoz; özellikle ilâcın yan etkilerinden kaçınıldığı durumlarda, bilinen metotların yeterli olmadığı psikiyatrik hastalıklarda, çocuk hastalıklarında, kadın-doğum, diş hekimliği, ülser, egzama... gibi bazı hastalıkların tedavilerinde başarılı bir şekilde uygulanmaktadır.

Hipnoz, tıp dışında, meselâ; hukukta, askeriyede, eğitimde, bir doping unsuru olarak sporda kullanılmaktadır. Hipnozun vücuda hiçbir zararı yoktur. Ancak kötü niyetli kişiler tarafından kullanılırsa korkunç bir silâha dönüşebilir.

Hipnozun kesin tarihi bilinmemekle birlikte, bunun insanlığın doğuşu kadar eski olduğu bilinmektedir. Eski el yazmalarından öğrendiğimize göre, tarih öncesinden beri insanlar hipnozu uygulamışlardır. Metot hep aynıdır. Elleri

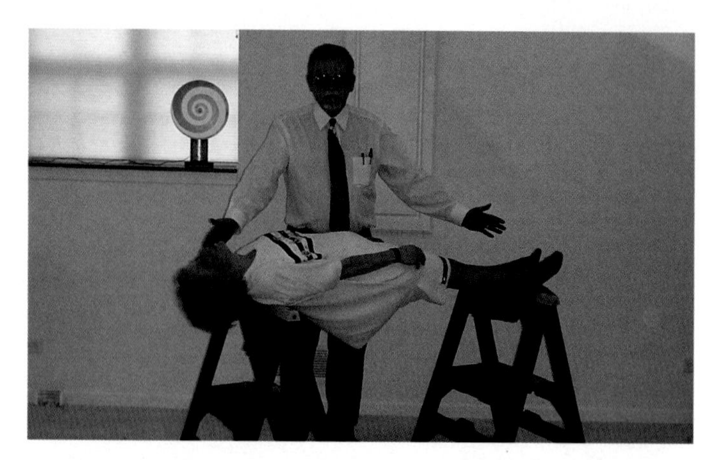

tutma, göz göze gelme, gözleri yorma gibi... Bu usulü en çok din adamları ve hekimler kullanmışlardır.

Doktorlar, telkin yoluyla hastadaki ağrıları ortadan kaldırmaktadırlar. Meselâ; hipnoz olan kişiye, eline iğne batırdığımızı söylerken hiç acı duymayacağını telkin etsek, acı duymaz ve refleksle elini geri çekme hareketini yapmaz. Pek çok operasyon ve doğum olayı bu şekilde gerçekleştirilebilmektedir. Hipnozla ağrısız ve kanamasız diş çekimleri de yapılabilmektedir.

İnsan beyninin gerek maddî gerekse de manevî boyutlarını içine alan bir kabiliyet olan hipnoz iyi yönde kullanılırsa insan için faydalı olacaktır.

2. *Aşağıdaki soruları okuduğunuz parçaya göre cevaplayınız.*

a. Hipnoz nedir?

....

b. Hipnoz ne zamandan beri bilinmektedir?

....

c. Hipnoz hangi hastalıkların tedavisinde kullanılmaktadır?

....

d. Hipnoz, tıp dışında hangi alanlarda kullanılmaktadır?

....

e. Hipnoz, hangi durumda zararlı bir tedavi yöntemi hâline gelmektedir?

....

OYUN

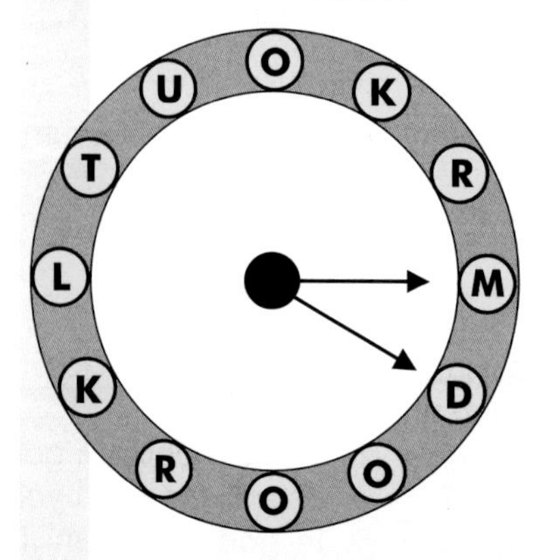

Dönme dolabımızda 2 tane sağlıkla ilgili isim saklı.

Bu isimleri bulmak için ok işaretlerinden başlayarak bir harf atlayın ve ilk kelimeyi bulun. Daha sonra ikinci ok işaretinden başlayın ve kalan harfleri sırasıyla okuyun. Bakalım bu iki kelime neymiş?

Bunları Biliyor musunuz?

¤ İnsanın merkezî sinir sisteminin % 90'a yakın kısmının ilk beş yaşta tamamlandığını,

¤ Çocuğun kişilik gelişiminde doğuştan getirdiği karakter özellikleri ile aile çevresi ve toplumdan kazandığı karakter yapısının çok önemli olduğunu,

¤ Annenin hamilelik döneminde alkol almasının çocukların merkezî sinir sisteminin gelişimine olumsuz etkide bulunduğunu,

¤ Anne ve babanın çocuklarına hoşgörü ve disiplinde farklı davranmalarının çocukların davranış problemlerini arttırdığını,

¤ Çocukların 24 aylık olduğunda 50 kelime kadar bir kelime hazinesi ile konuşabildiklerini,

¤ Sadece IQ seviyesinin yüksek olmasının hayatta başarılı olmaya yetmediğini EQ seviyesinin de önemli olduğunu,

¤ Bebeklik döneminde uyku sorunu olan çocuklarda daha ileri yaşlarda daha fazla uyku sorunu oluştuğunu, biliyor muydunuz?

Pratik Türkçe

Dört Tekerlek Üstünde Yirminci Yüzyıl

DERSE HAZIRLIK

1. *Aşağıdaki soruları cevaplayınız.*

a. İnsanların ilk çağlardan günümüze kadar hangi ulaşım araçlarını kullandıklarını biliyor musunuz?
b. Sizce en güvenilir ulaşım aracı hangisidir?
c. Hiç uçağa bindiniz mi?
d. Okula hangi ulaşım aracıyla geliyorsunuz?
e. Ehliyet almayı düşünüyor musunuz?

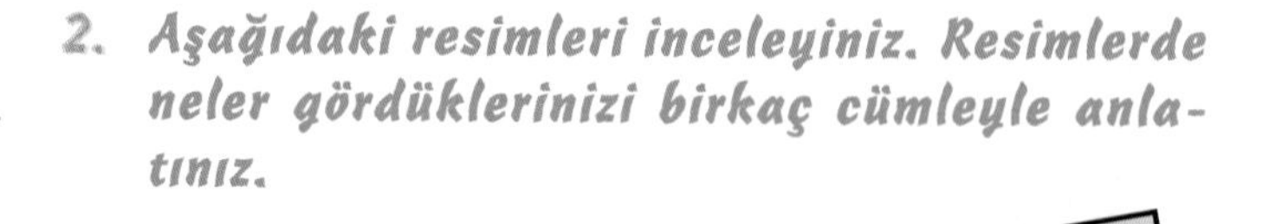

2. *Aşağıdaki resimleri inceleyiniz. Resimlerde neler gördüklerinizi birkaç cümleyle anlatınız.*

KELİMELER

Aşağıdaki kelimeleri uygun başlıkların altına yazınız.

helikopter	otobüs	yat	plânör	at arabası	motosiklet	ray	pilot	metro
kaptan	vapur	makinist	tramvay	şoför	minibüs	vatman	uzay mekiği	troleybüs

Kara yolu	Deniz yolu	Hava yolu	Demir yolu

OKUMA - ANLAMA

1. Aşağıdaki parçayı okuyunuz.

DÖRT TEKERLEK ÜSTÜNDE YİRMİNCİ YÜZYIL

Atlar, evcilleştirildikleri dönemden bu yana insanlara taşımacılık ve ulaşım konusunda yardımcı oldular. Ancak atlar yerlerini yirminci yüzyıla az bir süre kala otomobillere bıraktılar. Atların yerine atsız arabaların kullanılması birçok alanda yeni bir dönem başlattı.

Buharla çalışan araçlar yapma imkânı James Watt'ın 1769 yılında buhar makinesini icat etmesiyle doğdu. Yapılan araçlardan birisi de buharlı trendi. Buharlı tren kara yolu taşımacılığında yeni bir dönem başlattı. Fakat buharlı trenin kusurları vardı. Hareket edebilmek için raylara ihtiyacı vardı. Bu da insanların aklına trenlerden daha pratik araçlar yapma düşüncesini getirdi.

İlk motorlu araçlar at arabalarına çok şey borçludur. Gerçekten de öncü otomobillerin çoğu, at arabasının motorla çalışanıydı. Bu nedenle atsız araba diye adlandırılmışlardı.

Otomobil denince akla ilk gelen isimlerden biri de Karl Benz'dir. Benz, üç tekerlekli ilk arabasını 1885 başlarında yapmıştı. Otomobil kelimesi Benz'in arabasını yapmasından kısa bir süre önce ortaya atılmıştı. Benz, ilk yaptığı otomobille fabrikasının çevresindeki yolda dolaştı. Dört tur attıktan sonra araç bozuldu. Benz halka açık ilk gösterisini 1885 sonbaharında yaptı. Bu gösteri de otomobilin bir duvara çarpmasıyla son buldu.

1900'lü yıllara gelindiğinde arabalar atlı taşıtlardan çok otomobillere benzemeye başlamıştı. Öncü otomobillerin ilk hareketi, hatta kullanılması çok güçtü. Ama her yıl yeni buluşların ortaya çıkmasıyla otomobiller daha pratik hâle geldi. Kırsal kesimdeki kasaba ve köylere otomobillerin ilk gelişi büyük heyecan yaratmıştı. Ancak atları ürküttükleri ve yolları toz ettikleri için otomobillere iyi bakılmıyordu.

Otomobillerin getirdiği yeniliklerden biri de şehirlerin yapısını etkilemesidir. Asfaltlanan yollar, şehirlerin görünümünü değiştirmiş, insanların özgürce bir yerden başka bir yere ulaşabilmesini sağlamıştır.

Otomobil, kentlerin gelişiminde iki önemli etkenden biridir. Asansör sayesinde yükselen kent, otomobil aracılığıyla daha da genişlemiştir.

Atların ve atlı arabaların binlerce yıllık egemenliğine son veren otomobillerin onlar kadar uzun ömürlü olup olamayacağını ise zaman gösterecektir.

2. Okuduğunuz parçaya göre aşağıdaki cümlelerden doğru olanın başına "D"; yanlış olanın başına "Y" yazınız.

a. ( ) İlk motorlu araçlar at arabalarına çok şey borçludur.
b. ( ) Atlar yerini önce otomobile sonra trene bıraktı.
c. ( ) Otomobil denince ilk akla gelen isimlerden biri Edison'dur.
d. ( ) Karl Benz ilk otomobilini 1885 yılında yapmıştır.
e. ( ) Buharlı trenler kara yolu taşımacılığında yeni bir dönem başlattı.
f. ( ) Otomobiller kentlerin görünümünü değiştirmiştir.

3. Aşağıdaki boşlukları okuduğunuz parçaya göre doldurunuz.

a. .... yerine atsız arabaların kullanılması birçok alanda yeni bir dönem başlattı.
b. .... motorlu araçlar at arabalarına çok şey borçludur.
c. Karl Benz, ... tekerlekli ilk arabasını 1885 yılının başlarında yaptı.
d. .... tren kara yolu taşımacılığına yeni imkânlar sundu.

ÖRNEKLEME

Aşağıdaki soruları tekrarlayınız ve uygulayınız.

Soru 1
Seyahatlerinizde hangi aracı tercih edersiniz?

Cevap
Seyahatlerimde treni tercih ederim.

Kısa Cevap
Treni tercih ederim.

Uygulama

....

Soru 2
En hızlı ulaşım aracı hangisidir?

Cevap
En hızlı ulaşım aracı uçaktır.

Kısa Cevap
Uçaktır

Uygulama

....

Soru 3
Uçağı kullanan kişiye ne denir?

Cevap
Uçağı kullanan kişiye pilot denir.

Kısa Cevap
Pilot denir.

Uygulama

....

Soru 4
Bilet ücreti ne kadar?

Cevap
Bilet ücreti 10 milyon.

Kısa Cevap
10 milyon

Uygulama

....

KONUŞMA

1. *Okuldan eve gitmenin dört yolunu ücretlerini de söyleyerek anlatınız.*
2. *İstanbul'dan Ankara'ya giden, otogarda otobüs bileti alan iki kişiyi canlandıran bir diyalog kurunuz. Bu diyaloğu kurarken aşağıdaki kelimelerden faydalanınız.*

ucuz	saat kaçta?	pencere kenarı	güvenli
pahalı	kaç saat sürer?	ön	peron
indirim	kalkış saati	arka	servis
öğrenci indirimi	varış saati	koltuk numarası	mola

3. *Size göre tren ve otomobil ile seyahat etmenin avantajları ve dezavantajları nelerdir? Aşağıdaki kelimelerden faydalanarak anlatınız.*

kitap okumak etrafı seyretmek	telefonla konuşabilmek ayakları uzatıp uyumak	kaza ihtimali stresli trafik istediğin yerde mola vermek

4. *Arkadaşlarınızla, "en hızlı, en güzel, en tehlikeli ve en güvenilir" ulaşım araçlarının hangileri olduğunu tartışınız.*

DİNLEME

1. Aşağıdaki parçayı dinleyiniz.

DOLMUŞ

Bir acelesi olduğunu, onu görür görmez anlamıştım. Sağanak halinde yağan yağmura aldırış bile etmiyor ve bükülmüş beline rağmen sağa sola koşturuyordu. Yanına sokularak:

– Hayrola teyzeciğim, bir derdiniz mi var, dedim.

Sıcak bir tebessümle:

– Buraların yabancısıyım evlâdım. Hastahane tarafına gidecek bir araba arıyorum, dedi.

– Biraz beklerseniz aynı dolmuşa binebiliriz. Oraya geldiğimizde size haber veririm, dedim.

Teşekkür ederek yanıma yaklaştı ve küçük bir çocuk gibi şemsiyemin altına girdi. Nurlu yüzü yağmur damlacıklarıyla ıslanmış ve yanakları pembe pembe olmuştu.

– Torunlarımdan biri menenjit geçirdi. Ziyaret saati bitmeden ulaşmak istemiştim, diye devam etti.

Saatime baktıktan sonra "20 dakikanız var", dedim.

Durağa herkesten önce geldiğimiz için dolmuşa da rahatça bineceğimizi zannediyordum. Ancak araba yanaştığında, arkamızda duran 4-5 kişinin bir anda hücum ettiğini gördüm.

İçeriye doluşan ve arkadaş oldukları anlaşılan adamlara:

– İlk önce biz gelmiştik. Sırayı bozmaya hakkınız var mı, dedim.

Ön koltukta oturanı:

– Hak istiyorsan Hakkâri'ye gideceksin arkadaşım. Hem oradaki haklardan vergi de alınmıyormuş, dedi.

Bu lâf üzerine attıkları kahkahalarla bindikleri araba sarsılmış ve sinirlerim allak bullak olmuştu.

Sakinleşmeye çalışarak:

– Ben biraz daha bekleyebilirim, ama şu ihtiyar teyzenin hastahaneye yetişmesi gerekiyor, dedim.

Bu defa da şoför lâfa karışıp:

– Teyzenin arabaya falan ihtiyacı yok be kardeşim. Okuyup üfledi mi hastahaneye uçuverir, dedi.

Tekrar kopan kahkahalarla birlikte araba uzaklaşıp gitti. Yaşlı kadına baktım. Sabırla susuyordu.

5-10 dakika sonra gelen bir başka dolmuşa onunla beraber bindim ve şoföre, teyzeyi hastahanede indirmesini söyledim. Yaşlı kadın, yapacağı ziyaretten ümitsiz görünmesine rağmen şikâyet etmiyordu. Üstelik trafik de yarı yolda tıkanıp kalmıştı.

Şoför:

– Yolun bu durumu hayra alâmet değil, sebebini anlasam iyi olacak, dedi.

Arabayı çalışır vaziyette bırakıp ileriye doğru yürüdü ve biraz sonra döndüğünde:

– Kısmete bak yahu, bizden önce kalkan dolmuşa kamyon çarpmış, dedi.

Heyecanla:

– Bir şey olmuş mu, yaralı falan var mı, diye atıldım.

– Herhâlde, dolmuşta bulunanları, teyzenin gideceği hastahaneye kaldırmışlar, diye cevap verdi.

Göz ucuyla yaşlı kadına baktım. Solgun dudaklarıyla bir şeyler mırıldanıyordu ve sanki onlar için dua ediyordu.

Şoför koltuğuna yavaşça otururken:

– Şans işte, diye tekrarlayıp duruyordu. Sen kalk koca bir kamyonla çarpış. Hem de Türkiye'nin öbür ucundan gelen Hakkâri plâkalı bir kamyonla.

2. Dinlediğiniz parçaya göre aşağıdaki cümlelerden doğru olanın başına "D"; yanlış olanın başına "Y" yazınız.

a. ( ) Yaşlı kadın, hastahaneye gitmeye çalışıyordu.

b. ( ) Hava o gün yağmurluydu.

c. ( ) Yaşlı kadın, hastahaneye taksiyle gitmeye çalışıyordu.

d. ( ) Dolmuş, kamyonla çarpıştı.

3. Aşağıdaki soruları dinlediğiniz parçaya göre cevaplayınız.

a. Yaşlı kadın niçin hastahaneye gitmeye çalışıyordu?

....

b. Yaşlı kadın neden hastahaneye gitmekten ümidini kesti?

....

c. Kazada yaralanan olmuş mu?

....

d. Toplu taşıma araçlarında hangi kurallara uymalıyız?

....

DEYİM

Aşağıdaki deyimleri okuyunuz.

a. Yolunu beklemek: Gelmesini beklemek.

Örnek:

Annem iki saatten beri kardeşimin **yolunu bekliyor**.
Niye bu kadar acele ediyorsun? **Yolunu bekleyen** biri mi var?

b. Yolcu etmek: Yola gidecek kimseyi uğurlamak.

Örnek:

Ahmet'i Ankara'ya **yolcu ettik**.
Annem misafirlerini **yolcu ediyor**.

c. Yaya kalmak: İşini yürütürken yardımından yararlandığı kişi ya da şeyden yoksun kalarak iş yapamaz duruma düşmek.

Örnek:

Araba gelmediği için **yaya kaldık**.
Elindeki mal satılmayınca işi bozuldu. **Yaya kaldı**.

d. Dört gözle beklemek: Büyük bir özlemle, büyük bir istekle, sabırsızlıkla beklemek.

Örnek:

Ayşe nine torununun askerden dönmesini **dört gözle beklemişti**.
Babamızın dönmesini **dört gözle bekliyoruz**.

ALIŞTIRMALAR

1. *Aşağıdaki cümleler hangi deyimlerle ilgilidir? Karşısına yazınız.*

a. Otobüsü kaçırdım : ....
b. Hasret çekiyorum : ....
c. Kardeşimi uğurlayacağım : ....
d. Sabrım kalmadı : ....

2. *Aşağıdaki resimlerle deyimleri eşleştiriniz.*

a. Dört gözle beklemek
b. Yolunu beklemek
c. Yolcu etmek
d. Yaya kalmak

TELÂFFUZ

- M -

Özellikleri

a. Türk alfabesinin on altıncı harfidir.
b. Yumuşak ünsüzlerdendir.
c. Kelimenin başında, ortasında ve sonunda bulunabilir.
Örnek: ma, masa, masal...
mama, kazma, yazma...
kalem, kilim, üzüm...
d. **Okunuşu:** ma, me, mı, mi, mo, mö, mu, mü
e. Sıfat olan kelimelerin önüne gelen "m" pekiştirme sıfatı yapar.
Örnek: boş ⟶ bomboş
yeşil ⟶ yemyeşil

ALIŞTIRMA

Aşağıdaki tekerlemeyi tekrarlayınız.

Aliş'le Memiş mahkemeye gitmiş. Mahkemede mahkemeleşmişler mi mahkemeleşmemişler mi?

- N -

Özellikleri

a. Türk alfabesinin on yedinci harfidir.
b. Yumuşak ünsüzlerdendir.
c. Kelimenin başında, ortasında ve sonunda bulunabilir.
Örnek: nar, nal, nafaka...
nine, nane, nankör...
numara, nisan, nadan...
d. **Okunuşu:** na, ne, nı, ni, no, nö, nu, nü
e. "n" sessizi kaynaştırma harflerindendir.
Örnek: kapı-n-ın, komşu-n-un...

ALIŞTIRMA

Aşağıdaki tekerlemeyi tekrarlayınız.

Namlı nane nine naneleri numaraladı.

DİL BİLGİSİ

Miktar Zarfları

Sıfatın, fiilin, fiilimsinin ya da başka bir zarfın anlamını azlık-çokluk yönünden belirleyen, sınırlayan zarflardır. Miktar zarflarının çeşitleri şunlardır:

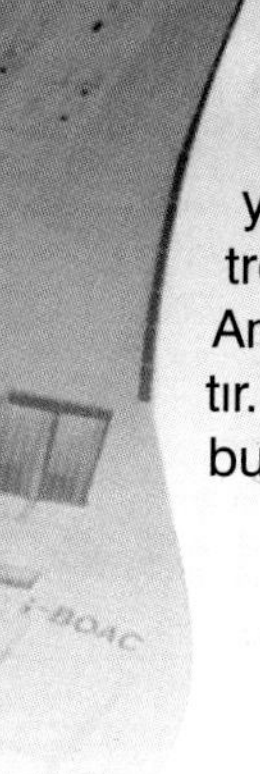

Günümüzde en hızlı taşıtlar şüphesiz ki uçaklardır. İnsanoğlu ta ilk çağlardan günümüze kadar en mükemmel taşıtı bulmak için çalışmıştır. Her seferinde insanlar en modern taşıtı bulduğunu zannetmiştir. Aslında bu konuda yanılmışlardır. Çünkü otomobiller at arabalarından çok daha hızlıdır. Bisikletler motosikletlere göre çok yavaş kalmaktadır. Otobüsler çok yolcu taşımaktadır. Ama trenler otobüslerden çok daha fazla yolcu taşıyabilmektedir. Ama en hızlı ve aynı zamanda en ilginç ulaşım aracı ise uçaktır. Bakalım insanlar uçaktan sonra daha mükemmel bir taşıt bulabilecek mi?...

1 Eşitlik Zarfları

Sıfatlara, fiil ya da fiilimsilere miktarla ilgili eşitlik ya da kıyaslama anlamı kazandıran zarflardır.

Örnek

Bisikletim, motosiklet kadar hızlı.
Tren, uçak kadar güvenli.
Kayığımız, yat kadar güzel.

2 Üstünlük Zarfları

Varlıklar arasında bir özelliğin üstün olduğunu gösteren zarflardır.

Örnek

Uçak, helikopterden daha hızlıdır.
Yelkenli gemi, vapurdan daha güzeldir.
Otobüs, kamyondan daha konforludur.

3 En Üstünlük Zarfları

Varlıklar arasında bir özelliğin en üstün olduğunu gösteren zarflardır.

Örnek

En güvenli taşıt uçaktır.
En yavaş taşıt ise at arabasıdır.
En güzel yolculuk gemiyle yapılır.
En ucuz taşıt trendir.

4 Aşırılık Zarfları

Bir özelliğin herhangi bir varlıkta sınırsız ve aşırı derecede bulunduğunu; fiil veya fiilimsilere de ölçü bakımından aşırılık anlamı kazandıran zarflardır.

Örnek

Trenler çok yük taşır.
Bisikletler en az yolcu taşıyan araçtır.
Yatlar çok konforlu taşıtlardır.
Özel uçaklar çok pahalı taşıtlardır.

ALIŞTIRMALAR

1. Aşağıdaki taşıtları hızlarına göre karşılaştırınız.

Örnek: Bisiklet, at arabasından daha hızlıdır.
a. kayık - gemi
....
b. tren - otobüs
....
c. uçak - motosiklet
....

2. Ülkenizdeki en hızlı araba hangisidir?

....

3. Ülkenizde en çok yolcu taşıyan toplu taşıma aracı hangisidir?

....

DEĞERLENDİRME

1. Aşağıdaki resimlerde gördüklerinizi birkaç cümleyle anlatınız.

....
....

....
....

2. Aşağıdaki kelimelerin eş anlamlılarını işaretleyiniz.

a. taşıt ☐ ulaşım ☐ bilet ☐ araç ☐ kamyon
b. kusur ☐ güzellik ☐ hata ☐ direksiyon ☐ beceri
c. süre ☐ sürücü ☐ saat ☐ vakit ☐ sıra
d. icat ☐ buluş ☐ arayış ☐ bitiş ☐ varış

3. Aşağıdaki boşlukları verilen kelimelerle doldurunuz.

ucuz kalabalık hızlı yeni konforlu
pahalı güvenli yavaş indirimli rötarlı

a. Ankara-İstanbul Fatih ekspresi iki saat .... gelecekmiş.
b. .... piyasaya çıkan Mercedes oldukça konforluya benziyor.
c. İstanbul-Paris uçak biletlerinde .... satışlar başlamış.
d. Seyahatlerimizde hem .... hem de .... taşıtları tercih etmeliyiz.

4. Aşağıdaki cevaplara uygun sorular yazınız.

a. A: ....?
B: En güvenli ulaşım aracı trendir.
b. A: ....?
B: Uçaklar, hava limanından kalkar.
c. A: ....?
B: İstanbul-İzmir bilet fiyatı 15 milyondur.
d. A: ....?
B: Kaptan, gemiyi kullanan kişidir.

5. Aşağıdaki cümleleri eşleştiriniz.

1. Grup

a. Yolculuk yapmaktan hoşlanmam.
b. Toplu taşıma araçlarında gürültü yapmamalıyız.
c. Yolculuklarımda pahalı taşıtları tercih etmem.
d. Araçlarımıza belli aralıklarla bakım yaptırmalıyız.

2. Grup

☐ Taşıtlarımızı periyodik bakıma götürmeliyiz.
☐ Seyahat etmeyi sevmem.
☐ Ulaşım araçlarında başkalarını rahatsız etmemeliyiz.
☐ Seyahatlerimde ucuz araçları seçerim.

6. Aşağıdaki soruları cevaplayınız.

a. Ulaşım ile ilgili bir meslek seçseydiniz hangi mesleği ve niçin o mesleği seçerdiniz?
....
b. Sizce en güvenli taşıt hangisidir, niçin?
....
c. Seyahat etmekten hoşlanır mısınız?
....
d. Ulaşım araçlarına binmekten korkuyor musunuz?
....

7. Aşağıdaki cümleleri tamamlayınız.

a. .... korkarım.
b. .... mutlu olurum.
c. .... nefret ederim.
d. .... çok severim.

8. Aşağıdaki boşlukları "-dan, -den" "-tan, -ten" eklerinden uygun olanlarıyla doldurunuz.

a. Uçak, tren.......... hızlıdır.
b. Otomobil, gemi............... konforludur.
c. Bisiklet, motosiklet................ ucuzdur.
d. Otobüs, tren........... pahalıdır.

9. Şehrinizdeki insanlar ulaşımlarını neyle sağlarlar? Eşleştiriniz.

a. Lise öğrencileri	1. taksi
b. İş adamları	2. dolmuş
c. Memurlar	3. öğrenci servisi
d. Üniversite öğrencileri	4. resmî araç
e. İşçiler	5. tren
f. Halk	6. motosiklet
g. Yaşlılar	7. yaya
h. Gençler	8. bisiklet

10. Toplu taşıma araçlarında aşağıdaki uyarılardan hangileri sizin ülkenizde var; hangileri yok? (✔) işareti koyunuz.

		Var	Yok
a.	Sigara içilmez!	☐	☐
b.	Park yapılmaz!	☐	☐
c.	Şoförle konuşmayınız!	☐	☐
d.	Gürültü yapmayınız!	☐	☐
e.	Emniyet kemerinizi takınız!	☐	☐
f.	Trafik kurallarına uyunuz!	☐	☐
g.	Lütfen yaşlılara yer veriniz!	☐	☐
h.	Kapı önünde durmayınız!	☐	☐
ı.	Önden bininiz; arkadan ininiz!	☐	☐
i.	Seyahat esnasında kuru yemiş yemeyiniz!	☐	☐
j.	Cep telefonunuzu kapatınız!	☐	☐

11. Aşağıdaki sorunlardan hangileri ülkenizde var? (✔) işareti koyunuz.

		Var	Yok
a.	Bisiklet kullanmak yasaktır.	☐	☐
b.	Metrolar çok kalabalıktır.	☐	☐
c.	Otobüsler çok kalabalıktır.	☐	☐
d.	Sürücüler hızlı araç kullanır.	☐	☐
e.	Otobüse binmek için kuyrukta beklemek gerekir.	☐	☐
f.	Metroya binmek için kuyrukta beklemek gerekir.	☐	☐
g.	Taksiler çok pahalıdır.	☐	☐
h.	Motosiklet kullanmak yasaktır.	☐	☐
ı.	Yayalar çok dikkatsizdir.	☐	☐
i.	Toplu taşıma araçlarının bilet fiyatları pahalıdır.	☐	☐
j.	Trafik sorunu vardır.	☐	☐
k.	Yollar bakımsızdır.	☐	☐

MÜZİK KUTUSU

1. Aşağıdaki boşlukları dinlediğiniz şarkıya göre doldurunuz.

ARABA

.... ister aradığını, hep mi bekler hep mi bulamaz.
Gönül .... tanıdığını, hiç mi bilmez hiç mi soramaz.
Beni alsa nafile nafile, yerine bir şey koyamaz.
Yalvarsam da kal diye kal diye, o yerinde hiç duramaz.

Onun .... var; güzel mi güzel.
.... de var; özel mi özel.
Bastı mı .... ; gider mi gider.
Maalesef ruhu yok; onun için hiç mi şansı yok.

OYUN

Trenin kalkmasına bir dakika vardır. Bakalım trene yetişebilecek misiniz?

SERBEST OKUMA

1. Aşağıdaki parçayı okuyunuz.

AKILLI OTOMOBİLLER

21. yüzyıla girerken otomobillerdeki teknolojik gelişimin, bizleri hayrete düşürmesini bekliyoruz. Aslında otomobil üreticilerinin de, bizden pek farklı düşündüklerini zannetmiyoruz. Yapılan araştırmalar ve haberler bunu doğrulamaktadır. Otomobil üreticileri tasarım sırasında en çok bilgisayar mühendisleriyle çalışıyor. Bu da ister istemez birçok gelişme ve yeniliğin, bilgisayar destekli olacağı müjdesini veriyor. Zaten otolarımızda, ufak çaplı da olsa bilgisayarlar kullanılıyor. Ama otomobil tasarımcıları daha fazla bilgisayar desteğini hedefliyor.

Meselâ; bir süre sonra araçlara takılacak bilgisayarlardan sesli elektronik postalar (e-postalar) alabileceğiz. Aracımızdaki yön bulma sistemini gösteren disketimizi takıp, yemek davetine gideceğimiz akrabalarımızın haritasını görebileceğiz. Hatta cep telefonumuz ve dijital yol haritalarımız sayesinde, sıkışık olan trafiğe girmeyip, işe geç kalma korkusu yaşamayacağız. Yine aracımızın bilgisayarı oturduğumuz koltuğu, istediğimiz şekle getirecek. Aynalarımızı ayarlayacak, radyoda sevdiğimiz müziği veya kanalı bulup dinletecek. Yani aracımızın bilgisayarı, sadece kahve yapamayacak! Ama kim bilir, ileride belki o da olacak...

Bu arada sadece konfor değil, otomobili daha güvenli kullanabilmemiz amacıyla da bazı gelişmeleri izliyoruz. Meselâ; kimi firmalar, aracımızı park ederken diğer araçla aramızdaki mesafeyi ayarlayan sistemler geliştirdiler. Bazı firmalar ise, sürücünün müdahalesine ihtiyaç duymayan, otomatik pilot sistemi üzerinde çalışıyorlar. Yani siz gideceğiniz yeri söylüyor, sürücü koltuğunda ister gazete okuyor, isterseniz tıraş oluyorsunuz. (Gülmeyin, bu doğru!) Bununla birlikte, trafik sıkışıklığı ile başı dertte olan Japonya gibi ülkeler, "Akıllı Ulaşım Servisi" veya benzeri sistemler kurarak, küçük ama çok işlevli otolar geliştirmeye çalışıyorlar. Genelde tek kişilik olarak plânlanan bu otolar, hem benzin hem de elektrik kullanabilecek. İsterseniz araç, bir harita sisteminden yararlanarak kendi kendine park da yapabilecek. Bu tür araçlar, kiralama yoluyla da alınabilecek. Yani kullandığınız kadarına taksimetre gibi para ödeyip, ertesi günü bir başka araç isteyebileceksiniz.

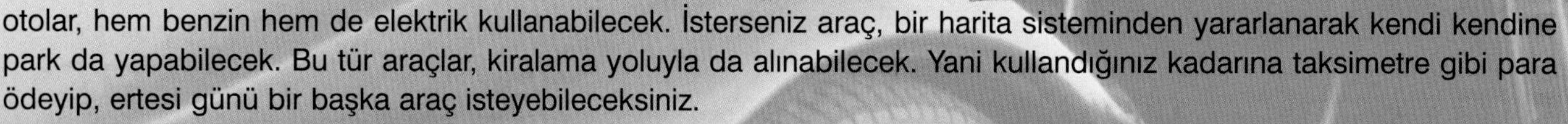

Yolu tanıyan otomobil

- ✔ Geleceğin otoları, sürücülerin dikkatsizliklerini önleyecek. Akıllı sürüş desteği sistemi, şeritten çıkmayı önleyecek ve araçların arasındaki mesafeyi ölçecek.
- ✔ Otomobillerde anahtar kullanma da tarihe karışacak. Aracın kapıları ve bagajı, anahtar yerine akıllı kartla açılacak. Motorun çalıştırılması için de aynı sistem geçerli olacak.
- ✔ Araçlardaki klimalar akıllanacak! Güneşin hangi açıdan geldiğini belirleyecek, her koltuktaki yolcu için farklı ayarlama yapacak. Akıllı klimalar otomobilde kaç kişi olduğunu da otomatik olarak belirleyip, içerideki ısı ve nemi buna göre düzenleyecek.
- ✔ Gelen telefonları otomatik olarak kaydeden ve işleme sokan bilgisayar sistemleri araçlara takılmaya başlanacak.

2. Aşağıdaki soruları okuduğunuz parçaya göre cevaplayınız.

a. Gelecekte otomobillerde anahtar olacak mı?

....

b. Gelecekte otomobiller daha çok hangi teknoloji ile çalışacak?

....

c. Akıllı sürüş desteği ne demektir?

....

d. Otomobillerin bu kadar gelişeceğine inanıyor musunuz?

....

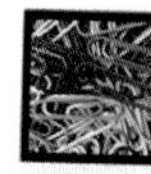

ÖDEV

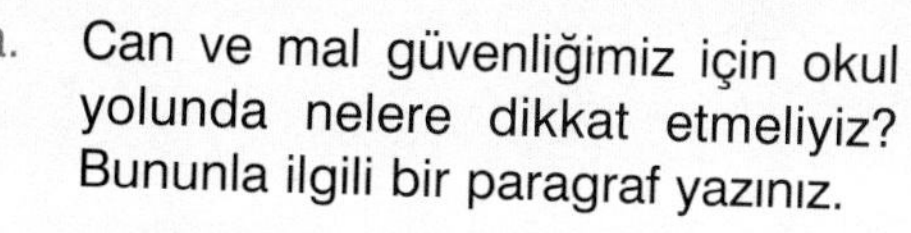

a. Can ve mal güvenliğimiz için okul yolunda nelere dikkat etmeliyiz? Bununla ilgili bir paragraf yazınız.

b. Sevdiğiniz bir ulaşım aracı (jet uçakları, Mercedes otomobil, Boing türü uçak, Porshe, hızlı tren...) tanıtan bir yazı yazınız.

c. Gazete veya dergilerden araştırarak bir trafik kazasını defterinize yazınız.

TERCÜME

Aşağıdaki cümleleri kendi dilinize çeviriniz.

1. Trenler ucuz ulaşım araçlarıdır.

....

....

2. Konforlu ve hızlı seyahat etmek isteyen kişi uçağı tercih etmelidir.

....

....

3. Dinlenerek yolculuk yapmak isteyen kişiler gemileri tercih edebilir.

....

....

Bunları Biliyor musunuz?

¤ Otomobillere plâka takılması zorunluluğu, ilk defa 1893'te Paris'te getirildi.

¤ En kötü sürücü rekoru kimde biliyor musunuz? Bu rekor 75 yaşındaki erkek bir sürücüye ait. 15 Ekim 1966'da ABD'de 20 dakika içinde on trafik cezası aldı. Dört defa ters yöne girdi. Dört arabaya çarpıp kaçtı ve altı kazaya yol açtı.

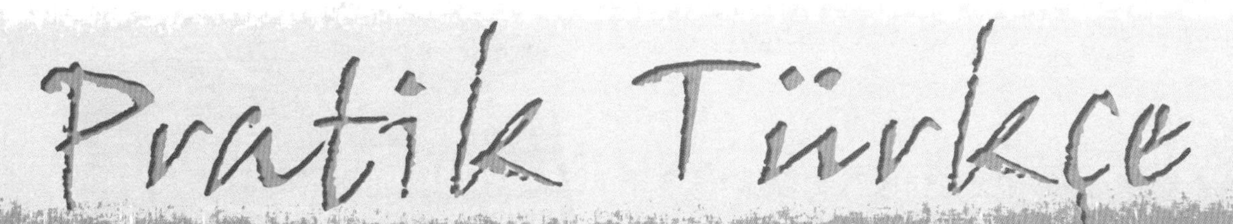

Boş Vakit Yoktur

DERSE HAZIRLIK

1. *Aşağıdaki soruları cevaplayınız.*

a. "Boş zaman" kavramından ne anlıyorsunuz?
b. Ailecek boş zamanlarınızda neler yaparsınız?
c. Pazar gününü nasıl değerlendirirsiniz? Pazar günleri yaptığınız etkinlikleri sıralayınız.

2. *Yandaki resimleri inceleyiniz. Resimdeki insanlar boş vakitlerinde neler yapıyorlar?*

3. *Elinize bir kâğıt alın ve bu kâğıdı aşağıdaki şekillerden faydalanarak katlayın.*

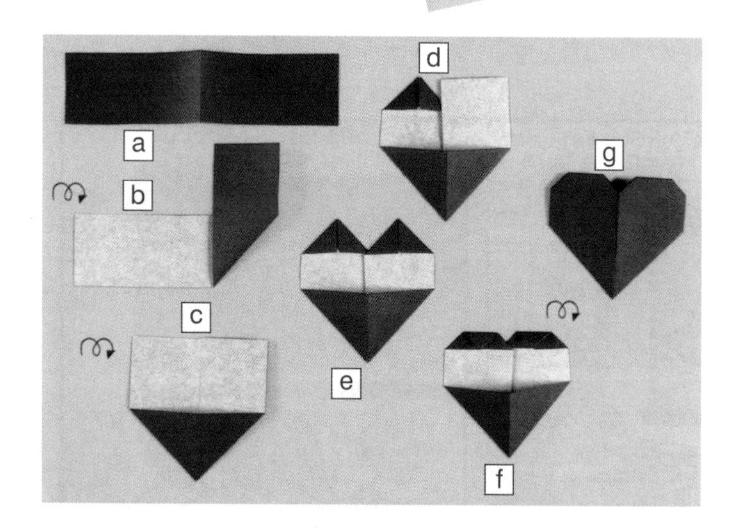

KELİMELER

Aşağıdaki etkinliklerden hangisi boş zamanlarda yapılır? (✔) işareti koyunuz.

☐ masa tenisi	☐ resim yapmak	☐ duvar boyamak
☐ bulaşık yıkamak	☐ trafikte beklemek	☐ çay içmek
☐ uyumak	☐ sohbet etmek	☐ hapse girmek
☐ rafting yapmak	☐ kitap kaplamak	☐ bayram temizliği yapmak
☐ ata binmek	☐ piyano çalmak	☐ portakal toplamak

1. *Aşağıdaki parçayı okuyunuz.*

ORİGAMİ

Origami boş zamanlarınızı değerlendirirken hem dinlenebileceğiniz hem de sanatsal ürünler ortaya çıkarabileceğiniz bir hobidir.

Origami bir kâğıdı katlayarak, kesme, yapıştırma vb. gibi işlemlerden hiçbirine başvurmadan figürler oluşturma sanatıdır. Origami ile kuş, hayvan, böcek, çiçek ve insan figürü gibi daha pek çok nesne oluşturulabilir.

Origamide bütün şekiller daima kâğıt bir kareden çıkar. Gerisi hazır modelleri yapmanıza ve hayal gücünüze bağlıdır. Origami ilk defa Japon Kraliyet Sarayı'nda ortaya çıkmış, sonra da bütün dünyaya yayılmış olan matematiksel ve görsel kâğıt katlama sanatıdır.

Origami sadece kâğıt sanatı mıdır? Yoksa metal ve benzeri diğer maddeleri de içine alır mı? Origami, genellikle kâğıdın bükülüp katlanmasıyla ortaya konur. Origami kelimesinin kökü Japonca'ya dayanır. Oru, katlamak; kami ise kâğıt demektir.

Japonlar tarafından kullanılan origami kelimesi, bizim şimdi anladığımız origami kelimesinden farklı anlamda kullanılıyordu. Onlar kâğıt bükmek anlamında origami kelimesini kullanmak yerine, kâğıt sertifikalara origami diyorlardı.

1963'te yazdığı bir makalede Yoshizawa kendi ülkelerinde "Origami Tsuki" diye bir terim olduğunu ve bunun "garanti edilmiş" veya "belgelenmiş" anlamına geldiğini söylemiştir. Bizim bildiğimiz anlamda origami kelimesi ancak 19. yüzyılın sonlarında ve 20. yüzyılın başlarında kullanılmaya başlandı.

Hâlen devam etmekte olan bu sanat çok sevilmiş ve dünyanın her tarafında ilgiyle takip edilen bir merak hâline gelmiştir.

2. *Okuduğunuz parçaya göre aşağıdaki cümlelerden doğru olanın başına "D"; yanlış olanın başına "Y" yazınız.*

a. ( ) Origami bir meslektir.
b. ( ) Origami kâğıdı kesip, katlama sanatıdır.
c. ( ) Origami ile kaplumbağa, kartal ve insan figürleri yapılabilir.
d. ( ) Origamide bütün şekiller daima kâğıt bir kareden çıkar.
e. ( ) Origami ilk defa İspanya Kraliyet Sarayı'nda ortaya çıkmıştır.
f. ( ) Oru, kâğıt; kami, katlamak demektir.

3. *Okuduğunuz parçaya göre aşağıdaki cevaplara uygun sorular yazınız.*

a. .... ?
Origami, hem dinlenebileceğiniz hem de boş zamanlarınızı değerlendirebileceğiniz bir hobidir.

b. .... ?
Origamide kâğıdı kesmeye ve yapıştırmaya gerek yoktur.

c. .... ?
Origami ilk defa Japon Kraliyet Sarayı'nda ortaya çıkmıştır.

d. .... ?
Bizim bildiğimiz anlamda origami kelimesi ancak 20. yüzyılın başlarında kullanılmaya başlanmıştır.

ÖRNEKLEME

Aşağıdaki soruları tekrarlayınız ve uygulayınız.

Soru 1
Boş vakitlerinizde satranç oynar mısınız?

Cevap
Evet, oynarım.

Kısa Cevap
Oynarım.

Uygulama
....

Soru 2
Sizce politikacılar boş vakitlerinde neler yaparlar?

Cevap
Politikacılar boş vakitlerinde gazete okurlar, ara sıra da yürüyüş yaparlar.

Kısa Cevap
Gazete okurlar.

Uygulama
....

Soru 3
İnsanın hayatında "boş vakit" olmalı mıdır?

Cevap
ısanın hayatında ış vakit olmalıdır.

Kısa Cevap
Evet, olmalıdır.

Uygulama
....
....

Soru 4
Doğada gezmek sizde ne gibi duygular uyandırır?

Cevap
Doğada gezmek beni rahatlatır.

Kısa Cevap
Beni rahatlatır.

Uygulama
....

KONUŞMA

PİKNİK YAPMAK

Bazen insanlar doğayı özlerler. Piknik yapmak için kendilerini hafta sonları piknik yerlerine atarlar. Bu hafta sonları çoğunu pek tatmin etmez. Hatta bazı eksikliklerini piknik yerinde fark ederler. Bir sonraki sefere daha dikkatli olmaya gayret ederler. Onun için bir gün önceden liste yapmak faydalıdır. Doğaya doyamayan insanlar daha sonra kampçılık sevdasına kapılırlar. Böylece tabiatla daha çok iç içe olurlar. Eğer siz de hafta sonu veya yıllık izninizde; stresten, trafikten, iş hayatınızdan uzak kalmak istiyorsanız kamp yapabilirsiniz. Eğer kamp kurallarını biliyorsanız, cefa değil, sefa sürersiniz...

1. *Kamp için gerekli malzemeler nelerdir? Aşağıdakilere daha neler ekleyebilirsiniz?*

çadır	ayakkabı	yemek seti
sırt çantası	hava yastığı	balta
uyku tulumu	şapka	diş fırçası
yağmurluk	ilk yardım çantası	defter
matara	kalem	dürbün

2. *Pikniğe giderken en çok neleri unutursunuz?*

3. *Nerelerde kamp yapılabilir? Sizce en güzel kamp nerede yapılır?*

4. *Düşünün ki, pikniğe gideceksiniz. Kusursuz bir piknik için neler götürürsünüz?*

5. *Kitap boş zamanları değerlendiren bir araç mıdır? Arkadaşlarınızla tartışınız.*

DİNLEME

1. Aşağıdaki parçayı dinleyiniz.

BOŞ ZAMANLARINIZDA SPOR YAPIN

Boş zamanları güzel değerlendirmenin bir yolu da spor yapmaktır. Formda kalmak için yapılan egzersizlere, spor çeşitlerine her gün bir yenisi ekleniyor. Ancak hiçbiri, özel bir bilgi ve bir takım gerektirmeyen yürüyüşün yerini tutamıyor. Yürüyüş için özel bir kulübe üye olmanız ya da bir eş bulmanız gerekmiyor. Belli bir hava şartını beklemeye, özel bir yere ihtiyacınız yok. Üstelik sakatlanma riski de çok düşük. Hepsinden önemlisi yürürken bir kıyafet giymeniz de şart değil.

Temiz hava alarak hareket etmek, sağlığınız açısından önemlidir. Hem güneşten faydalanıp kemiklerinizi güçlendirmek, hem de ciğerlerinize temiz hava depolamak için yürümekten daha ideal bir spor yoktur. Öyleyse bu ucuz ve zevkli sporu uygulamak için ne bekliyorsunuz?

Su ve yüzmek, insanlar için asırlardan beri şifa kaynağı olmuştur. Yüzmek, çeşitli hastalıkların iyileştirilmesinden, stres atmaya, fazla kilolardan kurtulmaktan vücudu formda tutmaya kadar çok geniş bir alanda insanlara fayda sağlamıştır. Yüzme sporu, dört mevsim sağlıklı bir hayat sürmenizin de bir anahtarıdır. Uzmanlara göre, çocukluk döneminde vücudun tümünü çalıştıracak en ideal spor yüzmedir.

2. Aşağıdaki soruları dinlediğiniz parçaya göre cevaplayınız.

a. Yürüme sporu için özel bir bilgi ve bir takım gerekiyor mu?

....

b. Yürüme sporunun faydaları nelerdir?

....

c. Yüzme sporunun yararları nelerdir?

....

d. Çocukluk döneminin en ideal sporu hangisidir?

....

DEYİM

Aşağıdaki deyimleri okuyunuz.

a. Vaktini boşa harcamak: Hiçbir şey yapmadan boş boş oturmak.

Örnek:

Vaktimizi boşa geçirmeyelim. Zamanın değerini bilelim.
Vaktini boşa geçirenler sonra pişman olurlar.

b. Boşa kürek sallamak: Faydası olmayan bir iş yapmak. Boşu boşuna çalışmak.

Örnek:

Boşa kürek sallamayın. Bu yolu yürüyemezsiniz.
Boşuna kürek sallayacağınıza faydalı bir işte çalışın.

c. Boş gezmek: İşsiz güçsüz dolaşmak.

Örnek:

Kemal hafta sonu hiçbir iş yapmıyor. Gün boyunca **boş geziyor**.
Boş gezen arkadaşlardan hoşlanmıyorum.

d. Canı sıkılmak: İşsiz güçsüz dolaşmak.

Örnek:

Evde **canım sıkıldı**. Arkadaşlarla sinemaya gideceğiz.
Adamın kaba sözlerine **canım sıkıldı**.

ALIŞTIRMALAR

1. Aşağıdaki deyimlerle resimleri eşleştiriniz.

a. Canı sıkılmak
b. Boş gezmek
c. Boşa kürek sallamak
d. Vaktini boşa harcamak

2. Aşağıdaki deyimleri cümlelerde kullanınız.

a. Boşa kürek sallamak

....

b. Canı sıkılmak

....

c. Boş gezmek

....

d. Vaktini boşa harcamak

....

MÜZİK KUTUSU

1. *Aşağıdaki şarkıyı dinleyiniz.*

YALAN

Geri döndüren gördün mü geçmişi?
Boşa soldurdun o nazlı gençliği.
Bir avuç toprak için yor kendini.
Dünyada ölümden başkası yalan.
Yalan, başkası yalan.
Zaman kendine benzetmez herkesi.
Hesapsız açar baharlar pembeyi.
Açmadığın dalda sözün geçer mi?
Dünyada ölümden başkası yalan.
Yalan, başkası yalan.
Sitem etme haberi yok dağların.
Gözlerini ellerinle bağladın.
Faydası yok geç kalınmış figanın,
Dünyada ölümden başkası yalan.
Yalan, başkası yalan

2. *Aşağıdaki kelimelerden hangileri şarkıyla ilgilidir? (✔) işareti koyunuz.*

☐ yalan	☐ geçmiş	☐ gelecek
☐ gençlik	☐ toprak	☐ zaman
☐ saat	☐ ölüm	☐ güneş

TERCÜME

Aşağıdaki cümleleri kendi dilinize çeviriniz.

1. Televizyon izlemekten hoşlandığımı söyleyemem.
....
2. Boş zamanlarında piyano çalmayı öğreniyorlar.
....
3. Boş zamanlarınızda genellikle neler yaparsınız?
....

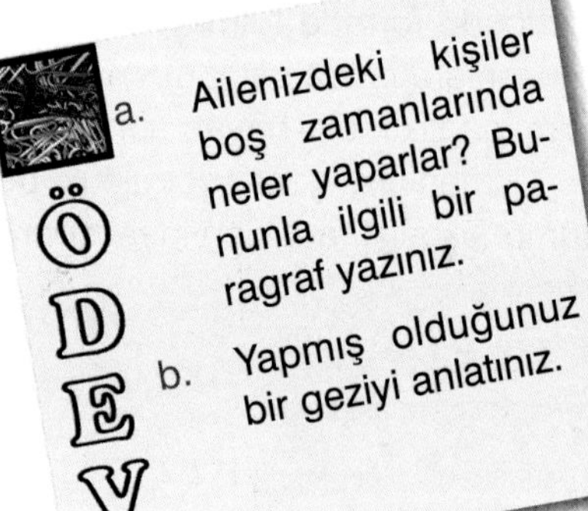

ÖDEV

a. Ailenizdeki kişiler boş zamanlarında neler yaparlar? Bunla ilgili bir paragraf yazınız.

b. Yapmış olduğunuz bir geziyi anlatınız.

TELÂFFUZ

- O -

Özellikleri

a. Türk alfabesinin on sekizinci harfidir.

b. Kalın ve geniş ünlülerdendir.

c. Kelimenin başında, sonunda ve ortasında bulunabilir.
Örnek: ok, orak, orman...
kol, solak, korkak...
Tokyo, stüdyo, tempo

d. Okunuşu: ob, od, of, ok, on ,ot, ov, oy
bo, do, fo, ko, no, to, vo, yo

ALIŞTIRMA

Aşağıdaki tekerlemeyi tekrarlayınız.

Oooo....
Dokunma
Çok acıyor benim yaram
Doktora gitsem
Yok ki param

- Ö -

Özellikleri

a. Türk alfabesinin on dokuzuncu harfidir.

b. Geniş ve ince ünlülerdendir.

c. Kelimenin başında ve ortasında bulunabilir.
Örnek: öç, öğüt, öğrenci...
kör, köpek, dönmek...

d. Okunuşu: öb, öd, öf, ök, ön, ör, öy, öz
bö, dö, fö, kö, nö, rö, yö, zö

ALIŞTIRMA

Aşağıdaki atasözlerini tekrarlayınız.

Ölenle ölünmez.
Ölüm kalım bizim için.
Önce düşün sonra söyle.
Öfkeyle kalkan zararla oturur.

DİL BİLGİSİ

ZAMİRLER

Fatih AYVAZ (Mühendis)

Benim işim çok yoğun. Hiç boş vaktim yok. İşim erken başlıyor geç bitiyor. İşim bittikten sonra eve gelemiyorum. Genellikle iş yemeği için lokantaya gidiyoruz. Biz işlerimizi çoğunlukla yemekte hallediyoruz. Gece eve geldiğim zaman çok yorgun oluyorum. Eşimle ve çocuklarımla hiç ilgilenemiyorum. Hafta sonu bizim için tatil. Beraberce bazen sinemaya gidiyoruz. Bir oğlum ve bir kızım var. Onlar spordan çok hoşlanıyorlar. Her sabah kendi kendilerine yarım saat spor yapıyorlar. Hepsiyle ilgilenmek zorundayım. Biri tenise, biri de jimnastiğe gidiyor. Onlarla arada bir parka gidiyorum. Ancak bunların hepsini hafta sonu yapabiliyorum. Eşim hiç şikâyet etmiyor. Kendisi için her şey normal, fakat ben böyle olmak istemiyorum.

Zamir

İsmin yerini tutan, isim olmadığı hâlde isim gibi kullanılabilen sözcüklerdir.

Özellikleri:

a. İsmin yerini tutarlar.
b. İsim çekim eklerini alabilirler.

Örnek

Onu bana verir misin?
Siz hangisini istiyorsunuz?
Birçoğu ödevini yapmamış.

Zamirler altıya ayrılır:

a. Şahıs zamirleri
b. Dönüşlülük zamiri
c. İşaret zamirleri
d. Belgisiz zamirler
e. Soru zamirleri
f. İlgi zamiri (-ki)

a Şahıs Zamirleri

Şahıs isimlerinin yerine kullanılan zamirlerdir.
"ben, sen, o, biz, siz, onlar"

✔ Hâl eklerini alabilirler.
beni, bana, bende, benden

Örnek

Ahmet geldi.
O geldi.
zamir

NOT Ben ve sen zamirleri "-e" hâl ekini aldıklarında değişime uğrarlar. Kökteki "e" sesi "a" olur.

Örnek

ben-e ⟶ bana
sen-e ⟶ sana
Benim derslerim oldukça iyi.
Senin arabanın modeli ne?
Onun sesini beğenmeyen yok.

b Dönüşlülük Zamiri

Fiildeki işin yapana dönüşünü bildiren zamirdir.

Örnek

Soruyu ben kendim cevaplayacağım.
Evi siz kendiniz görmelisiniz.
O, kendisi okusun.
Çocuk kendisi yıkanmış.
Bu elbiseyi ben kendim diktim.

c İşaret Zamirleri

İsimlerin yerini işaret yoluyla tutan zamirlerdir.
"bu, şu, o, bunlar, şunlar, onlar, öteki, beriki"

Örnek

Bunları, buradan kaldır.
Bunu al, ötekini bırak.
Şunları da onların yanına bırakın.

NOT "O" hem işaret sıfatı, hem işaret zamiri, hem şahıs zamiri olabilir.

✔ Şahsın yerini tutuyorsa (Ali, Ahmet gibi) şahıs zamiridir.
✔ Eşyanın, nesnenin yerini tutuyorsa işaret zamiridir.
✔ İsimden önce gelmişse işaret sıfatıdır.

Örnek

O bizimle gelmeyecek. (Şahıs zamiri)
Onu yememenizi söylemiştim. (İşaret zamiri)
O çocuğu çok seviyorum. (İşaret sıfatı)

d Belgisiz Zamirler

Hangi ismin yerini tuttukları açıkça belli olmayan zamirlerdir.
"biri, birkaçı, pek çoğu, pek azı, hepsi, bazısı, bazıları, tümü, tamamı, bütünü, bir kısmı, kimi, her biri, herkes, başkası, kimse, hiçbiri"

— Örnek

Birkaç öğrenci ⟶ Birkaçı
Bazı sorular ⟶ Bazıları
Herkes toplanmıştı.
Kimse gelmedi.
Bir kısmıyla tanıştık.

e Soru Zamirleri

Soru yoluyla isimlerin yerini tutan zamirlerdir. "ne, kim, neyi, kimi, nereye, kime, nerede, kimde, neden, hangisi"

— Örnek

Bunları kim anlattı?
Pazardan ne aldın?
Hangisi daha uzun?
Buraya nereden geldiniz?

neden: Bir şeyin aslını, ham maddesini bildirirse soru zamiridir. Bildirmezse soru zamiri değildir.

— Örnek

Makarna neden yapılır?
Masayı neden yapmışlar?
Neden yalnız geldin ⟶ soru zamiri değil.

f İlgi Zamirleri

İlgi zamiri "-ki" dir. İsim tekrarlarında tekrarlanan isimlerin yerine gelir.

— Örnek

Bizim sınıfın camları temiz, onlarınki kirli.
Cemal'in defteri onunkinden güzel.
Benimki senin bisikletinden daha yeni

ALIŞTIRMALAR

1. *Aşağıdaki cümlelerde geçen zamirlerin altını çiziniz.*

a. Hasta ol benim için öleyim senin için.
b. Kazma kuyuyu kendin düşersin.
c. Bugün bana ise yarın sana.
d. Sen olursan bensiz ben de olurum sensiz.
e. Sen işten korkma iş senden korksun.

2. *Aşağıdaki boşluklara "kim" ve "ne" kelimelerinden uygun olanını koyunuz.*

a. Yazın .... giyersiniz?
b. .... içiyorsunuz?
c. Bu müziği .... dinliyor?
d. Bebek .... istiyor?
e. Dün akşam sizde .... vardı?

Bunları Biliyor musunuz?

Neye ne kadar zaman harcıyoruz?

- "Günaydın" demek için 8 gün,
- Eğlenmek için 1 yıl 248 gün,
- Televizyon izlemek için 6 yıl,
- Otomobil kullanmak için 5 yıl,
- Oturmak için 17 yıl,
- Yürümek için 16 yıl,
- Yemek yemek için 6-7 yıl,
- Yemek pişirmek için 1 yıl 195 gün,
- Koşmak için 1 yıl 75 gün,
- Okumak için 250 gün,
- Telefon etmek için 180 gün,
- Ağlamak için 50 gün,
- Diş fırçalamak için 92 gün,
- Saate bakmak için 3 gün,

- Kâğıt katlama sanatı olarak bilinen origami, bazı kesimler tarafından hem boş zaman değerlendirilen hem de profesyonellik isteyen bir ilgi olarak tanımlanıyor. Sitenin içeriği origami sanatından oluşuyor. Sitede yapımcı Alex Barber'in pek çok çalışmasının yanı sıra diğer origami sanatçılarının hazırladığı ürünlerin resimleri de bulunuyor. Oldukça kapsamlı bir içerikle hazırlanan bu sitede değişik katlama modellerinin bulunduğu bir bölüm var. Origamiyle ilgileniyorsanız bu siteye uğrayın.
  http://www.the-village.com/origami

DEĞERLENDİRME

a. Bu tehlikeli bir spordur. Çok özel ayakkabı giymek gerekir. Sporcular ip ve çivi kullanırlar. Güvenlik bu sporda çok önemlidir. Çünkü küçük hatalar ölümle sonuçlanabilir. Yine de bu sporu yapanlar hayata yukarıdan bakarlar. Bu spor ....

b. Futbola benzeyen bir takım oyunudur. Ancak yüzme havuzunda oynanır. Havuzun baş taraflarında takımların birer kalesi vardır. Oyuncular suyun içindeyken topu birbirlerine atarak ilerletirler. Amaç gol atmaktır. ....

c. Küçük bir topa ihtiyaç vardır. Sporcu bu sporu tek başına yapamaz. İki kişiyle oynanır. Sporcular büyük ve pahalı raket kullanırlar. Topu fileye takmamak gerekir. Doğrusu eğlenceli bir spordur. Bu spor ....

d. Bu spor için uzun boya ihtiyaç vardır. Bu, bir takım oyunudur. Galip gelmek için topu potadan geçirmek gerekir. Kim daha çok atarsa galip gelir. Bu spor ....

1. Aşağıdaki resimlerle sporları eşleştiriniz.

2. Aşağıda karışık kelimelerden anlamlı cümleler kurunuz.

a. sık sık / iş gezilerinden / şehir / çıkıyor / dışına / dolayı

....

b. zamanlarımda / boş / okumayı / kitap / seviyorum / çok

....

c. boş boş / bakmaktan / televizyona / hoşlanmıyorum

....

d. korku filmi / nefret / izlemekten / ederim

....

e. maçlarını / Galatasaray'ın / zevk / izlemekten / alıyorum

....

3. Cümlelerdeki yanlışlıkları bulunuz ve cümleleri yeniden yazınız.

a. Aileme ve işime seviyorum.

....

b. Hafta sonu sinemayı gidiyorum.

....

c. Kesinlikle doktoru görünmelisin.

....

d. Kızlarım müziki hoşlanıyorlar.

....

e. Evi erken gelmek istiyorum.

....

4. Aşağıdaki diyaloğu sıralayınız.

☐ Çekişmeli geçti, fakat yenildik.
[1] Maç nasıl oldu.
☐ Sen de oynayacak mısın?
☐ Sakın üzülme, bir dahaki sefere yeneceğiz.
☐ Evet, bu sefer ben de oynayacağım.

5. Aşağıdaki cümleleri başka nasıl söyleyebilirsiniz? (✔) işareti koyunuz.

a. Genellikle lokantaya gideriz.
☐ Çoğunlukla lokantayı tercih ederiz.
☐ Çoğunluk olarak lokantayı tercih ederiz.

b. Oğlum tenis kursuna devam ediyor.
☐ Oğlum tenise varıyor.
☐ Oğlum tenis kursuna gidiyor.

c. Bence en ideal meslek öğretmenlik.
☐ Bana göre en uygun meslek öğretmenlik.
☐ Bazılarına göre en güzel meslek öğretmenlik.

d. Ahmet biraz çabuk ol.
☐ Ahmet biraz acele et.
☐ Ahmet biraz çabala.

6. Kutuda verilen kelimeleri birleştirerek anlamlı cümleler yazınız.

maç izlemek ders çalışmak macera filmi izlemek kuş beslemek ütü yapmak çamaşır yıkamak	-tan/-ten -ı/-i	zevk almak nefret ederim hoşlanırım tercih ederim severim

a. ....
b. ....
c. ....
d. ....

7. ***Kutuda verilen kelimeleri birer cümlede kullanınız.***

çok	bazen	sevmek
sıkı	ilgilenmek	hoşlanmak

Örnek: Ömer derslerine çok çalışıyor.

a. ....
b. ....
c. ....
d. ....

8. ***"O" kelimesi aşağıdakilerin hangisinde şahıs zamiri olarak kullanılmıştır?***

A. İki aydan beri annem onu suluyor.
B. Görünce ona doyasıya sarılacağım.
C. Onları buraya kim koydu?
D. Sınıfımızın en çalışkanı o çocuk.

9. ***Kutuda verilen kelimeleri birleştirerek anlamlı cümleler yazınız.***

Örnek:
Top oynamaktan nefret ederim.
Top oynamayı tercih ederim.

O	sinemaya gitmek kitap okumak müzik dinlemek gezintiye çıkmak arkadaşıyla buluşmak yüzmeye gitmek futbol oynamak gitar çalmak satranç oynamak	-tan/-ten -ı/-i	nefret eder hoşlanır tercih eder sever	-ım/-im

a. ....
b. ....
c. ....
d. ....
e. ....

SERBEST OKUMA

1. ***Aşağıdaki parçayı okuyunuz.***

KARADENİZ GEZİSİ

Yaz tatili geliyordu. Arkadaşlarımızla hayalini kurduğumuz Karadeniz gezisi için plân yapmaya başladık. Artvin'den başlayarak sahil yoluyla doğudan batıya doğru bir tur yapacaktık.

Bir pazar günü 15:00 otobüsü ile İstanbul'dan yolculuğa başladık. 18 saat süren bir yolculuktan sonra Artvin iline geldik. Otobüsten indiğimizde yol yorgunluğunun da etkisiyle bir otelde dinlenmeye koyulduk.

Artvin ili dik bir yamaçta, uçurumlarla birlikte, ormanlık bir görünümdeydi. Arkadaşımızın tavsiye ettiği bir tanıdık bize rehberlik edecekti.

Rehberimiz bizi, Artvin'e 8 km. uzakta ve yukarıda bulunan Kafkasör Yaylası'na çıkardı. Bu yaylaya çıkarken Çoruh Nehri üzerinde yapılmakta olan barajları izledik. Artvinli arkadaş bu nehrin kış mevsiminde çok coşkulu aktığını söyledi. Yaylaya geldiğimizde uzun ağaçlarla kaplı nefis bir orman manzarası ile karşılaştık. Şirin bir dağ evinde konaklamıştık. 11:00 sıralarında yorgunluğun da etkisiyle sanırım şimdiye kadar yaşamadığımız çok güzel bir uyku keyfi yaşadık.

Gözlerimizi dinlendiren yeşilin bütün tonları, huzur veren sakinliği ve tertemiz havası ile Kafkasör Yaylası'nı tanıyor, zamanın nasıl geçtiğini anlayamıyorduk. Akşam olduğunda ise yörenin ünlü yiyeceklerini öğrendik. Özellikle soğuk yayla suyunda yetişen alabalık çok lezzetliydi. Yemekten sonra izlediğimiz yerel halk dansları gerçekten izlenmeye değerdi. Sonrasında yakılan ateş ve ateş etrafındaki müzikli eğlenceler turumuza renk katmıştı.

Sümela manastırı

Artvin'den sonra artık Rize'ye geçme zamanı gelmişti. Öğle vakti Çamlıhemşin'e gelmiştik. Orada da yöresel yemeklerden yedik. Süt, un, yumurta ve tereyağından yapılan Kuymak adlı lezzetli bir yemekten ve nefis yoğurtlardan tatma imkânımız oldu.

Daha sonraki günlerde Trabzon'daydık. Sahil üzerine kurulmuş parklar, iyi düzenlenmiş geniş yollar ve kalesiyle mükemmel bir şehirdi. Trabzon'da bulunduğumuz süre içinde Sümela Manastırı'nı da ziyaret ettik.

15 gün süren bu seyahatte çok güzel vakit geçirdik. Eğer boş vaktiniz varsa yeşilin her tonunun bulunduğu bu bölgeyi görmenizi ve gezmenizi tavsiye ediyoruz.

2. ***Aşağıdaki soruları okuduğunuz parçaya göre cevaplayınız.***

a. Artvin nasıl bir şehirdir?
....
b. Çoruh nehri kışın nasıl akmaktadır?
....
c. Kuymak adlı yemek nasıl bir yemektir?
....
d. Tatillerinizde nereye gidiyorsunuz?
....

OYUN

Aşağıdaki kelimeler yandaki tabloya karışık olarak yerleştirilmiştir. Bu kelimeleri bularak işaretleyiniz.

KELİMELER

MASA TENİSİ
ATA BİNMEK
RESİM YAPMAK
RAFTİNG
ATA BİNMEK
ÇAY İÇMEK
SOHBET ETMEK
ORİGAMİ
BOŞ VAKİT
ATA BİNMEK
ORİGAMİ
BOŞ VAKİT

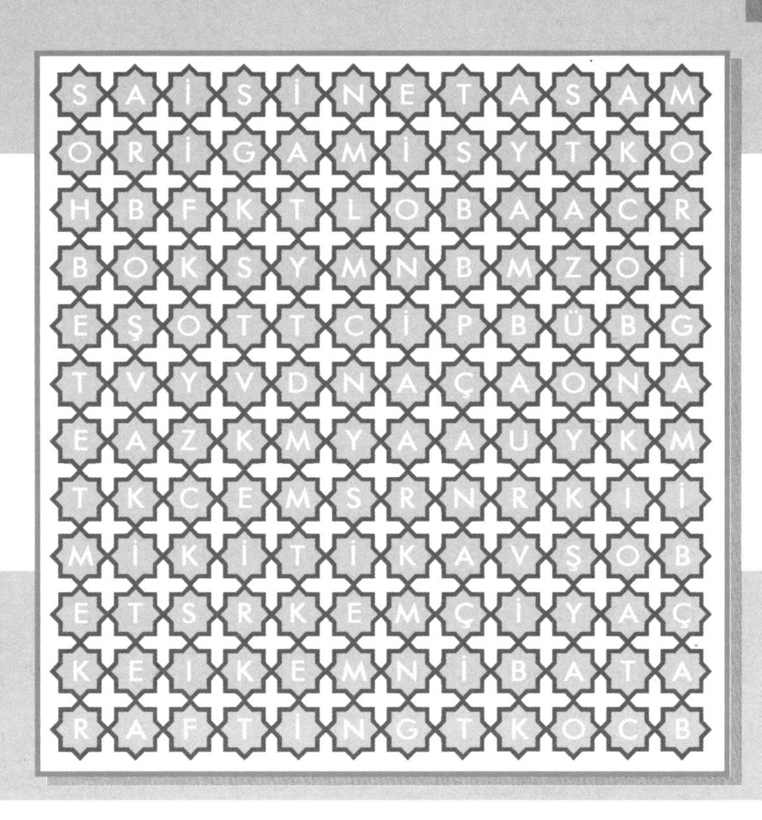

Pratik Türkçe

Konu 11

Meyve Yemeyi Sever misiniz?

DERSE HAZIRLIK

1. *Aşağıdaki soruları cevaplayınız.*

a. En sevdiğiniz ve en sık yediğiniz meyve hangisidir?
b. Sizce görünüş olarak en ilginç meyve hangisidir?
c. Şimdiye kadar yemediğiniz ama yemek istediğiniz bir meyve var mı?
d. Ülkenizde hangi sebze yemekleri yapılmaktadır?
e. Dünyanın hemen hemen her yerinde yetişen ve en çok tükettiğimiz sebze hangisidir?

2. *Aşağıdaki cümlelerle resimleri eşleştiriniz.*

a. Kadın sebze yemeği yapıyor.
b. Adam karpuzu dilimliyor.
c. Çocuk muzu soyuyor.
d. Yaşlı adam incir topluyor.
e. Kız üzümleri yıkıyor.
f. Aşçı salata yapıyor.

KELİMELER

Aşağıdaki meyveleri ve sebzeleri ait oldukları grubun altına yazınız.

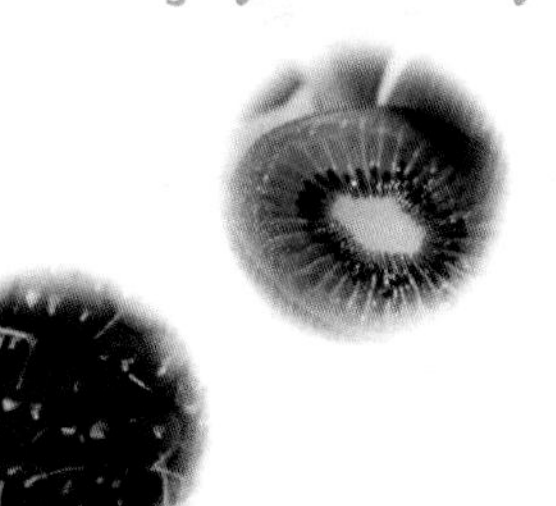

kivi	greyfurt	ananas	marul
dut	elma	şeftali	kavun
portakal	kiraz	dolmalık biber	çilek
salatalık	armut	bezelye	fındık
taze fasulye	mandalina	Hindistan cevizi	ceviz
erik	karpuz	kayısı	kavun

Tropikal Meyveler	Yaz Meyvesi	Kış Meyvesi	Sert Meyveler	Yeşil Sebzeler
....	....	....	....	....
....	....	....	....	....
....	....	....	....	....
....	....	....	....	....
....	....	....	....	....

OKUMA - ANLAMA

1. Aşağıdaki parçayı okuyunuz.

FINDIK

Türkiye'nin görkemli yün, pamuk ve ipek halılarının dünyaca ünlü olduğunu herkes bilir. Peki fındık halılarını biliyor musunuz? Bu soruyu ancak Karadeniz'e gidenler bilebilir.

Bu yaz ağustos ayında Karadeniz'e gittim. Orada Türkiye'nin görkemli fındık halılarını gördüm. Ünye'ye yaklaştıkça yol boyunca sağlı sollu dizilmiş siyahımsı kümeler dikkatimi çekti. Bunların ne olduklarını önce anlamadım. Daha sonra bu kümelerin, güneşte kurumaları için kaldırımlara serilmiş fındıklar olduğunu anladım. Yolun her iki yanında kilometrelerce uzayıp giden bu fındıklar, kaldırıma serilmiş görkemli halı görüntüsü oluşturuyordu. Rize'nin doğusuna dek sadece kaldırımlara değil yol kenarındaki neredeyse avuç içi büyüklüğündeki her yere serilmişti. 300 kilometre uzunluğundaki bu "sanat eseri" yani "fındık halı" Türkiye'deki fındık üretiminin sadece bir bölümüydü.

Türkiye fındık üretiminde dünyada "1 numara" olarak kabul edilmektedir. Türkiye dünya fındığının yüzde 70'inden fazlasını üretiyor. Dünya fındık üretiminin yüzde 30'nu ise İtalya, Fransa, İspanya ve Amerika Birleşik Devletleri üretmektedir.

Türkiye'nin Karadeniz kıyısına özgü olarak bilinen fındık, 2400 yıllık bir tarihin sahibidir. Bölgenin ılıman iklimi ve Karadeniz'e paralel uzanan dağların yamaçları fındık ağaçları için en uygun ortamı oluşturmaktadır. Fındık ağaçları çiçeklerini kışın açar. Meyvesini ise ancak ağustos ayında verir.

Fındık olgunlaştıkça, yöresel adı "çotanak" olan tüylü dış kılıfın "ağız" bölümü açılır. İçindeki sert ve pürüzsüz kabuk gün ışığına çıkar. Fındık giderek olgunlaşır ve çotanağın rengi açık yeşilden kahverenginin tonlarına dönüşmeye başlar.

Karadeniz'in doğusuna doğru ilerledikçe fındık bahçelerinden sırtında çuvallarla çıkan kişiler görülüyordu. Onlar, dalından yeni koparılmış ürünü kuruması için, güneş altına sermeye getiriyorlardı. Şehirlerde, sanki tüm iş yerleri şu ya da bu şekilde fındıkla ilişkiliydi. Şehirlerde, işleri fındık satın almak ya da satmak, fındık kırmak, fındık işlemek olan yüzlerce fabrika ve iş yeri vardı. Araştırmalar, Türkiye'de sekiz milyondan fazla kişinin geçimini, fındıktan sağladığını gösteriyor. Dünyada "Türk fındıkları" olarak özel bir üne sahip Karadeniz fındığı, 85 ülkeye ihraç ediliyor.

Amerika Birleşik Devletleri'nde fındık kullanımını artırmak için kurulmuş "Fındık Birliği" Türk fındık ihracatçıları ve üreticileri tarafından kurulmuştur. Gelişme faaliyetlerinin bir parçası olarak "Fındık Birliği" fındığın salata çeşitlerini, yemek ve tatlılarda kullanıldıkları tarifleri yayımlamaktadır. Fındıklar, tüm dünyada çikolata ürünleri, pastalar, şekerlemeler ve kurabiyelerde kullanılmaktadır.

2. Okuduğunuz parçaya göre aşağıdaki cümlelerden doğru olanın başına "D"; yanlış olanın başına "Y" yazınız.

a. ( ) Fındık, en çok Akdeniz bölgesinde yetişir.
b. ( ) Türkiye fındık üretiminde dünyada birinci sıradadır.
c. ( ) Fındığın tüylü dış kılıfına çotanak denir.
d. ( ) Fındık ağaçları ilkbahar mevsiminde ürün verir.
e. ( ) Fındık, 2400 yıl önce keşfedilmiş bir meyvedir.

3. Aşağıdaki soruları okuduğunuz parçaya göre cevaplayınız.

a. Yazar fındık halısıyla neyi kastetmiştir?
....
b. Fındık ağacı ne zaman meyve verir?
....
c. Fındık Türkiye dışında hangi ülkelerde üretilmektedir?
....
d. Fındık, Türkiye'den kaç ülkeye ihraç edilmektedir?
....
e. Fındık neden Karadeniz bölgesinde yetiştirilmektedir?
....
f. Fındık, nerelerde kullanılır?
....
g. Sizin ülkenize özgü bir meyve var mı?
....

ÖRNEKLEME

Aşağıdaki soruları tekrarlayınız ve uygulayınız.

Soru 1
En çok sevdiğiniz meyve hangisidir?

Cevap
En çok sevdiğim meyve elmadır.

Kısa Cevap
Elma

Uygulama
....

Soru 2
Ülkenizde yetişmeyen bir meyve var mı?

Cevap
Evet, var. Hindistan cevizi.

Kısa Cevap
Hindistan cevizi

Uygulama
....

Soru 3
Sebzeleri ve meyveleri nereden satın alırsınız?

Cevap
Sebze ve meyveleri manavdan satın alırım.

Kısa Cevap
Manavdan

Uygulama
....

Soru 4
Ülkenizde en çok yetişen sebzeler hangileridir?

Cevap
Ülkemizde en çok biber, domates ve patlıcan yetişir.

Kısa Cevap
Biber, domates ve patlıcan

Uygulama
....

KONUŞMA

1. *Sınıftan ikişerli üç grup oluşturunuz. Grubun biri manavdan, biri marketten, biri de pazardan alışveriş yapsın.*
   - ✔ 1 kilo elma
   - ✔ 2 kilo patates
   - ✔ 1 kilo domates
   - ✔ 1 kilo muz
2. *Ülkenizde hangi meyveler nerelerde yetişmektedir?*
3. *Ülkenizdeki sebze ve meyve fiyatlarını söyleyiniz.*
4. *Ülke kalkınmasında tarım mı önemlidir, ticaret mi? Arkadaşlarınızla tartışınız.*

1. ***Aşağıdaki diyaloğu dinleyiniz.***

MANAVDA

Ayşe : İyi günler.
Manav : İyi günler, hanımefendi. Buyurun ne arzu etmiştiniz?
Ayşe : Sebze almak istiyorum.
Manav : Sebzelerim çok taze bugün geldi.
Ayşe : Fasulyenin kilosu kaç lira?
Manav : İki milyon lira?
Ayşe : Peki dolmalık biberin kilosu kaç lira?
Manav : Dolmalık biber de bir buçuk milyon lira.
Ayşe : Neden bu yıl sebzeler daha pahalı?
Manav : Çünkü, seralar selden büyük zarar gördü.
Ayşe : Bir kilo fasulye bir kilo da dolmalık biber verir misiniz?
Manav : Buyurun hanımefendi. Başka isteğiniz var mı?
Ayşe : Yok. Teşekkür ederim. Buyurun ücretiniz?
Manav : Bozuk paranız yok muydu hanımefendi?
Ayşe : Maalesef.
Manav : Neyse şimdi marketten bozdururum.
Manav : Buyurun paranızın üstü.
Ayşe : Hayırlı işler.
Manav : Teşekkür ederim. Yine bekleriz hanımefendi.

2. ***Aşağıdaki soruları dinlediğiniz diyaloğa göre cevaplayınız.***

a. Ayşe Hanım, alışverişi nereden yapmaktadır?
....
b. Ayşe Hanım, sebzeleri pahalı buluyor mu?
....
c. Ayşe Hanım, neler aldı?
....
d. Ayşe Hanım, aldığı mallar karşılığında kaç lira ödedi?
....
e. Manavdaki sebzeler taze miydi?
....

Aşağıdaki deyimleri okuyunuz.

a. Kabak tadı vermek: Bir konunun sık sık yinelenmesi, artık usandırıcı, bıktırıcı olması, çok tatsız gelmeye başlaması.

Örnek:
Yemekler konusu kabak tadı vermeye başladı.
Yaptığın bu işler kabak tadı vermeye başladı.

b. Surat ekşitmek: Somurtmak. Hoşnutsuzluğunu yüz ifadesinden belli etmek, surat asmak, yüz ekşitmek.

Örnek:
Yemeği beğenmediğin surat ekşitmenden belli oluyor.
Çocuk pırasa yemeğini görünce surat ekşitmeye başladı.

c. Tadına bakmak: Bir parçasını ağzına alıp lezzetini kontrol etmek.

Örnek:
Annem servis yapmadan önce pişirdiği yemeğin tadına bakar.
Pazarda gezerken bütün zeytinlerin tadına baktım.

d. Tat almak: Beğenmek, bir şeyden hoşlanmak ve zevk almak.

Örnek:
İçinizde kiraz yemekten tat almayan var mı?
Havuç yemekten hiç tat almıyorum.

ALIŞTIRMALAR

Aşağıdaki deyimlerle resimleri eşleştiriniz.

a. Kabak tadı vermek
b. Surat ekşitmek
c. Tadına bakmak
d. Tat almak

DİL BİLGİSİ

PEKİŞTİRME SIFATLARI

HALK PAZARI

Dün bizim mahallenin halk pazarı günüydü. Biliyorsunuz haftada bir kurulur. Öğleden sonra pazar arabamı alarak pazara gittim. Pazardan meyve ve sebze alacaktım. Tezgâhları teker teker dolaştım. Fiyatları bir bir kontrol ettim. Tezgâhlardaki yemyeşil biberleri, kıpkırmızı domatesleri, taptaze soğanları görünce iştahım açıldı. Pazarda gezerken bir hemşehrimle karşılaştım. Onun tanıdığı bir hemşehrimiz varmış. Beni onun yanına götürdü. Hemşehrimiz meyve satıyormuş. Ondan da portakal ve elma aldım. Onunla uzun uzun sohbet ettik. Memleketime uzun zamandır gitmiyordum. Memleketteki değişiklikleri anlattı. Anlayacağınız, bu haftaki pazar harika geçti. Hem ucuz hem de taptaze sebze ve meyve alarak eve yorgun argın döndüm.

PEKİŞTİRME SIFATLARI

Sıfatlar, zarflarla derecelendirildikleri gibi bazı ön eklerle de kuvvetlendirilir. Bu ön eklerle kuvvetlendirmeye pekiştirme denir. Sıfatlarda pekiştirme "m, p, r, s" harfleriyle yapılır. Yapılışı şöyledir: Bazı niteleme sıfatlarının ilk sesli harfine kadar olan kısmı, "m, p, r, s" harflerinden yakışanı ile bir öbek halinde sıfatın başına eklenir.

Örnek

Yeşil biber → yemyeşil biber
Kırmızı domates → kıpkırmızı domates
Taze salatalık → taptaze salatalık
Temiz sebze → tertemiz sebze
Yuvarlak kabak → yusyuvarlak kabak

NOT Pekiştirme sıfatları isimlerden sonra da gelebilir.

BAĞLAÇLAR

SAĞLIKLI BESLENME

Amerikalı araştırmacılar, sağlıklı beslenmenin yüzdeki kırışıklıkları önlediğini açıkladı. Meyve ve zeytinyağının sağlıklı bir cilt için faydalı olduğu biliniyordu. Bu doğru, ama kuru yemişin de faydalı olduğu sonradan öğrenilebildi. Avrupa ülkelerinde kuru yemiş tüketimi özellikle kuru incir çok fazla ancak üretimi az. Evet meyveler cilde iyi geliyor çünkü meyvelerde bulunan A, C ve E vitaminleri cildi çevresel etkilerden koruyor. Biz size yine de sağlıklı bir cilt için zeytin ve zeytinyağını öneriyoruz. Niçin mi? Çünkü uzmanlar öyle söylüyor.

Tanım: Bağlaçlar anlam yönüyle birbiriyle ilgili cümleleri aynı görevdeki (özne, yüklem, nesne ...) öğeleri, aynı türden (isim, sıfat, zarf...) kelimeleri birbirine bağlamaya yarayan kelimelerdir.

Başlıca bağlaçlar

ve, de, ile, ne...ne, ki, ama, bile, çünkü, hatta, oysaki, yine, yoksa, nitekim, üstelik, hem, yalnız, ancak, lâkin, ne var ki, oysa, halbuki, madem ki, yeter ki, bile, ya da, demek ki, hem de vb.dir.

NOT
- ✔ Bağlaçlar cümleden çıkarıldığında cümlenin anlam ve anlatımında genellikle bozulma olmaz.
- ✔ Bağlaçlar kaldırılıp yerlerine virgül (,) veya noktalı virgül (;) konulabilir.

1 "ve" Bağlacı

Aynı görevdeki öğeleri, kelimeleri ve cümleleri birbirine bağlar.

Örnek

Ali ve Ahmet çok iyi arkadaştırlar. (Özneleri bağlamış)
Köyünü ve dedesini özlemişti. (Nesneleri bağlamış)
Cevabı buldu ve elini kaldırdı. (İki cümleyi bağlamış)
Binlerce yerli ve yabancı turist Antalya'ya geliyor. (Sıfatları bağlamış)

2 "de", "da" Bağlacı

"de, da" bağlacı cümleleri, aynı görevdeki kelimeleri, söz gruplarını birbirine bağlar. Cümleye "gibilik, eşitlik, neden, durum" gibi anlamlar katar.

Örnek

Toplantıda o da konuştu. (Birliktelik - eşitlik)
Aklını başına topla da çalış. (Azarlama)
Biraz yardım etseniz de bitirsem. (İstek)
Üniversiteyi bitirecekmiş de doktor olacakmış. (Küçümseme)
Çalışayım da bak neler yapacağım. (Övünme)
Artık gelse de önemi yok. (Bile, dahi)
Annesini de babasını da çok özlemiş. (Nesneleri bağlamış)
Öğretmeni de arkadaşları da onu soruyorlarmış. (Özneleri bağlamış)

3 "ile" Bağlacı

Aynı görevdeki (özne, nesne, yüklem) kelimeleri birbirine bağlar.

Başındaki "-i" sesi düşürülerek "-la, -le" şeklinde ek olarak da kullanılır.

Örnek

Babamla annem İstanbul'a gelecekler. (Özneleri bağlamış)
Defteriyle kitabını sınıfta unutmuş. (Nesneleri bağlamış)

NOT Bir cümlede "ile" bağlacı "ve" karşılığı kullanılıyor ise bağlaçtır. Nasıl veya ne ile karşılığı olarak kullanılıyorsa edattır.

4 "ne...ne" Bağlacı

Aynı görevdeki öğeleri birbirine bağlar. Cümlelere olumsuzluk anlamı katar.

— Örnek

Ne Ali gelsin, ne Murat (Özneleri bağlamış)
Ne çay içti, ne kahve (Nesneleri bağlamış)
Onu ne gördüm ne tanıdım (Yüklemleri bağlamış)
Üç yıldır ne bir telefon açtı, ne mektup yazdı. (Cümleleri bağlamış)

NOT Ne...ne bağlacının kullanıldığı cümleler yapı olarak olumlu oldukları halde anlamca olumsuzdur.

5 "ama" Bağlacı

✔ "ama, fakat, yalnız, ancak, lâkin, ne var ki, ne yazık ki" aynı anlamlı bağlaçlardır.

✔ "ama" bağlacı aralarında anlamca zıtlık bulunan iki ayrı cümleyi birbirine bağlar.

— Örnek

Yemek az; ama lezzetli.
Çok çalışıyor; ama anlamıyor.

✔ Neden, sebep bildirir.

— Örnek

Arkadaşını üzdü; ama çok pişman oldu.

6 "çünkü" Bağlacı

"Şundan dolayı, şu sebeple" anlamlarına gelir, neden bildirir.

— Örnek

Ders dinlemiyordu çünkü çok yorgundu.
Otobüse yetişemedik çünkü evden geç çıktık.

"ancak, yalnız, fakat, lâkin, ne var ki, ne yazık ki" bağlaçları da aralarında ayrılık, zıtlık, uyumsuzluk bulunan cümleleri birbirine bağlar.

— Örnek

Bu işe başlıyorum ancak bugün bitiremem.
Dışarıdan ihtiyar fakat dinç bir adam bağırdı.
İyi bir şiir kötü okunabilir lâkin kötü bir şiir iyi okunamaz.
Çok bekledik ne yazık ki, görüşemedik.

ALIŞTIRMALAR

1. *Aşağıdaki boşlukları verilen bağlaçlarla doldurunuz.*

ister...ister / hem...hem / da...da / mi...mi

a. Ahmet .... kiraz yiyor .... telefonda konuşuyor.
b. .... ye .... yeme ama bu mükemmel bir yemek.
c. Domates .... almak isterim salatalık ....
d. Ali .... yoksa Veli .... aç?

2. *Aşağıdaki kelimelerden örnekteki gibi cümleler kurunuz.*

Örnek: Bebek ne onu yiyor ne bunu.

a. .... / (içmek)
b. .... / (satmak)
c. .... / (sevmek)
d. .... / (alıyor)

TELÂFFUZ

- P -

Özellikleri

a. Türk alfabesinin yirminci harfidir.
b. Sert sessiz harflerdendir.
c. Kelimenin başında, ortasında ve sonunda bulunabilir.
Örnek: pul, para, pırasa...
kupa, arpa, tıpa...
ip, kitap, cevap...
d. **Okunuşu:** pa, pe, pı, pi, po, pö, pu, pü
ap, ep, ıp, ip, op, öp, up, üp
e. "p" sert sessizi ile biten kelimelerden sonra sessiz harfle başlayan bir ek gelirse, bu ekin ilk harfi de sert sessiz (ç, f, h, k, p, s, ş, t) olur.
Örnek: kitap-çı, dolap-ta
f. "p" sessizi ile biten kelimelerden sonra sesli ile başlayan bir ek gelirse "p" harfi yumuşayarak "b" olur.
Örnek: dolap - dolabı, kitap - kitabı
g. "p" harfi pekiştirme sıfatı yapar.
Örnek: sarı - sapsarı, kara - kapkara

ALIŞTIRMA

Aşağıdaki tekerlemeyi tekrarlayınız.

Pireli peyniri, perhizli pireler tepelerse, pireli peynirler de pır pır pervaz ederler.

- R -

Özellikleri

a. Türk alfabesinin yirmi birinci harfidir.
b. Yumuşak ünsüzlerdendir.
c. Kelimenin başında, ortasında ve sonunda bulunabilir.
Örnek: raks, radyo, radyasyon...
para, araba, yaramaz...
karar, zarar, radar...
d. **Okunuşu:** ra, re, rı, ri, ro, rö, ru, rü
ar, er, ır, ir, or, ör, ur, ür
e. "r" harfi pekiştirme sıfatı yapar.
Örnek: temiz - tertemiz, çabuk - çarçabuk

ALIŞTIRMA

Aşağıdaki tekerlemeyi tekrarlayınız.

Radyolu ressam Ramis, Rasim ile Rize'de röportaj yaptı.

Bunları Biliyor musunuz?

¤ Japonlar çok sevdikleri kiraz ağaçlarının güzelliklerini Amerikalılarla paylaşmak için fidanlarını ABD'ye göndermişler. Amerikalılar da onları Washington D.C.'de cumhurbaşkanlarının anıt mezarlarının bulunduğu parktaki gölün çevresine dikmişler.

¤ Son yıllarda Japonlar kirazın ana yurdunun Türkiye'nin Giresun şehri olduğunu öğrenmişler. Sadece bu güzel ağacın vatanını görmek için bazı gruplar Giresun'u ziyaret etmişlerdir.

¤ Bütün meyveler çiçek açar. En son çiçek açan meyve ayvadır. Çok iri meyveler oluşturacağını pembe çiçekleriyle haber verirler.

¤ Bir kilo limonda bir kilo çilekten daha fazla şeker vardır.

¤ Salatalığın % 96'sı sudur.

¤ Taze olarak yenen meyvelerden en besleyicisinin avokado olduğu tespit edilmiştir.

¤ En az besleyici olan sebze salatalıktır.

Meyveler	Miktar	Kalori	Yağ	Lif	Protein	Carb.	Sodyum	C vitamini
Armut	1 Adet	100	0,5gr	4gr	0,5gr	25gr	0	6,5mg
Avokado	1 Adet	323,5	31gr	10gr	4gr	15gr	20mg	16mg
Çilek	1 Kasa	45,5	0,5gr	3,5gr	1gr	10,5gr	1,5mg	86mg
Elma	1 Adet	81	0,5gr	3,5gr	0	21gr	0	8mg
Erik	1 Adet	100	0,5gr	4gr	0,5gr	25gr	0	6,5mg
Greyfurt	1/2 Adet	41	0	1,5gr	1gr	10gr	0	44mg
Karpuz	1 Kasa	48,5	0,5gr	1gr	1gr	11gr	3mg	12mg
Kiraz	1 Kasa	104	1,5gr	3,5gr	1,5gr	24gr	0	10mg
Kivi	1 Adet	46,5	0,5gr	2,5gr	1gr	11,5gr	4mg	74,5mg
Limon	1 Adet	21,5	0,5gr	5gr	1,5gr	11,5gr	3mg	83mg
Mandalina	1 Adet	37	0	2gr	0,5gr	9,5gr	1mg	12mg
Muz	1 Adet	108,5	0,5gr	3gr	1gr	27,5gr	1mg	10,5mg
Portakal	1 Adet	61,5	0	3gr	1gr	15,5gr	0	69,5mg
Şeftali	1 Adet	42	0	2gr	0,5gr	11gr	0	6,5mg
Üzüm	1 Kasa	58	0,5gr	1gr	0,5gr	16gr	2mg	3,6mg

OYUN

Aşağıdaki meyve isimlerini bulmaca dairelerine soldan sağa, sağdan sola, yukarıdan aşağıya ve çapraz olarak yerleştirilmiştir. Bunları tek tek bulun. Tabloda kalan harfleri sırasıyla okuduğunuzda, şifreli kelimeyi bulacaksınız. Kolay gelsin.

MUZ
NAR
ERİK
DUT
KİRAZ
ARMUT
ÜZÜM
ANANAS
ŞEFTALİ
AYVA
ELMA
PORTAKAL
LİMON
ÇİLEK

Ç	İ	L	E	K	H	E	R	Ş
R	A	E	Y	K	İ	R	E	P
Ç	A	R	T	U	D	M	İ	O
S	Y	N	M	O	M	Ü	L	R
A	V	O	C	U	U	Z	A	T
N	A	M	Z	K	T	Ü	T	A
A	L	İ	E	L	M	A	F	K
N	A	L	R	İ	Ç	N	E	A
A	K	İ	R	A	Z	İ	Ş	L

DEĞERLENDİRME

1. Aşağıdaki diyaloğu uygun kelimelerle doldurunuz.

Leyla : .... işler.
Manav : Teşekkürler hanımefendi, hoş geldiniz.
Leyla : .... Biraz yemeklik sebze alacaktım. Sebzeleriniz .... mi?
Manav : Evet, çok taze. Biraz önce geldi.
Leyla : .... kilosu kaç lira?
Manav : Patlıcanın kilosu 2 milyon lira?
Leyla : Daha geçen hafta 1,5 milyon liraya almıştım.
Manav : Haklısınız, maalesef fiyatlar aniden yükseldi. Soğuklar bastırınca çok zam geldi.
Leyla : Peki, patatesin kilosu ....?
Manav : Patatesin kilosu üç yüz bin lira.
Leyla : Karnabaharı .... satıyorsunuz?
Manav : Karnabaharın kilosu ise 1 milyon lira.
Leyla : 1 kilo patlıcan, 3 kilo patates, 1 kilo da .... verin.
Manav : Buyurun hanımefendi.
Leyla : Bir de maydanoz alayım lütfen.
Manav : Başka bir .... var mı hanımefendi?
Leyla : Yok. Hepsi ne kadar tuttu?
Manav : 4 milyon lira.
Leyla : Buyurun.
Manav : Bereket versin.
Leyla : Hayırlı ....
Manav : .... ederim. Yine ....

2. Aşağıdaki kelimelerin zıt (karşıt) anlamlarını yazınız.

a. acı ....
b. uzun ....
c. yeni ....
d. büyük ....
e. ince ....
f. kuru ....
g. almak ....
h. iyi ....
ı. güzel ....
i. ucuz ....

3. Aşağıdaki ifadelerle anlamları eşleştiriniz.

a. Afiyet olsun
b. Maalesef
c. Bereket versin
d. Hayırlı işler

1. Üzülerek söylüyorum ki, ne yazık ki anlamında kullanılır.
2. Alışverişten sonra ya da bir işle meşgul olan birisine söylenen iyi dilek sözü.
3. Bir şey yiyip içenlere "yarasın" anlamında söylenen iyi dilek sözü.
4. Para alan kimsenin söylediği iyi dilek sözü.

4. Aşağıdaki kelimeleri eşleştiriniz.

a. Et
b. Gömlek
c. Sebze
d. Çekirdek

1. Manav
2. Kuru yemişçi
3. Kasap
4. Konfeksiyon

5. Başka nasıl söyleyebilirsiniz? (✔) işareti koyunuz.

a. Hurma, prostat kanserine çok iyi geliyor.
☐ Hurma, prostat kanseri için birebir.
☐ Hurma, prostat kanserine güzel oluyor.

b. "Aksiyon" dergisinde bir yazı çıkmış.
☐ "Aksiyon" bir yazı vermiş.
☐ "Aksiyon"da bir yazı yayımlanmış.

c. Normal bir meyve değil.
☐ Sıradan bir meyve değil.
☐ Anormal bir meyve diyebiliriz.

6. Aşağıdaki kelimeleri eşleştiriniz.

a. kesilir
b. soyulur
c. kırılır

1. elma, muz, portakal
2. ceviz, Hindistan cevizi
3. karpuz, kavun

7. Aşağıdaki konuşmalarda yanlış kullanılan bağlaçların doğrusunu yazınız.

a. Mehmet : Ali sorunu cevaplayamayacağım. Ama (......................) sizi dinlemiyordum. Özür dilerim.

b. Öğrenci : Hocam bugün kimse derse gelmedi. Fakat (....................) ben geldim.

c. Öğretmen : Kemal seni okula kim bırakıyor?
Kemal : Annem de (..................) babam birlikte bırakıyorlar.

8. Parantez içindeki kelimeleri kullanarak cümleleri yeniden yazınız.

Örnek:
Ahmet, Cavit'e, "Birkaç gün bizim evde kal" dedi. (Davet etmek)
Ahmet, Cavit'i kalması için evlerine davet etti.

a. Çocuklarına, "Odanızı temizleyin." dedi. (İstedi)
....

b. Babam, "Sana hiç para yollayamayacağım." dedi. (Göndermek)
....

c. Hasan'a, "Daha iyi bir iş ara." dedim. (Tavsiye etmek)
....

d. Öğretmen, Murat'a, "Biraz ders çalış." dedi. (Söylemek)
....

1. Aşağıdaki parçayı okuyunuz.

SAĞLIĞINIZ İÇİN BOL BOL SEBZE ve MEYVE YİYİN

Her gün en az bir iki tane meyve ve birkaç porsiyon sebze yemiyorsanız buna başlamanın zamanı geldi demektir. Kanseri önleyen veya iyi eden mucize yiyeceğin ne olduğu bilinmemektedir. Ancak bilim adamları meyve ve sebzelerin kansere ve diğer hastalıklara karşı koruyucu özellikleri olduğunu bilmektedirler.

Muz, kivi, çilek, veya kurutulmuş meyveler kahvaltılık tahıllarla güzel gider. Aceleniz mi var? Hemen ekmeğin arasına bir parça meyve koyup ağzınıza atın. Pişmiş pirinç, süt, yoğurt veya içine meyve katılmış içecekler de güzel bir kahvaltı yerine geçer.

Her zaman aynı sebzeleri satın almaktan ve aynı yemekleri yapmaktan insana bıkkınlık gelir. Şimdiye kadar hiç yemediğiniz sebzeleri de deneyin. Ya da alışık olduğunuz sebzelerle alışık olmadığınız yemekler yapın. Ekmeğin üzerine tereyağı veya margarin süreceğinize avokado sürün. Bu meyve hem lezzetlidir, hem de içinde daha az yağ ve daha çok besleyici madde vardır. Havuç rendesini hepimiz biliriz ama kabağı, pancar ve kırmızı lâhanayı rendeleyip salata yapmayı ve sandviçin arasına koymayı denediniz mi? Pancarı ve patatesi kabuklarını soymadan fırında pişirdiniz mi?

Birçok geleneksel yemek biraz et, tavuk veya balık katılarak yapılır. Bu iyi bir alışkanlıktır. Buna devam edin. Tabağınızdaki yiyeceklerde ne kadar farklı renk varsa yemeğiniz sağlığa o kadar uygun demektir. Domates, dolmalık biber, havuç, patates ve yeşil yapraklı sebzeler gibi parlak renkli gıdaların içinde hastalıkları önleyen maddeler vardır. Gıdanın rengi ne kadar koyu ise o kadar sağlıklı demektir.

Eğer yemek yemeye vakit bulamıyorsanız sebze ve meyvenin bu işi göreceğini unutmayın. Muz, elma, armut veya mandalina gibi meyveleri yanınızda taşıyabilirsiniz. Bunları yemek için uzun uzun hazırlık yapmak gerekmez.

2. Aşağıdaki soruları okuduğunuz parçaya göre cevaplayınız.

a. Avokado nasıl bir meyvedir?

....

b. Geleneksel yemekler genelde nasıl yapılır?

....

c. Yemek yemeye vakit olmazsa ne yapılmalıdır?

....

d. Gıdanın rengi ve koyuluğu ne demektir?

....

e. Meyve ve sebzelerin insan sağlığına ne gibi faydaları vardır?

....

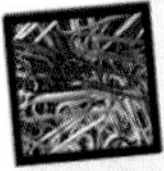

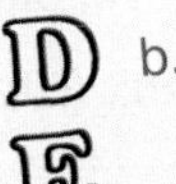

ÖDEV

a. Sevdiğiniz bir sebze yemeğini resimlerini de kullanarak anlatınız.

b. "Portakal" hakkındaki bildiklerinizi anlatan bir paragraf yazınız. (rengi, tadı, şekli, mevsimi, faydası...)

TERCÜME

Aşağıdaki cümleleri kendi dilinize çeviriniz.

1. Meyveleri kesinlikle yıkamadan yemeyin.

   ....

2. Farklı farklı meyveleri yemek daha faydalıdır.

   ....

3. Sebzelerin taze ve kaliteli olanlarını tercih etmeliyiz.

   ....

MÜZİK KUTUSU

1. Aşağıdaki boşlukları dinlediğiniz şarkıya göre doldurunuz.

DOMATES BİBER PATLICAN

.... biber .... domates biber patlıcan.
Bir anda bütün dünyam karardı, Bu sesle sokaklar yankılandı,
Domates biber patlıcan.

.... hislerimi sana açıkça anlatabilseydim.
Sana deli gibi aşık olduğumu söyleyebilseydim.
Göz göze geldiğimiz o anda,
Sanki .... tutuldu, bir anda konuşamadım karşında.

Oysa bütün cesaretimi toplayıp sana gelmiştim,
Senin için şu .... gör istemiştim.
Tam elini tutmak üzereyken, aşkımı itiraf edecekken,
.... gelen o sesle yıkıldı dünyam.

Domates .... patlıcan, domates biber patlıcan.
Bir anda bütün dünyam karardı, bu sesle sokaklar yankılandı.
.... biber patlıcan.

Şimdi benden çok uzaklardasın biliyorum.
Belki bir gün .... diye dualar ediyorum.
Seni bir daha görsem yeter, inan ki bu bir ömre bedel.
Yeter ki bitmesin bu rüyam.

Nereye gitsem ne yana baksam, hep seni görüyorum.
Biliyorum artık çok geç, ama yine de bekliyorum.
Her şey boş geliyor, bana sarılacağım sımsıkı sana.
Yeter ki yıkılmasın, bir daha ....

Domates .... patlıcan, domates biber ....
Bir anda bütün dünyam karardı. Bu .... sokaklar yankılandı
Domates biber ....

Konu 12 — Her Milletin Kendine Özgü Değerleri Vardır

DERSE HAZIRLIK

1. Aşağıdaki soruları cevaplayınız.

a. Sizce en ilginç millet hangisidir? Neden?
b. Yabancı ülkelerden hangisine gitmek istersiniz?
c. Yabancı dil öğrenmek gerekli midir?
d. Bir gün dünya üzerindeki savaşların sona ereceğine inanıyor musunuz?
e. Dünyanın geleceği hakkındaki düşünceleriniz nelerdir?

2. Yandaki resimlere bakarak bu insanların hangi milletten olduğunu tahmin ediniz.

KELİMELER

1. İnsanları tasvir için kullanılan sıfatları uygun başlıkların altına yazınız.

elâ	sarışın	geniş	ince
kıvırcık	kısa	şişman	uzun
yuvarlak	esmer	mavi	siyah
dalgalı	zayıf	kel	

Saç	Gözler	Vücut	Yüz ölçüleri
....	....	....	....
....	....	....	....
....	....	....	....
....	....	....	....

2. Aşağıdaki kelimeler insanların yabancı bir ülkede neler hissedebileceklerini tasvir ediyor. Sizce hangileri olumlu (+), hangileri olumsuzdur? (-) İşaretleyiniz.

☐ endişeli	☐ meraklı
☐ hayran kalmak	☐ kararsız
☐ sakin	☐ durgun
☐ sıkılmak	☐ rahatsız
☐ rahat	☐ utangaç
☐ emin	☐ üzüntülü
☐ şüpheli	☐ heyecanlı
☐ güvenli	☐ durgun

3. Aşağıdaki listeye bakınız ve sizi mutlu edebilecek şeyleri işaretleyiniz. (✓)

☐ çok para	☐ mutlu bir aile
☐ pahalı mücevherler	☐ büyük bir ev
☐ birçok dost	☐ bol bol seyahat etmek
☐ iyi bir eğitim	☐ pahalı bir araba
☐ sağlık	☐ herkesi sevmek
☐ meşhur bir futbolcu	☐ başbakan olmak

1. Aşağıdaki parçayı okuyunuz.

ESKİMOLAR

Dünyanın en kuzeyinde yaşayan Eskimolar herkesin ilgisini çekmiştir. Fakat, Eskimolar kendilerine "Eskimo" demezler. Genellikle "inuit" derler. Bu: "insanlar" anlamına gelir. Eskimo adıysa onlara sonradan verilmiştir. Anlamıysa "çiğ et yiyenler" demektir.

Peki ama kimdir Eskimolar? Asya ve Amerika birbirine bağlı olduğu zaman, buzul çağında, Sibirya'dan Alaska'ya geçen avcıların torunlarıdır. Anavatanı Asya olan Eskimolar, tarih içinde yavaş yavaş buradan göç etmişlerdir. Günümüzde ise Sibirya'nın kuzeydoğusunda az sayıda Eskimo yaşamlarını sürdürür. Çoğunluğu Grönland kıyılarında, Alaska'da, Rusya'nın kuzeyinde, Kanada'da ve Labrodor kıyılarında yaşamaktadır. Eskimolar 6 veya 9 ay süren kışta yaşamak zorundadırlar. Öyle ki sıcaklık -40 dereceye kadar düşebilir ve genellikle -6, -7 dereceden yukarıya çıkmaz. Yaşadıkları yerlerde hiçbir tarım imkânı yoktur. Doğal olarak Eskimolar eskiden beri avcılık ve balıkçılıkla geçinirler. Eskimolar dünyanın en kuzeyinde dört bin yıldan beri yaşarlar. Daha çok kıyı bölgelere yerleşmişlerdir. Kuzey kutbunun ilk misafirleri olan Eskimolar bu topraklarda hem birbirlerine hem de tek geçim kaynağı olan hayvanlara büyük saygı duyarlar.

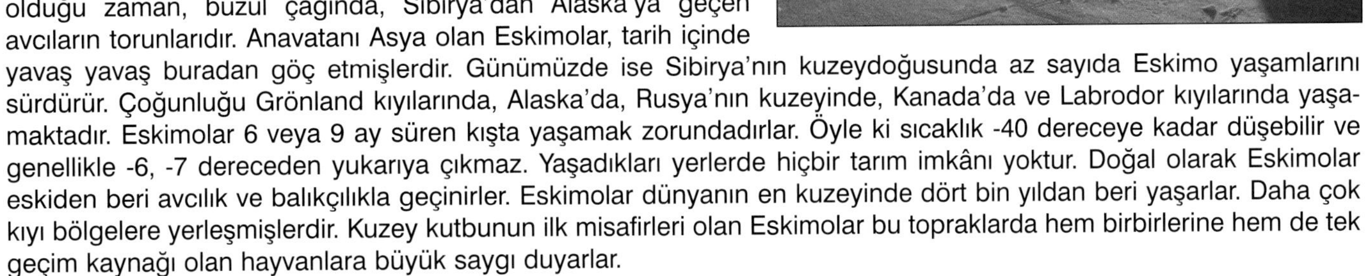

Fok ve mors temel geçim kaynaklarıdır. Foklardan yalnızca yiyecek ihtiyaçlarını karşılamazlar. Giyim eşyası yanında çadır ve tekneleri için derisinden, lâmba için yağından, zıpkın yapımında dişlerinden yararlanırlar. Fok avlamak için basit bir yöntem kullanılır. Kışın Eskimolar donmuş su yüzeyinde delik açarlar. Foklar soluk almaya bu deliklere gelir. O zaman avcılar zıpkınlarını fırlatır.

Geçmişte Eskimolar yazın çadırda, kışınsa donmuş kar bloklarından yapılma evlerde yaşarlardı. Bu buz evlere "Igloo" derlerdi. Ulaşım araçları ise buz ve karın üzerinde köpeklerin çektiği kızaklardı. Günümüzde bu geleneksel yaşam tarzı kaybolmaya yüz tutmuştur. Avrupa ve Amerikalılarla ilişkilerini arttırmışlardır. Bugün Eskimoların birçoğu ya balıkçılık sanayiinde ya da kutup çevresindeki askerî üslerde çalışmaktadırlar. Eskimolar artık eskisi gibi yaşam sürmüyorlar. Ama ne olursa olsun onlar hâlâ kuzeyin, göz alabildiğine uzanan karlar ülkesinin çocuklarıdır.

2. Okuduğunuz parçaya göre aşağıdaki cümlelerden doğru olanın başına "D"; yanlış olanın başına "Y" yazınız.

a. ( ) Eskimolar, Sibirya'dan Alaska'ya geçmişlerdir.
b. ( ) Yaşadıkları yerde kış 10 veya 12 ay kadar sürer.
c. ( ) Bazen sıcaklık -40 dereceye kadar düşebilir.
d. ( ) Hayvanlardan pek hoşlanmazlar.
e. ( ) Kış olmasına rağmen tarım yapabilirler.
f. ( ) Geçmişte "Igloo" denen evlerde yaşarlardı.

3. Aşağıdaki cümleleri okuduğunuz parçaya göre tamamlayınız.

a. Kuzey kutbunda dört bin yıl.................
☐ dan bu yana yaşarlar ☐ dan bu tarafa yaşarlar

b. Fok ve mors .... geçim kaynaklarıdır
☐ tam ☐ asıl

c. Bu hayvanların hemen hemen her şeyinden ....
☐ faydalanırlar ☐ kullanırlar

4. Aşağıdaki soruları okuduğunuz parçaya göre cevaplayınız.

a. Eskimolar daha çok nerelerde yaşarlar?
....

b. Geçimlerini nasıl sağlarlar?
....

c. Fok balıklarını avlamak için nasıl bir yöntem kullanırlar?
....

d. Fok balığından başka nasıl faydalanırlar?
....

e. Şimdi daha çok nerelerde çalışıyorlar?
....

ÖRNEKLEME

Aşağıdaki soruları tekrarlayınız ve uygulayınız.

Soru 1

Yabancı bir ülkede olsaydınız neler hissederdiniz?

Cevap

Ailem yanımda yoksa onları çok özlerdim.

Kısa Cevap

Ailemi özlerdim.

Uygulama

....

Soru 2

Yabancı ülkelerden hangisine gitmek isterdiniz?

Cevap

Avustralya'ya gitmek isterdim.

Kısa Cevap

Avustralya'ya

Uygulama

....

Soru 3

Yabancı bir insan ülkenize gelmişse ondan neler beklersiniz?

Cevap

Kanunlarımıza saygı duymasını beklerim.

Kısa Cevap

Kanunlara saygı beklerim.

Uygulama

....

Soru 4

Türkiye'ye gittiniz mi? En beğendiğiniz şey neydi?

Cevap

Evet, Türkiye'ye gittim. En beğendiğim şey dönerdi.

Kısa Cevap

Evet, gittim. Dönerdi.

Uygulama

....

KONUŞMA

1. Tanıdığınız birisiyle karşılaştığınızda ona sevginizi belirtmek için selâm verirsiniz. Bazı kültürlerde selâm vermemek çok ayıptır. Bazı kültürlerde de hayatın bir parçasıdır. Tarih boyunca insanlar değişik şekillerde selâmlaşmışlardır. Aşağıda selâmlaşma şekillerine ait bilgiler verilmiştir.

✔ Bu selâmlaşma şekillerinden hangileri sizin ülkenizde de vardır?
✔ Aşağıdaki selâmlaşma şekilleri hangi ülkelere ait olabilir?

- diz bükerek selâm vermek
- şapkayı eğmek
- el öpmek
- yanaklardan öpmek
- tokalaşmak
- sözle selâm vermek
- gülümsemek veya kafayı birazcık eğmek
- sarılmak
- yumrukları tokuşturmak
- eğilmek

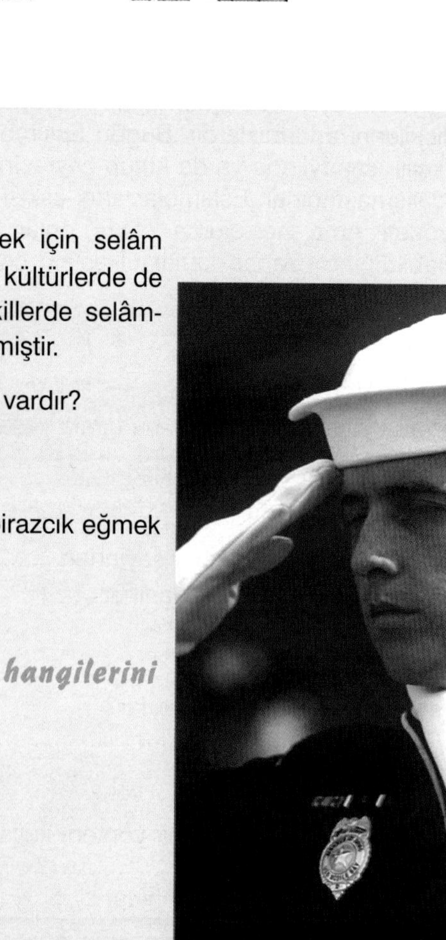

2. *Yeni tanıştığınız birine aşağıdaki sorulardan hangilerini yöneltirsiniz? (✔) işareti koyunuz.*

a. ☐ Adı / Soyadı
b. ☐ Adres
c. ☐ Yaşadığı şehir, köy, milliyeti
d. ☐ Ailesi
e. ☐ Fiziksel yönleri, boş vakitlerinde neler yaptığı
f. ☐ Geleceğe ait plânları
g. ☐ Karakteri

3. Gittiğiniz veya bildiğiniz bir ülkenin insanlarını (Karakter ve fizikî yönden) tasvir ediniz.

✔ Aşağıdaki kelimelerden faydalanabilirsiniz.

Fizikî olarak	Ruhî olarak
uzun boylu	sabırlı
kısa boylu	heyecanlı
şişman	arkadaş canlısı
zayıf	tembel
normal	çalışkan
uzun saçlı	azimli
kıvırcık saçlı	kararlı
bıyıklı	sevecen
sakallı	sinirli
tıraşlı	misafirperver
esmer	vefalı
kumral	güleç
sarışın	somurtkan

4. Aşağıdaki problemleri çözmek için kendi teklif ve düşüncelerinizi söyleyiniz.

✔ Bugün 800 milyon insan yatağa aç yatıyor.
✔ Yılda 15 milyon insan açlık ve gıdasızlıktan ölüyor.
✔ Her 10 çocuktan 3'ü, 5 yaşına varmadan ölüyor.
✔ 100 milyon insanın içme suyu yok.
✔ Milyonlarca insanın evi yok. Bu insanlar sokaklarda, caddelerde yaşıyorlar ve onların çocukları da hiç "ev" görmemişler.

5. "Çok gezen mi bilir çok okuyan mı?" arkadaşlarınızla tartışınız.

Aşağıdaki deyimleri okuyunuz.

a. Yabancılık çekmek: Bir işe veya bir yere yabancı olmanın zorlukları ile karşılaşmak.

Örnek:
Ahmet, Almanya'da akrabalarının yanında hiç yabancılık çekmemişti.
Amerika'da yabancılık çekmemek için İngilizceyi çok iyi bilmelisin.

b. İnsan sarrafı: İnsanların iyisini, kötüsünü iyi seçen kimse.

Örnek:
Ben bir insan sarrafıyım. Senin ne olduğunu bir bakışta anladım.
Salih dede de gerçekten insan sarrafı bir adamdı.

c. Sözünün eri olmak: Verdiği sözde durmak, sözünden dönmemek.

Örnek:
Ben ona güvenirim. O sözünün eridir.
Sözünün eri olan insanları çok severim.

d. Misafir ağırlamak: Gelen misafirleri çok iyi bir şekilde karşılamak.

Örnek:
Hafta sonu gelecek misafirleri çok iyi ağırlamalıyız.
Bizim milletimiz misafirleri çok iyi ağırlar.

ALIŞTIRMALAR

Aşağıdaki cümleleri uygun deyimlerle tamamlayınız.

a. Bizim evde bir telâş başladı. Meğer hafta sonu misafir gelecekmiş. Annem .... için hazırlık yapıyor.

b. Hiç tanımadığım bir insandı. Bana Manisa'da havalar nasıl, dedi. Şaşırmıştım. Benim Manisalı olduğumu nereden bildin, dedim. Adam ben bir .... Senin nereli olduğunu ilk bakışta anladım, dedi.

c. Bir yıldan beri Amerika'da yaşıyorum. İngilizceyi de çok iyi öğrendim. Artık burada ....

d. Arkadaşım Ali benden 10 gün sonra vermek üzere borç para istedi. Vermek istemiyordum. Çünkü Ali'yi çok tanımıyordum. Neyse verdim. 10 gün sonra Ali paramı getirmişti. Ali gerçekten .... bir arkadaşmış.

1. Aşağıdaki parçayı dinleyiniz.

GELECEK YÜZYILDA İNSANLIĞI NELER BEKLİYOR?

Uzmanlara göre gelecek yüzyılda insan hayatının birçok alanında değişiklikler olacak.

Bugün nasıl hava gazı ve elektrik, evlere merkezî santrallerden veriliyorsa, sıcak hava da aynı şekilde verilecek. Böylece, ısınma için soba veya kalorifere gerek kalmayacağından, evlerin çatılarında da baca görülmeyecektir. Merkezî tesisler yaz aylarında da soğuk hava verebilecek.

Evde yemek yapmak lüks sayılacak. Çünkü hazır yemekler daha ucuz olacak. Hazır yemekler, merkezî mutfaklardan hava basınçlı sistemlerle dağıtılacak. Bulaşıklar da aynı yoldan geri gönderilecek. Benzer şekilde, büyük mağazalar siparişleri zengin müşterilerin evlerine bu şekilde ulaştırılacaklar.

Araçlar, özellikle şehir merkezlerinde ya tünelleri ya da yerden yüksekte yapılmış üst yolları kullanacak. Tüneller çok iyi aydınlatılmış ve havalandırılmış olacak. Üst yollardan ancak hava yastıkları üzerinde hareket eden araçlar geçebilecek. Sonuç olarak, şehirlerde trafik gürültüsü büyük ölçüde azalacak.

Yüksek hızla okyanusta gidebilen elektrikli gemiler, Newyork'tan Liverpol'a iki günde ulaşabilecekler. Geminin gövdesi hava yastıkları üzerinde olacağından, su ile olan sürtünme en aza inmiş olacak. Geminin pervanelerinden biri suyun altında dönerken, diğeri suyun üstünde dönecek. Fırtınalı havada gemi suya dalacak ve hava şartlarının düzelmesini bekleyebilecek.

Ağızdan alınan ilâçlar çok gerekmedikçe kullanılmayacak. Örneğin; akciğer hastalığı tedavisinde kullanılan bir ilâç, elektrik akımı ile taşınarak deriden bu organa verilecek. Görünmeyen ışınlar, mikroskop ile vücut organlarının incelenmesini sağlayacak ve gerekirse bu organların fotoğrafı da çekilebilecek.

İnanç, gelecekte insan hayatının merkezi olmaya başlayacak. Avrupa'nın aydınlanması sonrasında insan hayatı eğitim, politika, din olarak bölümlere ayrılmıştı. Bu farklılıklar gelecek yüzyılda biraz daha azalacak. Toplumlarda dinî inançlara doğru bir yönelme olacak. İnanç, insan ilişkilerine olumlu bir etki yapacak. Daha barışçı ve inançlara saygılı toplumlar meydana gelecek.

2. Aşağıdaki soruları dinlediğiniz parçaya göre cevaplayınız.

a. Gelecekte evlerde ısınma nasıl olacak?

....

b. Evlere yemek servisi nasıl yapılacak?

....

c. Gelecekte şehirlerde trafik gürültüsü olacak mı?

....

d. Gelecek yüzyılda insanlığı bekleyen bu gelişmeleri gerçekçi buluyor musunuz?

....

Bunları Biliyor musunuz?

YÜZ OKUMA SANATI

Yüz okuma yüzlerce yıllık gözlemlere dayanan, insanı tanımaya yönelik bir araçtır. Yüz okuyarak karakter çözümlemesi eski çağlara kadar uzanmaktadır. Milâttan önceki yıllarda Çinliler yüz okumayı bir sanat haline getirmiştir. Doğu kültüründe de bu konuyla ilgili çalışmalar yapılmıştır.

Ana ayırt edici özellikler: alın, kaş, göz, burun, ağız, kulak, yanak, çene ve yüz şeklidir. Yüz okuma sanatı kişilerin problemleri nasıl çözdükleri, iletişim yöntemleri, davranışları, paraya verdikleri önem gibi konularda hayrete düşürücü ipuçları vermiştir.

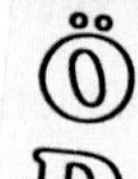
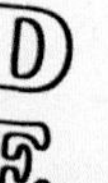

V

a. "Eğitim yoluyla savaşlar önlenebilir mi?" Bu konudaki düşüncelerinizi yazınız.

b. Milletinizi tanıtan bir yazı yazınız.

Hatırlatma

en, daha, çok, pek, az, biraz, kadar, fazla

Örnek: Benim ülkem cennet **kadar** güzeldir.
Beş dakika **kadar** dinlendi.
Yemeği **biraz fazla** yemiş.
Son iki gündür **çok az** uyuyor.
Ahmet, Hasan'dan **daha** çalışkandır.

Daha → Bazen karşılaştırma, üstünlük anlamı verir.
Bu konuya **daha** çok çalışmalısınız.
Ali, benden **daha** uzundur.
Kardeşim, senin kardeşinden **daha** yaramaz.

Daha → Bazen zaman anlamı katar.
Babam, Almanya'dan **daha** gelmedi.
Yaralı kedi **daha** ölmedi.

* **Çok, pek, gayet, fazla** → Cümleye aşırılık anlamı katarlar.
Nihat **çok** çalışkan öğrencidir.
Fabrika işçileri **çok** yoruluyorlar.
Fazla okuyor, gözleri bozulacak.

* "En" diğerlerinden farklı olarak tek başına bir şey ifade etmez. Sıfatların ve zarfların önünde kullanılır. Aşırılık ve en üstünlük anlamı katar.
En temiz hava, yayla havasıdır.
En çalışkan öğrenci kim?
En çok yaşayan canlı hangisidir?

TERCÜME

Aşağıdaki cümleleri kendi dilinize çeviriniz.

1. İnsanlar birbirlerine karşı güler yüzlü olmalıdır.
....
....
2. İnsanoğlunun en büyük sorunu sizce nedir?
....
....
3. Avustralya bugün dünyanın her tarafından göç almaktadır.
....
....

TELÂFFUZ

- S -

Özellikleri

a. Türk alfabesinin yirmi ikinci harfidir.

b. Sert sessiz harflerdendir.

c. Kelimenin başında, ortasında ve sonunda bulunabilir.
Örnek: saç, sakal, saat...
asma, askı, asker...
ses, pas, esans...

d. **Okunuşu:** sa, se, sı, si, so, sö, su, sü
as, es, ıs, is, os, ös, us, üs

e. "s" sert sessizi ile biten kelimelerden sonra sessiz harfle başlayan bir ek gelirse, bu ekin ilk harfi de sert sessiz (ç, f, h, k, p, s, ş, t) olur.
Örnek: kafes-çi, otobüs-te

f. "s" sert sessizi kaynaştırma harflerindendir.
Örnek: komşu ——➤ komşu-s-u

ALIŞTIRMA

Aşağıdaki tekerlemeyi tekrarlayınız.

Şu yoğurdu sarımsaklasak da mı saklasak sarımsaklamasak da mı saklasak?

- Ş -

Özellikleri

a. Türk alfabesinin yirmi üçüncü harfidir.

b. Sert sessiz harflerdendir.

c. Kelimenin başında, ortasında ve sonunda bulunabilir.
Örnek: şu, şan, şaka...
aşı, aşık, aşçılık...
aş, yarış, döğüş...

d. **Okunuşu:** şa, şe, şı, şi, şo, şö, şu, şü
aş, eş, ış, iş, oş, öş, uş, üş

e. "ş" sert sessizi ile biten kelimelerden sonra sessiz harfle başlayan bir ek gelirse, bu ekin ilk harfi de sert sessiz (ç, f, h, k, p, s, ş, t) olur.
Örnek: yarış-çı, satış-ta

f. "ş" sert sessizi kaynaştırma harflerindendir.
Örnek: yedi ——➤ yedi-ş-er

ALIŞTIRMA

Aşağıdaki tekerlemeyi tekrarlayınız.

Şu köşe yaz köşesi, şu köşe kış köşesi, ortada su şişesi.

ŞİMDİKİ ZAMAN

Japon Yokomi

Benim ailem her zaman meşgulmüş. Bizler için hiç zaman ayırmamışlar. Oysa biz ailemizle güzel bir hayat geçirmek istiyoruz. Annem ve Babam bizi sevmediler demiyorum. Sadece biz büyürken onların daha çok yanımızda olmalarını istiyoruz. Aslında bütün suç onlarda da değil. Bu zamanda geçinmek kolay değil. Bütün bunları biliyoruz. Söylemek istediğimiz şu ki, en azından çocukları olan annelere kolaylık gösterebilirler. Bazen Japonya'da doğmasaydım diyorum.

Zafer Çevik

Bence, insanlar birbirlerini çok üzmüşler. Her şeyi güzel olan dünyamız böyle hareketleri hak etmiyor. İnsanların çok mutlu ve sağlıklı olmasını istiyorum. Savaşın ve vahşetin olmadığı bir dünya arzu ediyorum. Bunun için neler yapabileceğimi bilmiyorum. Fakat insanlara yardım etmek için gayret edeceğim. Başkaları için çalışmak daha çok mutluluk veriyor insana. İnsanlar biraz da olsa başkalarını düşünmeli. Dünyamız artık eskisi kadar büyük değil. Başkalarının var olduğunu da unutmamalıyız.

Şimdiki Zaman

Tanım: Şimdiki zaman, fiilin bildirdiği hareketin, işin, oluşun içinde bulunduğumuz zamanda başladığını ya da sürdürüldüğünü anlatır.

ÇEKİM TABLOSU

Olumlu	Olumsuz	Soru
Yaşıyorum	Yaşamıyorum	Yaşıyor muyum?
Yaşıyorsun	Yaşamıyorsun	Yaşıyor musun?
Yaşıyor	Yaşamıyor	Yaşıyor mu?
Yaşıyoruz	Yaşamıyoruz	Yaşıyor muyuz?
Yaşıyorsunuz	Yaşamıyorsunuz	Yaşıyor musunuz?
Yaşıyorlar	Yaşamıyorlar	Yaşıyorlar mı?

a. Fiil kök ya da gövdelerine, "-yor" eki getirilerek yapılır. Sonu sessizle biten fiil kök ya da gövdelerine "-yor" eki direk gelmez, araya "-ı, -i, -u, -ü" ünlülerinden uygun olanı gelir.

Örnek: yat-ı-yor, gel-i-yor, gül-ü-yor, kok-u-yor

b. "-yor" eki fiil kök ya da gövdelerinin sonundaki geniş düz ünlüleri (-a, -e) daraltır. (-ı, -i):

Örnek: dinle → dinliyor, anla → anlıyor

c. Bu ses değişmesi "-ma, -me" olumsuzluk ekinde de görülür.

Örnek: gel-mi-yorum

d. Fiil kök ya da gövdelerine olumsuzluk eki getirildiğinde sadece "-ma, -me" olumsuzluk ekinde değişme olur.

Örnek: dinle-mi-yor, söyle-mi-yor

e. Fiil kök ya da gövdelerinin sonundaki geniş düz ünlüler "-a, -e" iki yuvarlak arasında kaldıkları zaman dar yuvarlak "-u, -ü" olurlar.

Örnek: oyna → oynuyor, söyle → söylüyor

Şimdiki Zamanın Özel Kullanımları

a. Gelecek zaman anlamı verebilir.
Örnek: Yarın İstanbul'a gidiyoruz.

b. Di'li geçmiş zaman anlamı verebilir. (Bir olay özetlenirken).
Örnek: Ali erken bir vakitte evden çıkıyor ve gizlice bir taksiye binip oradan uzaklaşıyor.

c. Geniş zaman anlamı verebilir.
Örnek: Her sabah saat yedide kalkıyor ve kahvaltı yapmadan evden çıkıyor.

d. Alışkanlık anlamı verebilir.
Örnek: Daha bu yaşta sigara içiyor.

e. Şimdiki zamanın farklı bir eki de "-makta, -mekte" dir. Şimdiki zaman anlamı veren bir ektir. Bir işin kesin olarak başladığını ifade eder.
Örnek: okuyorum → oku-makta-y-ım
çalışıyorlar → çalış-makta-lar

Şahıs Ekleri

Şahıs ekleri fiilin belirttiği işin, oluşun, hareketin kimin tarafından yapıldığını bildiren eklerdir. Fiili yapanın kim olduğunu gösterir.

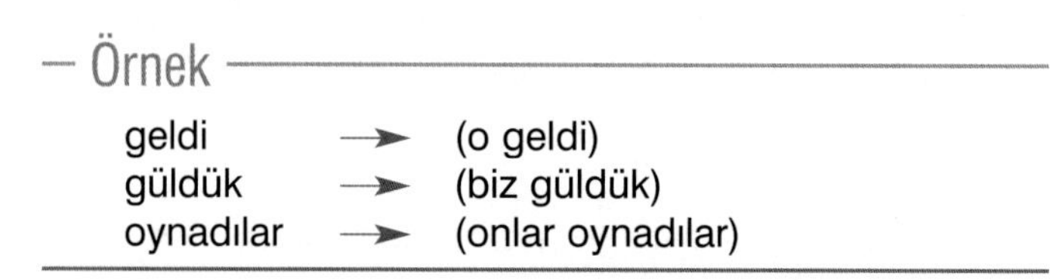
— Örnek

geldi → (o geldi)
güldük → (biz güldük)
oynadılar → (onlar oynadılar)

NOT
1. Şahıs ekleri fiillere gelir.
2. Fiiller kip eklerini alır. (haber ve dilek)

DEĞERLENDİRME

1. Aşağıdaki karışık kelimelerden anlamlı cümleler kurunuz.

a. görmek / çok hoş / bıraktığını / sigarayı

....

b. iyi / görmek / seni / beni / sevindirir

....

c. boğazda / balık / yemek / veriyor / zevk / insana

....

d. aşırı / harcamak / para / değil / doğru

....

e. İstanbul'a / bakmak / bu tepeden / ne hoş

....

2. Aşağıdaki cümleleri "-makta, -mekte" ekini kullanarak yeniden yazınız.

a. Şimdi Ankara'da yaşıyorum.

....

b. Arkadaşlarım bu saatte futbol oynuyorlar.

....

c. Temiz havada ağaçların altında yürüyoruz.

....

d. Çocuklar bahçede güreş yapıyorlar.

....

3. Cümlelerdeki yanlışlıkları bularak cümleleri yeniden yazınız.

a. Sıcaklık 20 dereceyi çıkmaz.

....

b. Japonya'dan teknoloji çok gelişmiştir.

....

c. Akşama gibi ders alışacağım.

....

d. Metin, Aslan'dan kadar çalışkandır.

....

e. Gayet ders çalışmalıyım. Yarın sınav var.

....

4. Aşağıdaki cümleleri başka nasıl söyleyebilirsiniz? (✔) işareti koyunuz.

a. Asya'dan Kuzey kutbuna göç etmişlerdir.
- ☐ Asya'dan Kuzey kutbuna göçmüşlerdir.
- ☐ Asya'dan Kuzey kutbuna gitmişlerdir.

b. Günümüzde bu geleneksel yaşam tarzı kaybolmaya yüz tutmuştur.
- ☐ Şimdi bu geleneksel yaşam şekli yavaş yavaş kaybolmaya başlamıştır.
- ☐ Günümüzde bu yöresel yaşayış şekli kaybolmuştur.

c. Sıcaklık -6, -7 dereceden yukarıya çıkmaz.
- ☐ Sıcaklık -6, -7 dereceden artık olmaz.
- ☐ Sıcaklık -6, -7 dereceden fazla olmaz.

5. Aşağıdaki kelimelerle cümleleri eşleştiriniz.

a. titiz
b. korkak
c. sabırsız
d. dikkatli
e. cesur
f. enerjik

☐ Ayşe araba sürerken hiçbir kuralı bozmamaya gayret eder.
☐ Kemal bir işin hemen olmasını ister. Hiç bekleyemez.
☐ Fuat hiçbir şeyden korkmaz. Gözünü budaktan sakınmaz.
☐ Nermin yalnız dışarı çıkamaz. Her zaman yanında birisinin olmasını ister.
☐ Murat hep sporla ilgilenir. Onun enerjisi bitmek bilmez.
[a] Tamer çok hassastır. Ayakkabısı tozlansa hemen siler.

MÜZİK KUTUSU

Aşağıdaki boşlukları dinlediğiniz şarkıya göre doldurunuz.

SERBEST OKUMA

1. Aşağıdaki parçayı okuyunuz.

AVUSTRALYA ve ABORJİNLER

Yakın zamana kadar Avustralya deyince insanların aklına "millî park" gelirdi. Avustralya sadece macera yaşamak için gidilecek bir yer olarak bilinirdi. Turistler için bu özellikler hâlâ önemlidir. Avustralya'yı ziyaret ettiğinizde bir koala veya kanguru görmek için epeyce çabalamanız gerekecektir. Sidney sokaklarında dolaşırken yerel kıyafet giymiş insanlar da görebilirsiniz. Ne yazık ki, onlar "Aborjinler" değildir. Sadece yerli kıyafeti giymiş turistlerdir. Yaygın bir efsaneye göre Avustralya yerlileri ilginç şapkalar giyerlermiş ve genizlerinden konuşurlarmış. Aynı zamanda çok iyi savaşçılarmış. Milyonlarca koyunu büyük çöllerden geçirebilen bu insanlar özgürlüklerine düşkünlermiş. Çağdaş Avustralyalılar ise atalarından çok farklı olarak modern insanlardır. Çoğu, sahil şeridine birkaç saat uzakta bulunan kentlerde yaşarlar.

II. Dünya Savaşı'ndan sonra Avustralya dünyanın her tarafından göç almaya başladı. Çünkü artık Avustralya birçok insan için fırsatlar ülkesiydi. Avustralya'da son zamanlara kadar İngilizlerin oluşturduğu kültürel bir yapı vardı. Ancak şimdilerde İtalya, Malta, Lübnan, Çin ve Türk kültürleriyle de birleşerek yeni bir kültür yapısı oluştu.

Avustralya kültürü dürüstlüğü, bağımsızlığı, çalışkanlığı, becerikliliği ve açık görüşlülüğü ön plâna çıkarmıştır. Bu özellikler Kuzey Amerikalıların Avustralya'ya yerleşmelerini hızlandırmıştır. Çünkü Kuzey Amerikalılar, Avustralya kültürünü kendi kültürlerine yakın bulmuşlardır.

Avustralya kıtasına gidenlerin ilk karşılaştığı şey 18 milyon insan olacaktır. Size şimdi yerli halk olan "Aborjinler"den bahsedelim. Avustralya'ya yerleşen ilk insanlar yaklaşık 6000 yıl önce Asya'dan göç etmişlerdir. Bu insanlar Avustralya'da 200 değişik dil konuşan pek çok kabile oluşturmuşlardır. Sonraki göçmenler bu insanları "Aborjin" olarak adlandırmışlardır. Aborjinler güçlü aile bağlarına sahiptirler. Çoğu, birkaç kuşak önceki atalarını bilir. Aralarından biri sorunla karşılaştığında, bütün akrabalar toplanıp ona destek olur. Bu tür yardımlaşma Aborjinler arasında hâlâ mevcuttur. Bugün Aborjinler sanattan spora kadar modern hayatın her kesimine girmişlerdir.

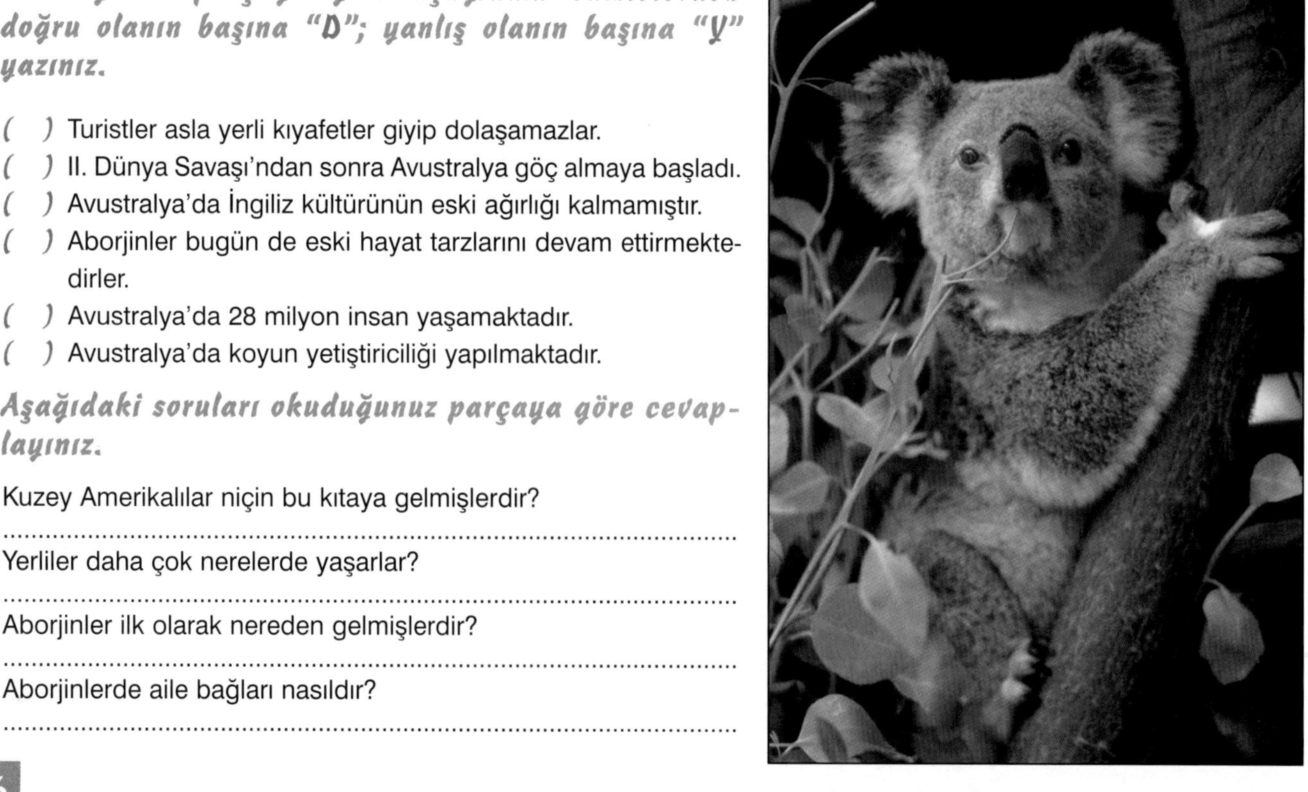

2. Okuduğunuz parçaya göre aşağıdaki cümlelerden doğru olanın başına "D"; yanlış olanın başına "Y" yazınız.

a. ( ) Turistler asla yerli kıyafetler giyip dolaşamazlar.
b. ( ) II. Dünya Savaşı'ndan sonra Avustralya göç almaya başladı.
c. ( ) Avustralya'da İngiliz kültürünün eski ağırlığı kalmamıştır.
d. ( ) Aborjinler bugün de eski hayat tarzlarını devam ettirmektedirler.
e. ( ) Avustralya'da 28 milyon insan yaşamaktadır.
f. ( ) Avustralya'da koyun yetiştiriciliği yapılmaktadır.

3. Aşağıdaki soruları okuduğunuz parçaya göre cevaplayınız.

a. Kuzey Amerikalılar niçin bu kıtaya gelmişlerdir?
....
b. Yerliler daha çok nerelerde yaşarlar?
....
c. Aborjinler ilk olarak nereden gelmişlerdir?
....
d. Aborjinlerde aile bağları nasıldır?
....

Aşağıdaki ülke isimleri yandaki tabloya soldan sağa, sağdan sola, yukarıdan aşağıya ve aşağıdan yukarıya doğru yerleştirilmiştir. Bu ülkeleri bularak işaretleyiniz.

- [ ] İSVEÇ
- [ ] NORVEÇ
- [ ] AMERİKA
- [ ] SENEGAL
- [ ] İSVİÇRE
- [ ] YUNANİSTAN
- [ ] DANİMARKA
- [ ] ÇİN
- [ ] ROMANYA
- [ ] ALMANYA
- [ ] JAPONYA
- [ ] LÜKSEMBURG
- [ ] FAS
- [ ] İSPANYA
- [ ] İNGİLTERE
- [ ] HOLLANDA
- [ ] KANADA
- [ ] POLONYA
- [ ] İTALYA
- [ ] MISIR
- [ ] FRANSA
- [ ] LİBYA
- [x] CEZAYİR
- [ ] PAKİSTAN
- [ ] ÜRDÜN
- [ ] HİNDİSTAN

D	A	N	İ	M	A	R	K	A	K	A	N	A	D	A	P	L	H
T	L	P	S	G	Y	H	Z	V	F	R	A	N	S	A	O	Ü	O
Ç	M	L	İ	S	V	İ	Ç	R	E	H	T	M	L	Y	L	K	L
Y	A	Z	F	O	G	H	İ	N	D	İ	S	T	A	N	O	S	L
P	N	İ	Ç	T	F	A	S	H	Z	G	İ	Ç	F	O	N	E	A
A	Y	L	A	T	İ	O	P	Z	A	Y	K	H	V	P	Y	M	N
Y	A	K	İ	R	E	M	A	R	O	M	A	N	Y	A	A	B	D
B	P	A	L	A	G	E	N	E	S	M	P	T	H	J	O	U	A
İ	V	Z	C	E	Z	A	Y	İ	R	I	A	B	D	V	H	R	L
L	M	Ç	A	Y	U	N	A	N	İ	S	T	A	N	O	T	G	O
N	O	R	V	E	Ç	Z	P	H	N	I	O	V	İ	S	V	E	Ç
İ	N	G	İ	L	T	E	R	E	Y	R	L	M	Ü	R	D	Ü	N

Pratik Türkçe

Konu 13 İçeceklerden Ne Alırsınız?

DERSE HAZIRLIK

1. Aşağıdaki soruları cevaplayınız.

a. En sevdiğiniz veya en çok içtiğiniz içecek hangisidir?
b. Çayın anavatanının neresi olduğunu biliyor musunuz?
c. Buzlu, limonlu, sütlü çay içmeyi denediniz mi?
d. Çay demlemeyi biliyor musunuz?

2. Aşağıdaki resimlerdeki insanlar ne içiyorlar? Resimlere bakarak cevaplayınız.

KELİMELER

1. Aşağıdaki kelimelerle resimleri eşleştiriniz.

a. süt b. kahve c. çay d. salep
e. kola f. meyve suyu g. ayran h. soda

2. Aşağıdaki boşlukları resimlere bakarak doldurunuz.

a. Bir  .... çay getirir misin?

b. Bir  .... su içer miyiz?

c. Bir  .... kahve isterim.

d. Bir  .... kola verir misin?

e. Bir  .... meyve suyu alırım.

3. Aşağıdaki kelimeleri eşleştiriniz.

a. sütlü 1. maden suyu
b. demli 2. kahve
c. asitli 3. ayran
d. tuzlu 4. çay

OKUMA - ANLAMA

1. *Aşağıdaki parçayı okuyunuz.*

ÇAYIN SICAKLIĞI

Sabahları uykulu bir şekilde uyanır, elimizi yüzümüzü yıkar, sonra da annemizin hazırladığı kahvaltı sofrasına otururuz. Kahvaltıya bardağa dökülürken çıkardığı ses ve etrafa yayılan kokusuyla dudaklarımızı kısarak çektiğimiz bir yudum çayla başlarız. Çay bir ilâç gibi bizi kendimize getirir. Sabah kahvaltısında başlayan çay içme alışkanlığı günün ilerleyen saatlerinde devam eder. Öğle yemeğini yer ve hemen üzerine demli bir çay içeriz. Dışarıdan bir arkadaşımız geldiğinde ona hemen taze bir çay ikram ederiz. Akşama doğru saat beş civarlarında bir fincan çay, simit ve beyaz peynir motivasyonumuzu artırır. Derken akşam işten eve geliriz. Ailemizle birlikte akşam yemeğini yer ve koltuğa doğru uzanarak günün yorgunluğunu atarız. Tam o sırada iyi demlenmiş çay, mutluluğumuza mutluluk katar. İşte çay hayatımıza bu kadar girmiş bir içecektir. Aslında çay bir kültür hâline gelmiştir.

Çay, sudan sonra yeryüzünde en çok tüketilen içecektir. Türk, Japon, İngiliz ve Çin kültüründe çok özel bir yere sahiptir. Çayı demlerken birçok ülke büyük demlik kullanır. Türkiye'de ise çay hazırlanırken önce çaydanlığın alt bölümünde su kaynatılır. Kaynayan su üst demlikte bulunan çaya eklenir ve alttan gelen buhar ile çay demlenir. Demlenen çaylar ince belli bardaklarda içilir. Çayın fincanla içilmesi de ayrı bir zevktir. Çayını açık ya da koyu tercih edenler, limon ya da şeker ekleyenler vardır. Ancak tüm bu kişiler için en önemli şeylerden biri çayın rengidir. Günlük deyişle "tavşan kanı" olan bu renk, berrak ve güzel bir kırmızı tonudur.

Dünyanın diğer yerlerinde; İngilizler klâsik beş çayından vazgeçemez ve çaya süt eklemeyi severler. Çinliler yeşil çayı severler. Kuzey Afrika'da çay nane ile aromalandırılır. Orta Doğu'da çay genellikle limonlu içilir. Kahve tutkunu Amerikalılar ise çayı demleyip buz gibi soğuttuktan sonra keyfini çıkarırlar. Tibet'te ise çay, süt veya su ile demlendikten sonra tereyağı ile karıştırılarak yoğun bir beslenme içeceği hâline getirilir.

Siyah ve yeşil türleriyle içilebilen, hayatımızın bir parçası haline gelen çay, herkese farklı bir içim sunsa da, hayatımızda yüzyıllardır vardır.

2. *Okuduğunuz parçaya göre aşağıdaki cümlelerden doğru olanın başına "D"; yanlış olanın başına "Y" yazınız.*

a. ( ) Çay, birçok ülkede vazgeçilmez bir içecektir.
b. ( ) Çay, zararlı bir içecektir.
c. ( ) Çay, fincanla içilen bir içecektir.
d. ( ) Bazı insanlar çayı limonlu, bazı insanlar şekerli, bazı insanlar da şekersiz içerler.
e. ( ) İngilizler buzlu çayı tercih ederler.
f. ( ) Tibet'te çay yoğun bir beslenme içeceğidir.
g. ( ) Çay bazı ülkelerde siyah, bazı ülkelerde yeşil olarak içilir.

3. *Aşağıdaki soruları okuduğunuz parçaya göre cevaplayınız.*

a. Türkiye'de çay nasıl demlenir?
....
b. İnsanlar çayı nasıl içerler?
....
c. İngilizler çaya ne katarlar?
....
d. Tibet'in çayı nasıldır?
....

ÖRNEKLEME

Aşağıdaki soruları tekrarlayınız ve uygulayınız.

Soru 1
Çayın anavatanı neresidir?

Cevap
Çayın anavatanı Çin'dir.

Kısa Cevap
Çin

Uygulama

....

Soru 2
Çayınızı nasıl içersiniz?

Cevap
Şekerli içerim.

Kısa Cevap
Şekerli

Uygulama

....

Soru 3
Sık sık süt içer misiniz?

Cevap
Her sabah içerim.

Kısa Cevap
Evet.

Uygulama

....

Soru 4
İçeceklerden ne var?

Cevap
Salep var.

Kısa Cevap
Salep

Uygulama

....

Soru 5
Çayınız nasıl olsun?

Cevap
Açık lütfen.

Kısa Cevap
Açık

Uygulama

....

KONUŞMA

1. *Aşağıdaki diyaloğu uygulayınız.*

PASTAHANEDE

Garson : Hoş geldiniz.
Ahmet : Hoş bulduk.
Garson : Ne alırsınız?
Ahmet : İçeceklerden ne var?
Garson : Çay, kahve, salep, kola ve meyve suyu var.
Ahmet : Çay lütfen.
Garson : Çayınız nasıl olsun?
Ahmet : Açık ve limonlu olsun. Fincanda getirirseniz memnun olurum.
Garson : Peki siz ne arzu edersiniz?
Ayşe : Bana da şekerli bir Türk kahvesi lütfen.
Garson : Hemen getiriyorum efendim.

2. *Siz de bir pastahaneye gidin ve farklı içeceklerden isteyin.*
3. *Sizce dünyada en çok içilen içecek hangisidir?*

TELÂFFUZ

- T -

Özellikleri

a. Türk alfabesinin yirmi dördüncü harfidir.

b. Sert sessiz harflerdendir.

c. Kelimenin başında, ortasında ve sonunda bulunabilir.
Örnek: tat, tatil, tavşan...
ot, ötmek, örtmek...
tokat, ticaret, tişört...

d. **Okunuşu:** ta, te, tı, ti, to, tö, tu, tü
at, et, ıt, it, ot, öt, ut, üt

e. "t" sert sessizi ile biten kelimelerden sonra sessiz harfle başlayan bir ek gelirse, bu ekin ilk harfi de sert sessiz (ç, f, h, k, p, s, ş, t) olur.
Örnek: saat-çi, fırsat-çılık...

f. "t" sessizi ile biten kelimelerden sonra sesli ile başlayan bir ek gelirse "t" harfi yumuşayarak "d" olur.
Örnek: yurt - yurdu, yoğurt - yoğurdu

ALIŞTIRMA

Aşağıdaki tekerlemeyi tekrarlayınız.

Tatar tepsici tıknaz titiz Tosun tömbelekçi Tahir ile tütün tüttürdü.

DİNLEME

1. *Aşağıdaki parçayı dinleyiniz.*

ÇAYIN EFSANESİ

5000 yıl öncesine giden çayın tarihi konusunda çeşitli efsaneler vardır:

Bunlardan ilki Çin'e dayanıyor. M.Ö. 2700'lü yıllarda tıp bilimine meraklı olduğu bilinen Çin İmparatoru Shen Nung, su içmenin sağlığa olan olumlu etkilerini gözlemlemiş. Bir gün kendi sıcak suyunu hazırlarken, demliğine birkaç yaprak düşmüş. Kaynayan suyun buharından mistik ve rahatlatıcı bir aroma yükseldiğini görmüş ve bu sıcak içecekten bir bardak içerek onun harika lezzeti ve aroması karşısında hayret etmiş. Demliğine düşen bu yapraklar bir çeşit yabanî çay ağacına aitmiş…

Çayın Japonya'daki efsanesi bizi bir keşişe götürüyor. Hayatının yedi yılını Buda'ya adayarak uyumadan geçiren bu keşiş, bir gün istemeyerek uyuyakalınca çok kızmış ve ardından göz kapaklarını kesip toprağa atmış. Toprakta köklenerek büyüyen bitki, çay bitkisiymiş.

Hindistan da çayın keşfini bu keşişe bağlar. Onların öyküsüne göre bu keşiş uykusuz geçirdiği yılların beşincisinde yanındaki ağaçtan birkaç yaprak alır ve çiğner. Birden bire canlandığını gören keşiş bunu sık sık tekrarlar. Bu yabanî ağaç elbette ki çay bitkisidir.

Sudan sonra en eski ve en çok tercih edilen içecek olan çayın Türkiye'deki serüveni oldukça yenidir. 1888'deki ilk ciddî girişimden sonra üretimdeki gerçek başarı ancak 1940'larda elde edilmiştir. Bugün Türkiye, üretimde Hindistan, Seylan gibi ülkelerden sonraki yerini korumaktadır. Tüketimde de İngiliz ve İrlandalıların ardından üçüncü sırada gelmektedir.

2. *Aşağıdaki soruları dinlediğiz parçaya göre cevaplayınız.*

a. Çin imparatoru çayı nasıl keşfetmiş?
....

b. Çayın Japonya'daki efsanesi nasıldır?
....

c. Parçaya göre dünyada en fazla çay tüketen ülkeler hangileridir?
....

DEYİM

Aşağıdaki deyimleri okuyunuz.

a. Tavşan kanı: Çay için tam kıvamında olmak.

Örnek:

Şimdi yeni demlenmiş **tavşan kanı** bir çay olacaktı ki!
Babam anneme şöyle **tavşan kanı** bir çay demle, dedi.

b. Tadına varmak: Bir şeyin güzelliğini bütün inceliğiyle anlamak.

Örnek:

Ben soğuk içeceklerin **tadına varamıyorum**.
Bu salebin **tadına varmak** için sıcak içmelisin.

c. Keyif vermek: Neşe vermek, neşelendirmek, keyiflendirmek.

Örnek:

Ahmet Bey garsondan bir **keyif çayı** istedi.
Bu kahve çok acı. **Keyif vermiyor**.

ALIŞTIRMALAR

1. *Aşağıdaki deyimlerle resimleri eşleştiriniz.*

a. Keyif vermek
b. Tavşan kanı
c. Tadına varmak

2. *Aşağıdaki boşlukları uygun deyimlerle doldurunuz.*

a. Açık çay bana .... Benim içeceğim çay, demli olmalı.

b. Piknikteydik. Arkadaşlarla güzel bir maç yapmıştık. Maçtan sonra dinlenmeye başladık. Arkadaşımız Ali futbol oynamayan Salih'e seslendi. Şöyle .... bir çay demle de içelim, dedi.

c. Kolanın .... istiyorsanız, kolayı soğuk içmelisiniz.

DİL BİLGİSİ

GENİŞ ZAMAN

ÇAY DEMLEMEK

Çayı iyi demleyenlerin birer çaydanlıkları vardır. Bir çaydanlık iki kısımdan oluşur. Birinci kısım daha büyüktür, genişçedir ve içine sadece su konur. Su, çaydanlığın bu geniş kısmında kaynar. Birinci kısmın değişik yerlerine yerleştirilmiş bir sapı, bir de kaynar suyu dökmeye yarayan uzantılı bir ağzı vardır. Su kaynarken eğer ikinci kısım birinci kısmın üzerine çok oturmuş ise su bu ağızdan taşar ve ocağın üzerini ıslatır. Bunun olmaması için çaydanlığın ikinci kısmının birinci kısmın üzerine yarım bir şekilde, eğik oturtulması, bunun da çok dengeli yapılması gerekir. Çünkü çaydanlığın ikinci kısmı küçüktür. Onun da değişik yerlerine konabilen bir sapı ve bir de demi dökmeye yarayan küçük bir ağzı vardır ama biraz kaygandır. Bu nedenle içindeki demlenmemiş çay ile devrilirse ocağın üstü kirlenir. Bütün bu dengelere dikkat etmek gerekir.

Geniş Zaman

Tanım: Geniş zaman eylemin başlayıp devam ettiğini ve devam edeceğini gösterir. Geniş zamanda hiçbir sınırlama ve kesinlik yoktur. Geçmiş, gelecek ve şimdiki zamanları içine alan bir zamandır. Geniş zaman en çok gelecek ve şimdiki zaman yerine kullanılır. Geniş zaman eki "-r" dir.

a. Sonu ünlüyle biten kelimelere "-r" olarak gelir.

Örnek: dinle-r, de-r, anla-r

b. Sonu ünsüzle biten bir veya birden fazla heceli fiillere "-ar, -er" şeklinde gelir.

Örnek: geç-er, kork-ar, gir-er

c. Sonu "l, n, r" ünsüzleriyle biten on beş kadar fiil bu kurala uymaz. "-r" eki bu fiillere "-ır, (-ir, -ur, -ür)" şeklinde gelir.

Örnek: gel-ir, al-ır, öl-ür, ol-ur, bul-ur, den-ir, yen-ir, san-ır, ver-ir, var-ır, dur-ur, vur-ur, gör-ür, kal-ır, bil-ir

d. Ünsüzle biten iki veya ikiden çok heceli fiillere "-ır, -ir, -ur, -ür" şeklinde gelir.

Örnek: çalış-ır, anlat-ır, görüş-ür, dokun-ur

ÇEKİM TABLOSU		
Olumlu	**Olumsuz**	**Soru**
Demlerim	Demlemem	Demler miyim?
Demlersin	Demlemezsin	Demler misin?
Demler	Demlemez	Demler mi?
Demleriz	Demlemeyiz	Demler miyiz?
Demlersiniz	Demlemezsiniz	Demler misiniz?
Demlerler	Demlemezler	Demlerler mi?

Geniş Zamanın Özel Kullanımları

a. Her zaman için gerçek olan yargıları anlatır:

Örnek: Kötü kötü demekle insan kötü olmaz.

b. Alışkanlık anlatır.

Örnek: O, her gün iki saat kitap okur.

c. Gelecek zaman yerine kullanılırsa tahmin, olasılık bildirir.

Örnek: Yarın denize gideriz.

d. Di'li geçmiş zaman anlamı verir.

Örnek: Robinson, kazadan sonra ıssız bir adaya çıkar. İlk yıllar çok zor geçer. Sonra zamanla bu adaya ve yalnızlığa alışır.

e. Soru biçiminde kullanıldığında rica anlamı verir.

Örnek: Beni bekler misin?

GELECEK ZAMAN

MİSAFİR GELECEK

Yarın akşam babamın iş arkadaşı Hüseyin amcalar bize misafirliğe gelecek. Birazdan bütün ailecek hazırlıklara başlayacağız. Babam pazardan meyve alacak. Annem elmalı kek ve baklava hazırlayacak. Kız kardeşim de temizlik yapacak. Ben de şimdiden heyecanlanıyorum. Çünkü Hüseyin amcanın oğlu Nihat ile satranç oynayacağım.

Gelecek Zaman

Tanım: Eylemin belirttiği işin gelecek zaman içinde yapılacağını bildirir. Fiil kök ve gövdelerinden sonra, sesli uyumuna göre "-acak, -ecek" ekleri getirilerek yapılır.

a. Fiilin konuşma anından sonra yapılacağını bildirir.

Örnek: Ödevlerinizi kontrol edeceğim.
Yarın akşam size geleceğiz.

b. Fiilin yapılması gerektiğini de bildirir. (Tavsiye - emir)

Örnek: Acı yiyeceklerden uzak duracaksınız.
Ödevleri yarına kadar yapacaksınız.

ÇEKİM TABLOSU

Olumlu	Olumsuz	Soru
Oynayacağım	Oynamayacağım	Oynayacak mıyım?
Oynayacaksın	Oynamayacaksın	Oynayacak mısın?
Oynayacak	Oynamayacak	Oynayacak mı?
Oynayacağız	Oynamayacağız	Oynayacak mıyız?
Oynayacaksınız	Oynamayacaksınız	Oynayacak mısınız?
Oynayacaklar	Oynamayacaklar	Oynayacaklar mı?

NOT 1 Sesli harfle biten fiillerden sonra araya "y" kaynaştırma harfi eklenir.

Örnek: oku-y-acaklar ağla-y-acak
dinle-y-ecek söyle-y-ecekler

NOT 2 "-acak, -ecek" eklerinden sonra gelen ek sesli harfle (a, e, ı, i) başlıyorsa "k" harfi yumuşar "ğ" olur.

Örnek: okuyacak-ım → okuyacağım
çalışacak-ız → çalışacağız

ALIŞTIRMALAR

1. *Cümlelerdeki yanlışlıkları bulunuz ve cümleleri yeniden yazınız.*

a. Yemeğe yarın akşam bize gelmişsiniz.
....

b. Çarşambaya kadar bu soruları cevapladınız.
....

c. Kesinlikle emniyet kemerini takmadan trafiğe çıkmayardınız.
....

2. *Aşağıdaki boşlukları geniş zaman ekleriyle doldurunuz.*

a. Genellikle çay iç............... asla kahve iç................
b. Ne iç...............................?
c. Demli çaydan hoşlan........................
d. İçeceklerden ne arzu ed..............?

3. *Aşağıdaki soruları cevaplayınız.*

a. A: Kahve içer misiniz?
B: Evet, ...
Hayır, ...

b. A: Tatilde ne yapacaksın?
B: Kampa ....

c. A: Çay demler misin?
B: Az sonra, ...
Hayır, ...

d. A: Kahve içecek miyiz?
B: Evet, ...
Hayır, ...

MÜZİK KUTUSU

1. *Aşağıdaki şarkıyı dinleyiniz.*

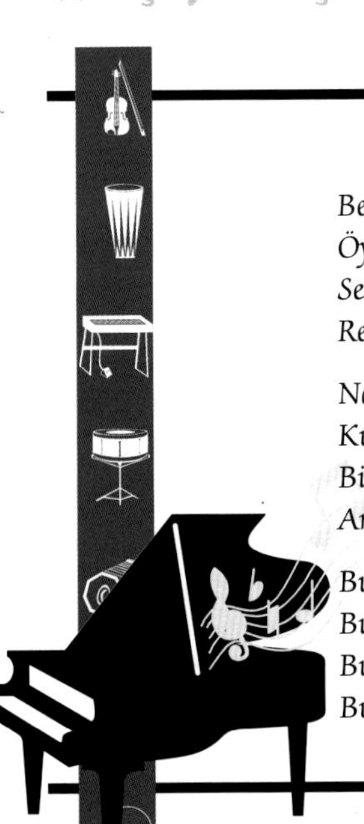

ÇAYIMIN ŞEKERİ

Ben yaşamaya gelmedim, dedim.
Öyle bir bakıyorum hayata.
Seni tanımadan öncelerde.
Rest çekmiştim sevdaya...

Nasıl olacak bu işler dedim.
Kurt kuzuyla yan yana.
Bir de aşk olmaz, dedim.
Ama sen çıkıverdin karşıma...

Bu dünyaya seni bulmaya geldim.
Bu dünyaya senin olmaya geldim.
Bu dünyaya aşkı bulmaya geldim.
Bu dünyaya senin olmaya geldim.

Çayımın şekeri, gitarımın teli.
Yazımın sıcağı, kışımın ocağı.
Denizimin sesi, melodimin esi.
Her şeyimsin sen...

Ana baba bacı, acımın ilâcı.
Evimin huzuru, aşkımın muzuru.
Bilgimin kusuru, sular gibi duru.
Her şeyimsin sen...

Bu dünyaya seni bulmaya geldim.
Bu dünyaya senin olmaya geldim.
Bu dünyaya aşkı bulmaya geldim.
Bu dünyaya senin olmaya geldim.

2. *Dinlediğiniz şarkıya göre aşağıdaki karışık kelimelerden anlamlı cümleler kurunuz.*

a. geldim / dünyaya / bulmaya / bu / seni
....
....

b. senin / olmaya / dünyaya / bu / geldim
....
....

c. bakıyorum / bir / öyle / hayata
....
....

d. dedim / yaşamaya / ben / gelmedim
....
....

DEĞERLENDİRME

1. Resimlerde gördüklerinizi kısa cümleler halinde yazınız.

a

b

c

d

e

f

a. ....
b. ....
c. ....
d. ....
e. ....
f. ....

2. Aşağıdaki diyaloğa benzer diyaloglar kurunuz.

A: Ayşe bugün bana çaya gelir misin?
B: Saat kaç gibi olsun?
A: Saat dört nasıl?
B: Benim için uygun.
A: Öyleyse bekliyorum.
B: Görüşürüz.

A: ....
B: ....
A: ....
B: ....
A: ....
B: ....

3. Çayınızın nasıl olmasını istersiniz? (✔) işareti koyunuz.

☐ Demli lütfen
☐ Sade olsun
☐ Bol köpüklü
☐ Limonlu
☐ Açık olsun

4. Aşağıdakilerin olumsuzunu yazınız.

Şekerli çay	Şekersiz çay
a. Köpüklü kahve	....
b. Asitli maden suyu	....
c. Kireçli su	....
d. Tuzlu ayran	....
e. Demli çay	....

5. Aşağıdaki kelimeleri uygun başlıkların altına yazınız.

soğuk şeftali demli şekerli limonlu açık
köpüklü sade koyu fincan çaydanlık asitli

ÇAY	KAHVE	MEYVE SUYU
....	....	....
....	....	....
....	....	....
....	....	....

6. Aşağıdaki karışık kelimelerden anlamlı cümleler kurunuz.

a. içecektir / yorgunluğunu / çay / bir / gideren / insanın
....
b. kolay / çay / çok / demlemek
....
c. içiliyor / sütle / İngiltere'de / çay / karıştırılarak
....
d. severler / Çinliler / çayı / açık / içmeyi
....
e. ikram edeceğim / çayı / yeni / misafirlere / demlediğim
....

7. Aşağıdaki diyaloğu sıralayınız.

☐ Hoş bulduk.
☐ Ben de uzun zamandan beri güzel bir çay içmemiştim...
☐ Çayı yeni demledim tavşan kanı gibi.
[1] Hoş geldiniz.
☐ Umarım bu hoşunuza gider.

8. Aşağıdaki açıklamaları verilen içeceklerin adlarını yazınız.

a. Güney Amerika kökenlidir. Koyu renkli ve çekirdek şeklindedir. ....

b. Asya kökenli bir içecektir. Yeşil yapraklı bir bitkiden üretilir. ....

c. İlk defa Amerika'da üretilmiştir. Koyu renkli ve asitlidir. ....

d. Herhangi bir meyveden elde edilebilir. Karışık meyvelerden kokteyli yapılır. ....

e. Bazı hayvanlardan tabiî olarak elde edilir. ....

9. Aşağıdaki soruları cevaplayınız.

a. Çayınızı hangi bardakla alırsınız? (Büyük - küçük)
....

b. Çayınızı fincanla mı bardakla mı içersiniz?
....

c. Çay alır mısınız?
....

d. Çay içer misiniz?
....

e. Çay ister misiniz?
....

f. Çay vereyim mi?
....

10. Aşağıdaki boşlukları uygun olan geniş zaman ekleriyle doldurunuz.

a. Yüksek ama kavak değil, gül.............. ama insan değil, gündüz gez.......... gece gizlen...........(olumlu)

b. Çarşıda satıl........ mendile konul......... ondan tatlı şey ol.............. (olumsuz)

c. Kapıyı aç.......... kapamadan kaç........ (olumlu)

d. İki kardeş birbirini gör........... (olumsuz)

İÇECEKLER

Listede verilen kelimeleri, kutulara yerleştiriniz.

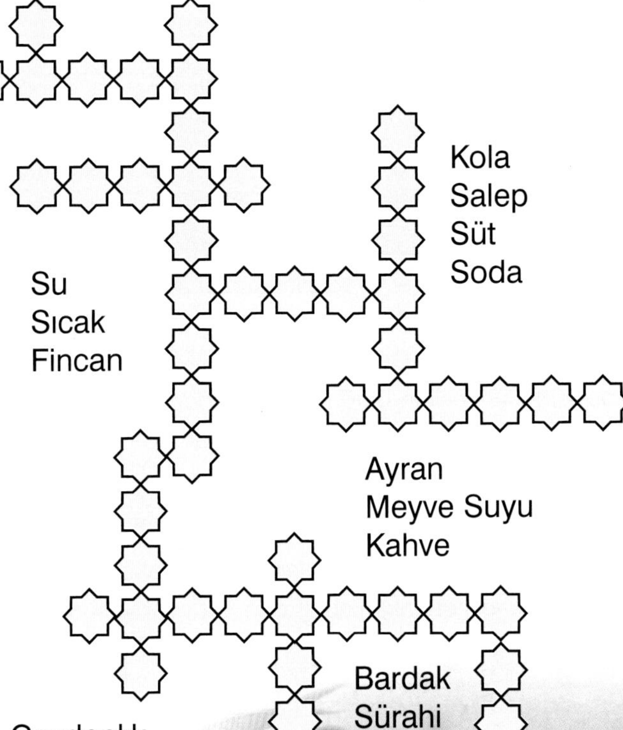

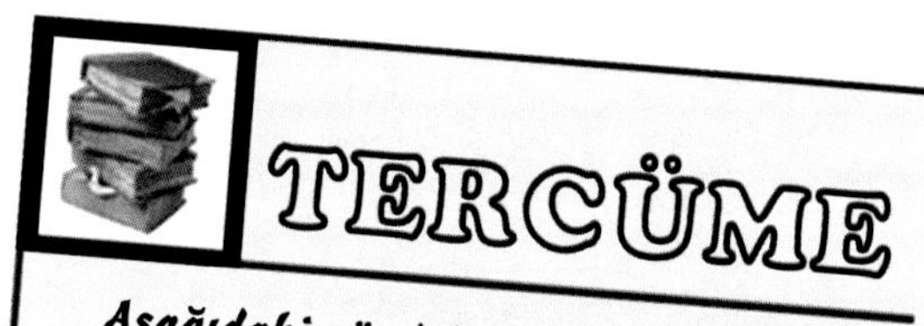

Aşağıdaki cümleleri kendi dilinize çeviriniz.

1. Çay, yeryüzünün en çok tüketilen içeceğidir.
....
2. Çay, Türkiye'de çaydanlıkta hazırlanır, sade ve limonlu olarak tüketilir.
....
3. Çay, bir ilâç gibi bizi kendimize getirir.
....

SERBEST OKUMA

1. *Aşağıdaki parçayı okuyunuz.*

TÜRK KAHVESİ

Dünyada Türk adının sık sık geçtiği bir konu da kahvedir. Türk kahvesinin adını ve ününü duymayan azdır. Fakat gerçek tadını bilenlerin sayısının fazla olduğunu söylemek zordur. Kahve alışkanlığını Türklerden alan Avrupa ülkeleri sonradan kendi tarzlarını geliştirmişlerdir. Geleneksel Türk kahvesi hazırlanışı, pişirilmesi, sunulması, araç ve gereçleriyle ayrı bir kültürdür.

Kahvenin Türkiye'den önce Arap yarımadasında, Mısır ve Hindistan'da yayıldığını biliyoruz. Önceleri, dövülüp toz hâline getiriliyor, bir nevi ezmesi yapılarak ekmek üstüne sürülüp yeniyormuş.

Kahvenin Türkiye'ye ilk kez, iki Suriyeli tarafından 1555'de getirildiği anlatılır. Türk kahvesinin sunuluşu gerçek bir geleneksel tören havasında olurdu. Bu tören çekirdek kahvenin kavrulmasından, pişirilip fincanlara konulması ve misafirlere ikramına kadar uzun bir zamanda gerçekleşirdi. Gerçek Türk misafirperverliğini ve misafire olan sıcak saygının bir örneğini bu törenlerde izleme olanağı vardır. Günümüzde kız istemeye gidildiğinde kahveyi evlenecek kızın taşıması ve onun taşımadaki ustalığı, ayrıca pişirdiği kahvenin lezzeti bu törenlerden kalan önemli bir gelenek olarak hâlâ sürdürülmektedir. Geçmişte Türkiye'yi ziyaret eden gezginler, diplomatik kişiliği olan büyük elçiler ve aileleri, hatıralarında Türk kahvesinin bütün özelliklerinden ve bu törenlerden mutlaka söz etmişlerdir. Türk kahvesinin içiminden sonraki başka bir geleneğin, özellikle kadınlar arasında sürdürüldüğünü genellikle herkes bilir. Bu gelenek kahve falıdır. Kahve telvesinin fincan ters çevrildiğinde içinde oluşturduğu çeşitli izler ve işaretler "uzmanları" tarafından yorumlanarak anlatılır. Araştırmalardan anlaşıldığına göre kahve falı yalnız Türkiye'de görülmektedir.

Kahvenin üreticisi Türkler değildir; fakat hazırlanışı, pişirilmesindeki teknik incelik, bunun sonucunda kazandırılan aroma ve lezzet bakımından ona Türk kahvesi denilmektedir.

2. *Aşağıdaki soruları okuduğunuz parçaya göre cevaplayınız.*

a. Avrupa ülkeleri kahve alışkanlığını kimden almıştır?
....
....
....

b. Kahve Türkiye'ye ilk kez kim tarafından ne zaman getirilmiştir?
....
....
....

c. Kahve falı hangi ülkeye aittir?
....
....
....

d. Türkiye'de kahve üretilmediği halde neden Türk kahvesi tabiri kullanılmaktadır?
....
....
....

Bunları Biliyor musunuz?

¤ Rüyada misafirlere çay doldurmak, iyi haberler alacağınıza yorumlanır. Başkalarına çay ikram etmek o insanın çevresinin genişleyeceğini belirtir. Rüyasında çay içen kimse, iş ve toplum yaşamında başarılı olacak demektir. Pakette çay görmek yeni hayaller ve beklentiler olduğunu anlatır. Çayı devirip dökmek bazı plânlarınızın sonuca ulaşmayacağını işaret eder.

¤ Kiraz 1 ay gibi kısa bir süre içinde piyasada bulabildiğimiz ve ondan sonra 1 yıl daha özlediğimiz bir meyve. Bu meyvenin saplarını sakın atmayın. Bu sapları kurutarak ilginç bir çay yapabilirsiniz. 30 gr kiraz sapını 1 litre suda kaynatarak hazırlayacağınız çay, hem böbrekleri çalıştırır, hem de zehirli maddelerin vücuttan atılmasını sağlar.

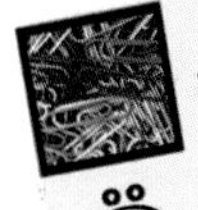

ÖDEV

a. Kahvenin nasıl yapıldığını annenize sorunuz ve sırayla yazınız.

b. Ailenizdeki kişiler çay ve kahveyi nasıl içerler? (Demli, açık, koyu, şekerli, şekersiz, köpüklü, sütlü...) Sorunuz ve yazınız.

Pratik Türkçe

Konu 14

Ünlü Olmak İster misiniz?

DERSE HAZIRLIK

1. Aşağıdaki soruları cevaplayınız.

a. Ülkenizdeki en ünlü kişiler kimlerdir? Bu insanları ünlü yapan şey nedir?
b. Ünlü birisi olmak ister misiniz? Niçin?
c. Ünlülerin yaşadığı hayata özeniyor musunuz?
d. Sizce şu anda ülkenizde ve dünyada en ünlü kişi kimdir?
e. Ünlüler zengin kişiler midir?

2. Aşağıdaki ünlülerle resimleri eşleştiriniz.

KELİMELER

1. Aşağıdaki meşhurlarla kelimeleri eşleştiriniz.

a. Albert Einstein	☐ Sinema
b. Micheal Jordan	☐ Denizcilik
c. Anthony Quinn	☐ Resim
d. Mimar Sinan	☐ Mimarî
e. Nasrettin Hoca	☐ Mizah
f. Cezanne	☐ Fizik
g. Stephen Hawking	☐ Futbol
h. Maradona	☐ Astrofizik
ı. Piri Reis	☐ Basketbol

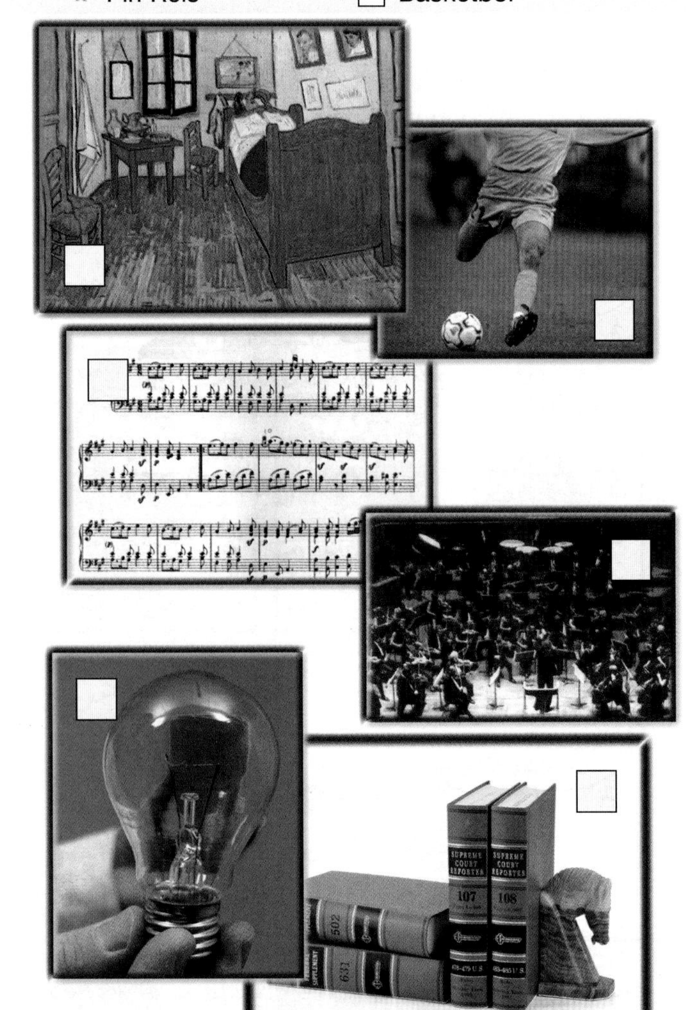

NASRETTİN HOCA

1. Aşağıdaki parçayı okuyunuz.

Bütün tarihî şahsiyetler öldükten sonra da yaptığı işlerle hatırlanmaktadır. Meselâ; Mimar Sinan yapıtlarıyla, Marco Polo seyahatleriyle, Tolstoy yazdığı romanlarla, Albert Einstein bilime olan katkılarıyla bütün dünya tarafından bilinmektedir. Nasrettin Hoca ise mizahî kişiliğiyle tanınmıştır.

Günümüzde dilden dile dolaşan fıkralarda Nasrettin Hoca doğumundan ve ölümünden sonraki olaylara karışmış, sanki o olayları yaşamıştır. Meselâ; onun kendisinden en az yetmiş yıl sonra yaşamış olan Timur'la konuştuğu, birkaç yerde birlikte görüldüğü anlatılmaktadır.

Nasrettin Hoca, bundan yedi yüz yıl kadar önce Eskişehir'in Sivrihisar ilçesinde doğmuş, Akşehir'de yaşamış ve yine orada ölmüştür. Nasrettin Hoca'nın değeri, yaşadığı olaylarla değil, gerek kendisinin gerek halkın onun ağzından söylediği fıkralardaki anlamla ifade edilir. Nasrettin Hoca, fıkralarında bilgili, bilgisiz, açıkgöz, kurnaz, utangaç ve vurdumduymaz kişiliklerde görülür. Nasrettin Hoca fıkralarında dile gelen, onun kişiliğinde, halkın duygularını yansıtan başka bir özellik de eşektir. Aslında bu fıkralarda eşek; eleştiri ve alay öğesidir. Eşek; acıya, sıkıntıya, dayağa, açlığa katlanmanın simgesidir.

Türkçenin konuşulduğu her yerde Nasrettin Hoca'nın fıkraları yayılmış ve anlatılagelmiştir. Nasrettin Hoca fıkraları dünyanın birçok dillerine çevrilmiştir. Fıkraların hepsinin bir anlamı vardır. Bu anlam o zamanki insanların yaşantısını göstermektedir. Bu fıkralarda Nasrettin Hoca, aşırı davranışlara karşı zıt fikirlerle cevap veren, zeki, hazır cevap ve sempatik bir insandır. Her fıkrada Hoca'ya ait bir nükte vardır. Fıkralar arasında Hoca'ya ait olmayanlar da vardır. Bunun nedeni insanların Hoca'yı çok sevmeleri ve onu efsaneleştirmeleridir.

Nasrettin Hoca'nın türbesi Akşehir'de bulunmaktadır. Bu türbe 1907 yılında tamir edilmeden önce, altı direk üzerinde bulunuyordu. Duvarı olmayan bu türbenin kapısının kilitli olması da Hoca'nın kişiliği ve mizahî anlayışıyla açıklanmaktadır.

2. Okuduğunuz parçaya göre aşağıdaki cümlelerden doğru olanın başına "D"; yanlış olanın başına "Y" koyunuz.

a. ( ) Nasrettin Hoca'nın mizahî bir kişiliği vardır.
b. ( ) Tolstoy, fıkralarıyla ünlü bir yazardır.
c. ( ) Nasrettin Hoca büyük bir devlet adamıdır.
d. ( ) Hoca'nın dünya görüşü halkın tepkisini çekmiştir.
e. ( ) Nasrettin Hoca aşırı ve zıt davranışları seven bir kişiliğe sahiptir.
f. ( ) Hoca'nın fıkralarında eşek eleştiri ve alay öğesidir.

3. Aşağıdaki soruları okuduğunuz parçaya göre cevaplayınız.

a. Hoca'nın fıkraları nasıldır?

....

b. Nasrettin Hoca nerede doğmuş ve nerede ölmüştür?

....

c. Hoca'nın fıkralarının arasına neden kendisine ait olmayan fıkralar da girmiştir?

....

d. Nasrettin Hoca'nın türbesi ne zaman onarılmıştır?

....

e. Hoca'nın mezarının kapısı niçin kilitlidir?

....

4. Aşağıdaki cümlelerde altı çizili kelimelerin yerine kullanılabilecek kelimeye (✔) işareti koyunuz.

a. Nasrettin Hoca 1284 yılında vefat etti.
- ☐ öldü
- ☐ doğdu

b. Hoca'nın dünya görüşü halkı çok etkilemiş.
- ☐ kişiliği
- ☐ fikirleri

c. Nasrettin Hoca çok sempatik bir insandır.
- ☐ cana yakın
- ☐ nükteli

d. Meşhur insanların çoğu hayattayken anlaşılamamıştır.
- ☐ bilinen
- ☐ ünlü

e. Nasrettin Hoca'nın türbesi 1907 yılında onarıldı.
- ☐ düzeltildi
- ☐ tamir edildi

KONUŞMA

1. *Aşağıdaki diyaloğu uygulayınız.*

A: Sence şu anda dünyanın en ünlü insanı kimdir?
B: Bill Gates.
A: Gelecekte ünlü birisi olmak ister misiniz?
B: Tabi ki isterim.
A: Neden?
B: Çünkü ünlü insanlar çok zengin oluyorlar.

a. Zidane / Tanınmak
b. Ahmet Necdet Sezer / Saygı görmek
c. Tarkan / Lüks arabalara binmek
d. Stephen Hawking / İnsanlığa faydalı olmak

2. *Lokantada veya herhangi bir yerde ünlü biri ile karşılaşsanız neler yaparsınız?*

3. *Arkadaşlarınızla ünlü olmanın avantajlarını ve dezavantajlarını tartışınız.*

DİNLEME

1. *Aşağıdaki parçayı dinleyiniz.*

ÜNLÜLERİN DÜNYASINDAN

Luis Figo'yu tanımayanınız yoktur. Son yıllarda futboldaki müthiş kariyeriyle göz dolduran Figo aslen Portekiz, Lizbonludur. 1972 doğumlu Figo'yu bütün futbol severler hayranlıkla izler. Ağır başlılığı ve usta oyunuyla kendini ispatlamış bir futbolcudur.

Sinema dünyasından tanıdığımız komik adam Eddie Murphy, doğuştan gelen bir film yıldızı yeteneğine sahiptir. Çocukluğu Brooklyn'in karmaşık dünyasında geçen Murphy, küçükken televizyonda gördüğü ünlülerin sesini taklit ederek ailesini gülmekten yerlere yatırırmış.

Basketbol dünyasının devlerinden biri olan Michael Jordan, 1963 New York, Brooklyn doğumludur. Basketbol kariyeri boyunca 32.2 sayı ortalamasıyla oynadı. Ligin en çok basket atan oyuncu sıralamasında 9 sezon üst üste birinci oldu. Jordan, ligde oynadığı her yıl yıldız oyuncu seçildi. Takımına 7 yılda 5 şampiyonluk yaşattı. Space Jam adlı filmde başrol oynadı ve o film gişe rekorları kırdı.

Satranç dünya şampiyonluğu denince aklımıza hemen Kasparov gelir. 1963 Azerbaycan, Bakü doğumlu olan Kasparov, 6 yaşındayken satranç oynamaya başladı. 1985 yılında Kasparov, Karpov'u 13-11 yenerek 22 yaşında en genç dünya şampiyonu oldu. 1985 yılından bu yana hiçbir resmî turnuvada yenilmeyen Kasparov 2 Kasım 2001'de bu yenilmezliğini talebesi Kramnik'e kaptırdı.

2. *Aşağıdaki boşlukları dinlediğiniz parçaya göre doldurunuz.*

	Kimdir?	Nerelidir?	Hangi alanda ünlü olmuştur?	Nasıl bir karakteri vardır?
a				
b				
c				
d				

ÖRNEKLEME

Aşağıdaki soruları tekrarlayınız ve uygulayınız.

Soru 1
Ünlü bir insan olmak ister misiniz?

Cevap
Evet, ünlü birisi olmak isterim.

Kısa Cevap
Evet, isterim.

Uygulama
....

Soru 2
Sence ünlü olmak için ne gerekiyor?

Cevap
Bence ilk önce kabiliyet gerekiyor.

Kısa Cevap
Kabiliyet

Uygulama
....

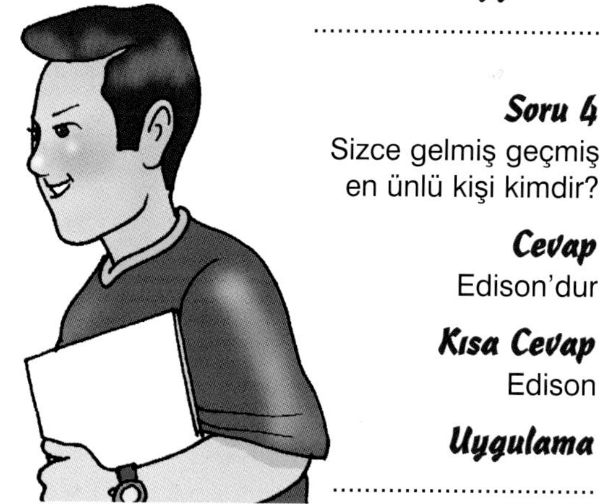

Soru 3
Türkiye'nin en ünlü kişisi kimdir?

Cevap
Cumhurbaşkanı Ahmet Necdet Sezer'dir.

Kısa Cevap
Ahmet Necdet Sezer

Uygulama
....

Soru 4
Sizce gelmiş geçmiş en ünlü kişi kimdir?

Cevap
Edison'dur

Kısa Cevap
Edison

Uygulama
....

DEYİM

Aşağıdaki deyimleri okuyunuz.

a. Saygı duruşunda bulunmak: Saymak, anmak.

Örnek:

Bütün askerler, şehit olan arkadaşları için saygı duruşunda bulundular.
10 Kasım'da bütün insanlar Atatürk'ün anısına saygı duruşunda bulundular.

b. Ün salmak: Şöhret kazanmak. İsmi her tarafa yayılmak.

Örnek:

Tarkan, bütün dünyaya ün salmış bir pop şarkıcısıdır.
Pele, dünyaya ün salmış bir futbolcudur.

c. El üstünde tutmak: Bir kimseye çok sevgi, saygı göstermek.

Örnek:

Hakan, el üstünde tutulan bir futbolcudur.
İlhan Şeşen, son zamanlarda el üstünde tutulan bir şarkıcıdır.

d. Ömür çürütmek: Uzun zaman emek vermiş olmak. Boş yere, gayesiz zahmetli bir yaşam sürmek.

Örnek:

Ankara'ya gelinceye kadar en ücra yörelerde âdeta ömür çürütmüştü.
Ahmet Bey bu işte 40 yıl ömür çürütmüş.

ALIŞTIRMALAR

Aşağıdaki deyimleri birbiriyle eşleştiriniz.

a.	Ömür çürütmek	1.	Meşhur olmak
b.	El üstünde tutmak	2.	Mozolesine çelenk koymak
c.	Ün salmak	3.	Ömür tüketmek
d.	Saygı duruşunda bulunmak	4.	Aranan adam olmak

GÖRÜLEN GEÇMİŞ ZAMAN
DUYULAN GEÇMİŞ ZAMAN

ÜNLÜ OLMAK

"Simyacı" adlı romanıyla yakından tanıdığımız yazar Paulo Coelho, kendisine sorulan "Ünlü olmak size neler kazandırdı?" sorusuna şöyle cevap vermiş:

"Bu soruya kısa bir hikâyeyle cevap vermek istiyorum: Bir gün, üç adam yan yana durmuş taş kesiyorlarmış. Bu manzara yoldan geçen birinin ilgisini çekmiş. Yolcu birinci adama yaklaşıp ne yaptığını sormuş. Adam hayatından bezmiş bir şekilde "Görmüyor musun, taş kesiyorum." demiş. Bunun üzerine yolcu ikinci adama yanaşıp aynı soruyu sormuş. Adam "Çalışıyorum, geçindirmek zorunda olduğum bir ailem var." demiş. Son olarak üçüncü adama gitmiş ve sorusunu tekrarlamış. Adam "Mabet yapıyorum" demiş.

Bu hikâyede birinci kişi sadece işin fiziksel boyutuyla, ikinci kişi kendisine ne kazandıracağıyla ilgileniyor. Üçüncü ise neyi, niçin yaptığını gerçekten bilen kişidir. Onun için diğer iki kişinin ne yaptığı önemli değildir. O sadece kendi işiyle ilgilenmektedir. İşte ben de böyle bir yazarım.

Bu sabah otel odamda, birden ısıtıcıların çalışmadığını fark ettim. Uzun süre uğraşmama rağmen ilgilenecek kimse bulamadım. Bir süre sonra resepsiyona indiğimde orada bir bey beni tanıdı ve "Siz Paulo Coelho'sunuz, şimdi size en iyi odayı vereceğim." dedi ve beni otelin en iyi odalarından birine yerleştirdi. İşte ünlü olmanın bana kazandırdıklarından biri de budur."

Görülen Geçmiş Zaman (di'li geçmiş zaman)

Tanım: Yapılan işin, fiilin belirttiği oluşun, içinde bulunulan zamandan önce yapıldığını ve bittiğini bildiren kiptir.

Örnek: gördüm, gittin, yattı

Yapılışı: Fiil kök veya gövdelerine "-dı, -di, -du, -dü" veya "-tı, -ti, -tu, -tü" ekleri getirilerek yapılır. Bu zamanda ikinci tip şahıs ekleri kullanılır.

ÇEKİM TABLOSU

Olumlu	Olumsuz	Olumlu Soru	Olumsuz Soru
Dinledim	Dinlemedim	Dinledim mi?	Dinlemedim mi?
Dinledin	Dinlemedin	Dinledin mi?	Dinlemedin mi?
Dinledi	Dinlemedi	Dinledi mi?	Dinlemedi mi?
Dinledik	Dinlemedik	Dinledik mi?	Dinlemedik mi?
Dinlediniz	Dinlemediniz	Dinlediniz mi?	Dinlemediniz mi?
Dinlediler	Dinlemediler	Dinlediler mi?	Dinlemediler mi?

Duyulan Geçmiş Zaman (miş'li geçmiş zaman)

Tanım: Başkasından duyulan, sonradan öğrenilen veya sonradan farkına varılan olayları anlatmak için kullanılan kiptir.

Örnek: yazmış, ölmüş, duymuş

Yapılışı: Fiil kök veya gövdelerine "-mış, -miş, -muş, -müş" ekleri getirilerek yapılır.

ÇEKİM TABLOSU

Olumlu	Olumsuz	Olumlu Soru	Olumsuz Soru
Görmüşüm	Görmemişim	Görmüş müyüm?	Görmemiş miyim?
Görmüşsün	Görmemişsin	Görmüş müsün?	Görmemiş misin?
Görmüş	Görmemiş	Görmüş mü?	Görmemiş mi?
Görmüşüz	Görmemişiz	Görmüş müyüz?	Görmemiş miyiz?
Görmüşsünüz	Görmemişsiniz	Görmüş müsünüz?	Görmemiş misiniz?
Görmüşler	Görmemişler	Görmüşler mi?	Görmemişler mi?

ALIŞTIRMALAR

1. Aşağıdaki cümleleri görülen geçmiş zamana çeviriniz.

a. Kamuran ile Melahat film seyrediyorlar.
....

b. Yasin ev ödevlerini yapıyor.
....

c. Ehliyet sınavını geçmek için çok çalışıyorum.
....

d. Hasan Beyin sarı bir arabası var.
....

e. Akşam parka gidiyor musunuz?
....

2. Aşağıdaki fiilleri "Di'li geçmiş zaman" ve "Miş'li geçmiş zaman"a göre çekimleyiniz.

		Di'li Geçmiş Zaman	Miş'li Geçmiş Zaman
Aramak	(Ben)	....	....
Yakmak	(Sen)	....	....
Uyumak	(O)	....	....
Yanılmak	(Biz)	....	....
Ayrılmak	(Siz)	....	....
Kaçmak	(Onlar)	....	....

MÜZİK KUTUSU

1. Aşağıdaki boşlukları dinlediğiniz şarkıya göre doldurunuz.

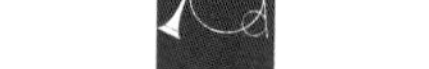

ZAMAN

.... akıp gidiyor dur demek olmaz.
Sarılıp da geçmişe avunmak olmaz.
Ne sen kalırsın ne de ben bu ....,
Umudun kaybedip pes etmek olmaz.

Bir kez olsun çevir yüzün bak şu toprağa,
Her gün bir .... açıyor diyor merhaba.
Bütün .... mecbur varır sabaha,
Umudun kaybedip pes etmek olmaz.

.... isterdi ki hep iyi olsun çok iyi olsun.
Bütün acılar bitip her an hoş olsun.
Ama ne yaparsın insanoğlusun.
Acı olmayınca .... da olmaz.

2. Aşağıdaki kelimeleri dinlediğiniz şarkıya göre eşleştiriniz.

a. umut	1. tatlı
b. zaman	2. akmak
c. çiçek	3. pes etmek
d. acı	4. açmak

3. Dinleyiniz ve şarkıda olmayan kelimeleri çiziniz.

a. Zaman akıp gidiyor dur durak olmaz.
b. Sarılıp da geleceğe avunmak olmaz.
c. Bir kez olsun çevir başın bak şu toprağa.
d. Ama ne yaparsın âdemoğlusun.

TERCÜME

Aşağıdaki cümleleri kendi dilinize çeviriniz.

1. Gelecekte ünlü bir artist olmak istiyorum.
....

2. Nasrettin Hoca'nın mizahî bir kişiliği vardır.
....

3. Van Gogh tablolarıyla meşhur bir ressamdır.
....

DEĞERLENDİRME

1. Aşağıdaki tabloyu verilen kelimelerden faydalanarak doldurunuz.

Afrika	Bermuda Adaları	Barometre	Ümit Burnu	Telefon	Pil	Çin
Helikopter	Sesli film	Brezilya	Amerika	Matbaa	Dinamit	Ampul

	Keşif	İcat	Kâşif	Mucit	Keşif/İcat adı
Graham Bell	☐	☐	☐	☐	
Edison	☐	✔	☐	✔	Ampul
Vasco De Gama	☐	☐	☐	☐	
Alveres Cabal	☐	☐	☐	☐	
Bermudes	☐	☐	☐	☐	
Toriçelli	☐	☐	☐	☐	
Sikorski	☐	☐	☐	☐	
Nobel	☐	☐	☐	☐	
Marco Polo	☐	☐	☐	☐	
Gutenberg	☐	☐	☐	☐	
Kristof Kolomb	☐	☐	☐	☐	
Bartolomeo Dias	☐	☐	☐	☐	
Volta	☐	☐	☐	☐	
Emest Ruhmer	☐	☐	☐	☐	

2. Aşağıdaki soruları "Ünlülerin Dünyasından" adlı dinleme metnine göre cevaplayınız.

a. M. Jordan basketbol kariyeri boyunca kaç sayı ortalamasıyla oynadı?

....

....

b. Kasparov ilk defa kaç yaşında satranç dünya şampiyonu oldu?

....

....

c. Eddie Murphy'nin çocukluğu nerede geçmiştir?

....

....

d. Ligde oynadığı her sene yıldız oyuncu seçilen oyuncu kimdir?

....

....

e. Portekizli oyuncu Figo kendini hangi alanda ispatlamıştır?

....

....

3. Aşağıdaki tabloyu doldurunuz.

	Devlet Adamı	Kâşif	Mucit	Müzisyen	Yazar	Bilim Adamı	Ressam
a.	....	Vespucci	....	Pavarotti	....	....	....
b.	Abraham Linkoln	....	....	....	....	....	....
c.	....	....	Arşimet	....	....	Einstein	....
d.	....	....	....	....	Stephan King	....	....
e.	....	....	....	....	....	....	Leanardo Da Vinci

4. Aşağıdaki karışık kelimelerden anlamlı cümleler kurunuz.

a. Meşhurdur / Tolstoy / romanlarıyla / yazdığı

....

b. değeri / Hoca'nın / fıkralarındaki / anlaşılır / anlamla

....

c. düşünülemez / ayrı / Hoca / eşeğinden

....

d. Akşehir'dedir / türbesi / Nasrettin Hoca'nın

....

5. Aşağıdaki ünlüler ne yapıyorlar? Resimlere bakarak cevaplayınız.

a. Tarkan : ....

b. Einstein : ....

c. Leonardo Da Vinci : ....

d. Balzac : ....

e. Nasrettin Hoca : ....

TELÂFFUZ

- U -

Özellikleri

a. Türk alfabesinin yirmi beşinci harfidir.
b. Kalın, dar ve yuvarlak ünlülerdendir.
c. Kelimenin başında, ortasında ve sonunda bulunabilir.
Örnek: un, uzun, unsur...
tuz, ulus, ucuz...
kuru, kuzu, uydu...
d. **Okunuşu:** uc, ud, uk, us, ut, uv, uy, uz
cu, du, ku, su, tu, vu, yu, zu

ALIŞTIRMA

Aşağıdaki tekerlemeyi tekrarlayınız.

Umut Unkapanı'nda uğradığı uğursuzluktan upuzun uzandı.

- Ü -

Özellikleri

a. Türk alfabesinin yirmi altıncı harfidir.
b. İnce, dar ve yuvarlak ünlülerdendir.
c. Kelimenin başında, ortasında ve sonunda bulunabilir.
Örnek: ün, üzüm, ünlem...
cümle, süzme, türeme...
ütü, ünlü, üzücü...
d. **Okunuşu:** üc, üd, ük, üs, üt, üv, üy, üz
cü, dü, kü, sü, tü, vü, yü, zü

ALIŞTIRMA

Aşağıdaki tekerlemeyi tekrarlayınız.

Ülker üzüntüden üzüm üzüm üzüldü.

ÖDEV

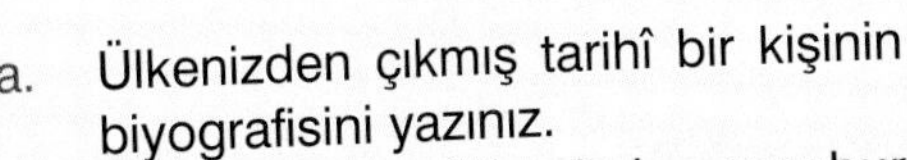

a. Ülkenizden çıkmış tarihî bir kişinin biyografisini yazınız.
b. Günümüzde ülkenizde meşhur olan insanları aşağıdaki tabloya yazınız.

	Konu	İsim
1.	Edebiyat	....
2.	Müzik	....
3.	Resim	....
4.	Futbol	....
5.	Basketbol	....
6.	Tenis	....
7.	Teknik Direktör	....
8.	Mimar	....
9.	Devlet Başkanı	....
10.	Şair	....
11.	Bilgisayar	....
12.	Artist	....
13.	Zengin	....
14.	Komedyen	....
15.	Mucit	....

c. Gelecekte milletiniz ve bütün insanlık için ne yapmak istersiniz? Bununla ilgili bir paragraf yazınız.

3 BOYUTTA NE GÖRÜYORSUNUZ?

Sessiz ve sakin bir ortam görmenizi kolaylaştıracaktır. Resmi hareket etmeyecek şekilde sabit bir yere yerleştirmelisiniz ya da elinizle tutarak kımıldatmamaya çalışmalısınız. Hiçbir zaman resmin görünen şekli olan karışık çizgi ve renklere takılmamalısınız. Bakışlarınızı resme değil de âdeta resmin arkasına, derinliğe yönlendirmelisiniz. Eğer ilk kez böyle bir resme bakıyorsanız biraz sabırlı olmalısınız. Hemen görüleceğini sanmak yanlış olur. İki dakika baktıktan sonra görüntüyü yakalayamazsanız, kendinizi zorlamayın. Biraz ara verip sakin kafayla tekrar deneyin. Bir kere görmeye başladıktan sonra büyük zevk alacağınızı kesinlikle söyleyebiliriz. Bu teknikler gözünüzün sağlığı için iyidir, ancak gözleri fazla yormamaya dikkat etmek gerekir.

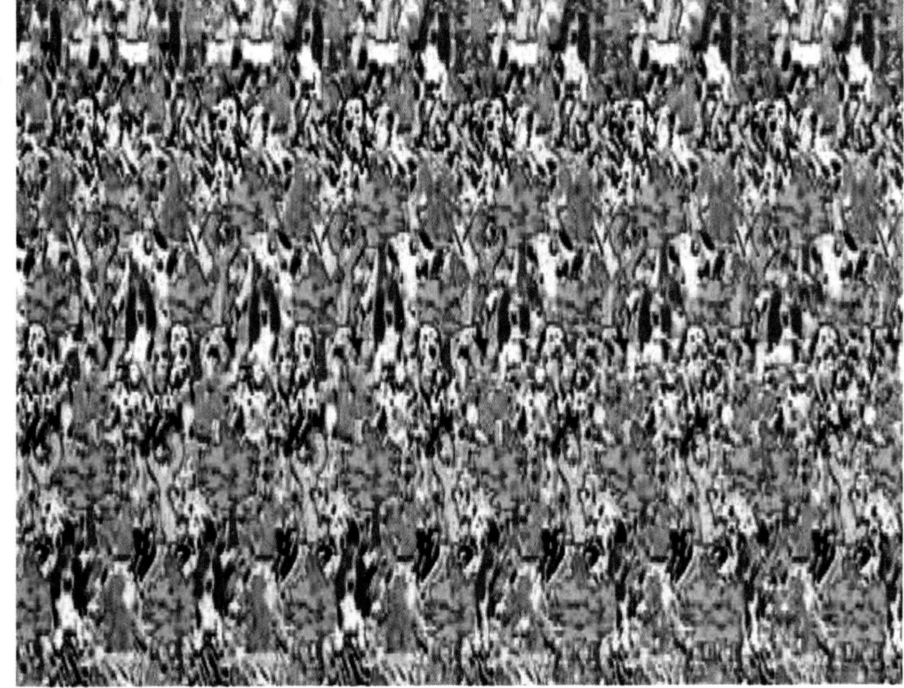

1. Aşağıdaki parçayı okuyunuz.

MİMAR SİNAN

Dünyanın en büyük mimarlarındandır. Kayseri'nin Ağırnas köyünde doğdu. Fakir bir ailenin çocuğuydu. İlk tahsilini köyünde yaptı. Sinan, çocukluk döneminde bağda, bahçede, tarlada, inşaatlarda çalışarak ailesine yardımcı oluyordu. Ayrıca öğrenimine devam ederek ilimde ilerlemek, hatta ilmin zirvesine çıkmak istiyordu. Ailesinin maddî durumu iyi olmadığı için şehre gidip okuyamamıştı. Fakat Sinan kendisini yetiştirmesini bildi.

Sinan, daha çocukluk dönemindeyken mimarlık sanatına merak salmıştı. Dere kenarında oynarken çamurdan evler ve köprüler yapıyordu. Çevresindeki çocuklarla oynarken o hep usta oluyordu. Köprüler, saraylar, okullar yapıyordu. Ayrıca kılıç kullanmasını ve ata binmesini de iyi öğrenmişti. Artık köyü ona dar geliyordu. Orduya girmek, seferlere katılmak istiyordu. İstediği fırsat, ancak yirmi yaşındayken gerçekleşti. Orduda iken yaptığı hizmetlerle kendisini herkese tanıtmıştı. Bilhassa nehirler üzerine yaptığı köprülerle askerlerin karşıya geçmesini sağlıyordu.

Başmimar olarak göreve başladıktan sonra da uzun seneler çalışmış, bütün bir dünyanın hayranlığını kazanan muhteşem eserler meydana getirmiştir. Dünya tarihi Mimar Sinan'dan daha kabiliyetli bir mimara kavuşmuş değildir. Onun asırlar önce yaptığı hanlar, köprüler camiler, aş evleri hâlâ durmaktadır.

Çeşitli kaynaklara göre Sinan 84 cami, 52 mescit, 57 medrese, 7 okul, 22 türbe, 7 su kemeri, 8 köprü, 20 kervansaray, 35 köşk ve saray, 48 hamam olmak üzere 350'den fazla eser yapmıştır. Mimar Sinan öldükten sonra Sultanahmet camiîni ve Hindistan'daki dünyaca meşhur Tac Mahal'i de onun öğrencileri yapmıştır.

Bugün Selimiye, Süleymaniye ve Şehzadebaşı camilerini görünce Mimar Sinan'ı hatırlamamak mümkün değildir. Mimar Sinan'a olan hayranlık bugün de sürmektedir. Günümüzde onun eserlerini inceleyen mimarlar bu eserlerdeki mimariye hayran kalmaktadırlar.

Cumhuriyet döneminde Atatürk onunla ilgili bilimsel araştırmaların başlatılmasını, onun bir heykelinin yapılmasını istemiştir. 1982'de İstanbul'daki Devlet Güzel Sanatlar Akademisi olarak açılan üniversiteye Mimar Sinan Üniversitesi adı verilmiştir.

2. Aşağıdaki soruları okuduğunuz parçaya göre cevaplayınız.

a. Mimar Sinan nerede doğmuştur?
....

b. Mimar Sinan niçin okuyamamıştır?
....

c. Mimar Sinan kaç tane kervansaray yapmıştır?
....

d. Mimar Sinan'ın en önemli eserleri hangileridir?
....

e. Mimar Sinan Üniversitesi nerededir?
....

OYUN

BU ÜNLÜ KİM?

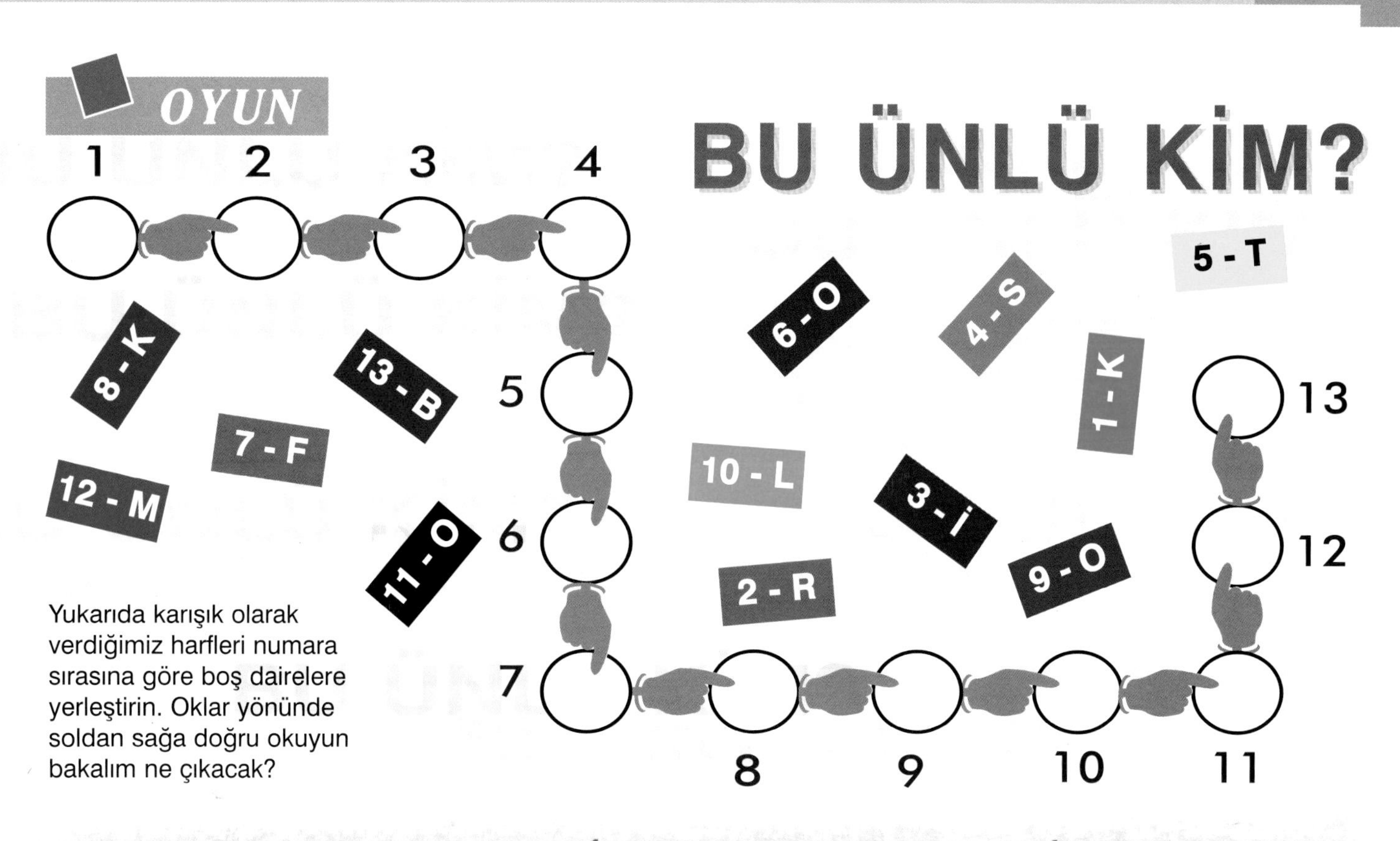

Yukarıda karışık olarak verdiğimiz harfleri numara sırasına göre boş dairelere yerleştirin. Oklar yönünde soldan sağa doğru okuyun bakalım ne çıkacak?

Pratik Türkçe

Bayramların Güzel Yüzü

DERSE HAZIRLIK

1. *Aşağıdaki soruları cevaplayınız.*

a. Ülkenizde hangi bayramlar kutlanıyor?
b. Anneler Gününün ne zaman olduğunu biliyor musunuz?
c. Özel günlerde nasıl giyinirsiniz?
d. Doğum gününüz ne zaman?
e. Anneler Gününde, annenize neler alırsınız?
f. Dünya Barış Günü hangi gündür?

2. *Aşağıdaki resimler hangi özel güne veya bayrama ait olabilir? Bunlardan hangileri sizin ülkenizde de kutlanmaktadır?*

KELİMELER

1. *Aşağıdaki kelimeleri eşleştiriniz.*

a. Bahar Bayramı	*1.* 23 Nisan
b. Dinî Bayram	*2.* Nevruz Bayramı
c. Çocuk Bayramı	*3.* Ramazan Bayramı
d. Babalar Günü	*4.* Haziran ayının ikinci haftası

2. *Aşağıdaki kelimelerle anlamları eşleştiriniz.*

a. Hediye	*1.* Bir milletin kendine özgü kutladığı bayram.
b. Kutlamak	*2.* Bayramı ve özel bir gününü kutlamak.
c. Tebrik etmek	*3.* Özel günlerde yapılan etkinlikler.
d. Süslemek	*4.* Bir yerin veya bir şeyin daha güzel, daha hoş görünmesini sağlamak.
e. Tören	*5.* Önemli bir olayın gerçekleşmesi yıl dönümü dolayısıyla tören yapmak.
f. Millî bayram	*6.* Belli günlerde yapılan, coşku veren eğlendirici gösterilerin tümü.
g. Şenlik	*7.* Armağan

OKUMA - ANLAMA

1. Aşağıdaki parçayı okuyunuz.

ANNELER GÜNÜ

Anne ve anneliğin, ilk çağlardan beri, bütün dünyada saygın bir yeri vardır. Hemen her çağda, bütün uluslar, anneye duyulan saygıyı türlü törenlerle, bayramlarla belirtmeye çalışmışlardır.

Bugün kutlanan "Anneler Günü" Amerika Birleşik Devletlerinde yaşanan bir olaya dayanır:

Filadelfiya eyaletinde, annesiyle birlikte Jarvis adında bir kız yaşıyordu. Jarvis'in annesi, 9 Mayıs 1886'da birdenbire ölüverdi. Başka kimsesi olmayan kız, bu olaya çok üzüldü. Yemeden içmeden kesildi. Günden güne zayıflamaya başladı. İçinde yaşama isteği kalmadı. Bir ara kendini öldürmeyi bile düşündü. Ne yapacağını bilemiyordu. Bu karamsarlık içindeyken, komşularından biri, Jarvis'e yardımcı olmaya çalıştı. Ona dostça öğütler verdi. Jarvis, bu dostluktan ve öğütlerden etkilendi. Adamın özellikle şu sözleri karşısında yeniden kendine geldi. "İnsanlar doğar, yaşar ve ölür. Bu Allah'ın kanunudur."

Jarvis, karamsarlıktan kurtulunca, yaşamı ve dünyayı daha aydınlık görmeye başladı: Annesini yitiren yalnız kendisi değildi. Ölümün getirdiği soğukluk ve yılgınlıktan kurtulup gerçeğe dönmek gerekiyordu. Ölmüş olsa bile, annesinin sıcaklığı, ona duyulan derin sevgi, sürekli bir yaşama sevincine dönüşebilirdi. Aynı şey başkaları için de geçerliydi. Aklına şu düşünce geldi: Yılda bir kez ölen anneleri anmak ve yaşayanları kutlamak.

Jarvis, bundan sonra derin acılardan sıyrılıp annesini sevgiyle anmaya başladı. Hemen her gün mezarına çiçek götürdü. Arkadaşları ve çevresindekiler, Jarvis'in bu davranışını yıl boyu ilgiyle izlediler.

Aradan bir yıl geçti. Arkadaşları, ellerinde beyaz karanfillerle Jarvis'e geldiler. Jarvis, bu ziyaretten mutluluk duydu. Arkadaşlarına şöyle söyledi:

"Bir yıl içinde çektiğim acılar, bana şunu öğretti: Dünyada anne sevgisinin yerini tutacak hiçbir sevgi yoktur. Yılın bir gününü annelerimize ayıralım. O günü, annelerimizin sıcak anılarıyla dolduralım, onlarla yaşayalım. Böylece annelerimize karşı sevgi borcumuzu biraz olsun ödemiş oluruz."

Jarvis'in bu önerisi, arkadaşlarınca çok beğenildi. Hep birlikte belediye başkanına gidip öneriyi ona da anlattılar. Başkan da teklifi yerinde buldu. Bundan sonra teklif, gazetelere ve yazarlara iletildi.

Jarvis ve arkadaşlarının çalışmaları, kısa süre içinde bütün Filadelfiya halkı tarafından duyulup benimsendi. İlk uygulama orada yapıldı. Ardından öteki eyaletlerde de Anneler Günü düzenlenmeye başlandı. 1908 yılı Mayıs ayının ikinci pazar günü kutlanan Anneler Günüyle, bu gelenek bütün Amerika'ya yayılmış oldu.

9 Mayıs 1914'te, ABD Kongresi bu günün "Anneler Günü" olarak kutlanmasını kararlaştırdı. Bu kararı 43 ülke daha izledi. Sonraki yıllarda, bu çağrıya öteki devletler de katıldı. Böylece "Anneler Günü" evrenselleşmiş oldu.

Jarvis, bu olumlu gelişmeyi mutlulukla izledi. 1948 yılında öldüğünde 84 yaşındaydı.

2. Okuduğunuz parçaya göre aşağıdaki cümlelerden doğru olanın başına "D"; yanlış olanın başına "Y" yazınız.

a. ( ) Her çağda anneye saygı gösterilmiştir.
b. ( ) Jarvis, annesinin ölümünden büyük mutluluk duydu.
c. ( ) Bugünkü Anneler Günü ilk defa ABD'de kutlandı.
d. ( ) Jarvis, annesinin ölümünden sonra dünyaya umutla baktı.
e. ( ) Anneler Günü dünyada haziran ayının ikinci haftası kutlanır.

3. Parçaya göre aşağıdakilerden hangisi çıkarılamaz?

A. İnsanlar, sevgi ve saygılarını değişik şekillerle ifade ederler.
B. Jarvis, hayatı boyunca karamsar birisi olarak yaşadı.
C. Yılda bir kez bile olsa annelerimizin gönlünü almalıyız.
D. Anneler Günü bugün artık bütün dünyada kutlanmaktadır.

4. Aşağıdaki boşlukları uygun kelimelerle doldurunuz.

a. Hemen her çağda, bütün uluslar, anneye duyulan .... törenlerle anlatmaya çalışmışlardır.
A. hürmeti B. nefreti

b. Jarvis'in annesi, 9 Mayıs 1986'da .... ölüverdi.
A. hastalanarak B. aniden

c. Komşusu Jarvis'e .... verdi.
A. para B. öğüt

d. Jarvis, bu günden sonra annesini sevgiyle .... başladı.
A. hatırlamaya B. öpmeye

e. Jarvis'in .... arkadaşları tarafından çok beğenildi.
A. konuşması B. teklifi

ÖRNEKLEME

Aşağıdaki soruları tekrarlayınız ve uygulayınız.

Soru 1
Bayramlardan hoşlanır mısınız?

Cevap
Evet, bayramlardan
çok hoşlanırım.

Kısa Cevap
Evet, hoşlanırım.

Uygulama

....

Soru 4
Bayramlarda özel kıyafetler giyer misiniz?

Cevap
Evet, bayramlarda
özel kıyafetler giyerim.

Kısa Cevap
Evet, giyerim.

Uygulama

....

Soru 2
Bayramlarda ne yaparsınız?

Cevap
Bayramlarda arkadaşlarımla
gezerim.

Kısa Cevap
Gezerim

Uygulama

....

Soru 5
Bayramların hangi yönü hoşunuza gidiyor?

Cevap
Okulların tatil edilmesi
daha çok hoşuma gidiyor.

Kısa Cevap
Okulların tatil edilmesi

Uygulama

....

Soru 3
Ülkenizde hangi dinî bayramlar var?

Cevap
Ülkemizde Ramazan ve
Kurban olmak üzere
iki dinî bayram var.

Kısa Cevap
Ramazan ve Kurban Bayramı.

Uygulama

....

Soru 6
Bayramlarda hediyeleşir misiniz?

Uzun Cevap
Evet, bayramlarda
hediyeleşiriz.

Kısa Cevap
Hediyeleşiriz

Uygulama

....

KONUŞMA

1. Aşağıdaki diyaloğu uygulayınız.

A: Doğum günün ne zaman?
B: Mayıs ayının 12. günü.
A: Doğum gününde neler yaparsın?
B: Annem o gün evde hazırlıklar yapar. Babam da marketten gerekli malzemeleri alır. Sonra bu günü kutlarız.
A: Sadece ailenle mi kutlarsın?
B: Tabi ki hayır. En sevdiğim arkadaşlarımı davet ederim. Seninle arkadaş olduğumuza göre doğum günüme sen de davetlisin.
A: Ne demek? Senin doğum gününe mutlaka geleceğim.

2. Bayramlarda neler yaptığınızı aşağıdaki kelimelerden faydalanarak anlatınız.

- ✔ spor yapmak
- ✔ akraba ziyaretine gitmek
- ✔ gezmek
- ✔ maç yapmak
- ✔ alışveriş yapmak
- ✔ parti vermek
- ✔ televizyon seyretmek
- ✔ internete girmek
- ✔ tarihî yerleri gezmek
- ✔ sinemaya gitmek
- ✔ tiyatroya gitmek
- ✔ piknik yapmak
- ✔ kart atmak
- ✔ lokantaya gitmek
- ✔ törenlere katılmak
- ✔ kitap okumak
- ✔ telefon açmak
- ✔ müzeleri gezmek

3. Ülkenizde kutlanan millî bir bayramı anlatınız.

4. Annelerimize yılda bir gün ayırmamız yeterli midir? Arkadaşlarınızla tartışınız.

DİNLEME

1. Aşağıdaki parçayı dinleyiniz.

ANNE KALBİ

Delikanlı, katı yürekli bir kız sevmiş ve onunla evlenmek istemiş. Ancak kız, korkunç bir şart ileri sürmüş:

– Senin sevgini ölçmek istiyorum. Bunun için de köpeğime yedirmek üzere, bana annenin kalbini getireceksin, demiş.

Delikanlı, tüyler ürperten bu teklif karşısında ne yapacağını şaşırmış ve uzun bir kararsızlıktan sonra hislerine mağlup olup annesini öldürmeye karar vermiş. Annesi, belki de durumu fark ettiği için oğluna fazla direnmemiş. Çocuk, annesini öldürerek kalbini bir mendile koymuş.

Delikanlı, kızın isteğini yerine getirmiş olmanın heyecanıyla yolda koşarken, ayağı bir taşa takılmış. Kendisi bir tarafa, mendil içindeki kalp bir tarafa fırlamış. Canının acısından, ister istemez "Ah anacığım" diye bağırdığında, annesinin tozlara bulanan ve hâlâ soğumamış olan kalbinden bir ses yükselmiş:

– Canım yavrum, bir yerin acıdı mı?

2. Aşağıdaki soruları dinlediğiniz parçaya göre cevaplayınız.

a. Kızın delikanlıdan isteği nedir?

....

b. Delikanlı bu isteği yerine getiriyor mu?

....

c. Delikanlının davranışını nasıl buluyorsunuz?

....

DEYİM

1. Aşağıdaki deyimleri okuyunuz.

a. Bayram etmek: Çok sevinmek.

Örnek:

Türkçeden iyi not alınca **bayram etti**.
Kardeşim üniversiteyi kazanınca ailecek **bayram ettik**.

b. Dikkate almak: Hesaba katmak, göz önünde bulundurmak.

Örnek:

Yarın bayram olduğunu **dikkate almışsınızdır** inşallah.
Arkadaşlar Kemal'in doğum gününü **dikkate almayı** unutmayın.

c. Ağzı kulaklarına varmak: Çok sevinmek.

Örnek:

Bayram günü çocukların **ağzı kulaklarına varıyordu**.
Bayram şekerini görünce çocukların **ağzı kulaklarına vardı**.

d. Sevinci kursağında kalmak: Bir engel yüzünden sevinemez duruma gelmek.

Örnek:

Bayram günü meydana gelen kaza, **bayram sevincini kursağımızda bıraktı**.
Bayram günü yağan kar, çocukların **bayram sevinçlerini kursaklarında bıraktı**.

ALIŞTIRMALAR

1. Aşağıdaki deyimlerden hangisi sevincin yaşanmaması ile ilgilidir?

A. Bayram etmek
B. Sevinci kursağında kalmak
C. Ağzı kulaklarına varmak
D. Dikkate almamak

2. "Bayram" kelimesi aşağıdaki cümlelerin hangisinde farklı anlamda kullanılmıştır?

A. Bu sağanak yağmur bayram günümüzü berbat etti.
B. Bayram günü bütün aile bizim evde toplandı.
C. Şiddetli gripten dolayı bayram kutlamalarına katılamadım.
D. Öğretmen, sınavı erteleyince öğrenciler bayram ettiler.

GEREKLİK KİPİ

KÜTÜPHANE HAFTASINDA ÖĞRENCİ AHMET'İN DÜŞÜNDÜKLERİ

Kalıplaşmış, klâsik öğrenme yöntemlerini aşmalıyım. Öğretmen-öğrenci alışverişinde başka öğrenme yollarının bulunduğunu da öğretiniz bana. Beni "çalış" diye zorlamayınız.

Beni bir kütüphaneye bırakınız. Yeteneklerimi, ilgilerimi kendim bulmalıyım. Neyi, niçin, nasıl öğrendiğimi bilmeliyim. Ezbere değil, araştırarak, karşılaştırmalar yaparak öğrenmeliyim. Okuma zevkimi geliştirmeliyim.

Benden istedikleriniz, imkânlarımla uyumlu olmalıdır. Ben arkadaşsız yapamam. Onlarla birlikte olmalı, düşünmeli ve birlikte karar vermeliyim. Aynı konuda, birkaç kitap karıştırmalıyım, o zaman daha doğruyu bulurum.

Gereklik Kipi

Anlamı: İstenilen ya da tasarlanan fiilin yapılması gerektiğini bildirir. Belirli bir zaman göstermez.

— Örnek

- ✔ Onlarla birlikte düşünmeliyim.
- ✔ Bayramda arkadaşıma tebrik kartı atmalıyım.
- ✔ Bayramda anneme hediye vermeliyim.

Yapılışı: Fiil kök ya da gövdelerine "-malı, -meli" eki getirilerek yapılır.

Fiil + malı, meli + Şahıs eki

— Örnek

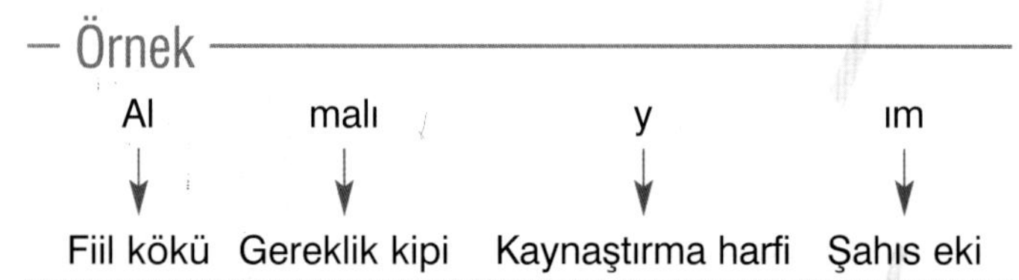

ÇEKİM TABLOSU

Olumlu	Olumsuz	Olumlu Soru	Olumsuz Soru
Almalıyım	Almamalıyım	Almalı mıyım?	Almamalı mıyım?
Almalısın	Almamalısın	Almalı mısın?	Almamalı mısın?
Almalı	Almamalı	Almalı mı?	Almamalı mı?
Almalıyız	Almamalıyız	Almalı mıyız?	Almamalı mıyız?
Almalısınız	Almamalısınız	Almalı mısınız?	Almamalı mısınız?
Almalılar	Almamalılar	Almalılar mı?	Almamalılar mı?

— Örnek

a. **A:** Öğretmenime mektup atmalı mıyım?
B: Evet, öğretmenine mektup atmalısın.

b. **A:** Anneler Gününde anneme hediye almamalı mıyım?
B: Hayır, Anneler Gününde annene hediye almalısın.

NOT Gereklik kipi işin yapılması gerektiğini bildiren gerek, lâzım, icap etmek kelimelerinin anlamını verir. Dolayısıyla "-malı" ekinin yerine gerek, lâzım, icap etmek kelimeleri de kullanılabilir.

— Örnek

Sevmeliyim	Kitap almalısın
Sevmem gerek	Kitap alman gerek
Sevmem lâzım	Kitap alman lâzım
Sevmem icap eder	Kitap alman icap eder
Kutlamalı	Yemeliyiz
Kutlaması gerek	Yememiz gerek
Kutlaması lâzım	Yememiz lâzım
Kutlaması icap eder	Yememiz icap eder

NOT Üçüncü tekil ya da çoğul kişisine "-dir" eki eklendiğinde kesinlik anlamı verir.

— Örnek

- ✔ Televizyon ve radyoda içki reklamı önlenmelidir.
- ✔ Çocuklara kötü davranışta bulunan kişiler cezalandırılmalıdır.

DİLEK ŞART KİPİ

HAYAT BAYRAM OLSA

Şu dünyadaki en güzel kişi, kendine yetendir.
Şu dünyadaki en bilge kişi, kendini bilendir.
Bütün dünya buna inansa, bir inansa,
Hayat bayram olsa,
İnsanlar el ele tutuşsa, birlik olsa,
Uzansak sonsuza.
...

Dilek Şart Kipi

Dilek - şart kipi, dilek kavramı verir.

Örnek: insanlar el ele tutuşsa, birlik olsa.

Yapılışı: Dilek - şart kipi fiil köküne "-sa (-se)" eki getirilerek yapılır.

Fiil + sa, se + Şahıs eki

— Örnek

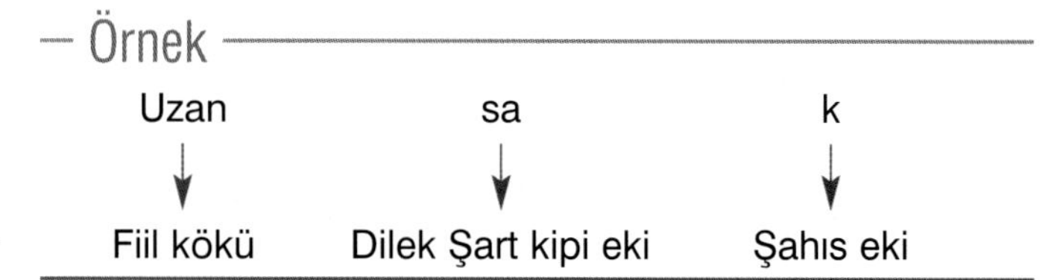

ÇEKİM TABLOSU			
Olumlu	**Olumsuz**	**Olumlu Soru**	**Olumsuz Soru**
İnansam	İnanmasam	İnansam mı?	İnanmasam mı?
İnansan	İnanmasan	İnansan mı?	İnanmasan mı?
İnansa	İnanmasa	İnansa mı?	İnanmasa mı?
İnansak	İnanmasak	İnansak mı?	İnanmasak mı?
İnansanız	İnanmasanız	İnansanız mı?	İnanmasanız mı?
İnansalar	İnanmasalar	İnansalar mı?	İnanmasalar mı?

NOT Dilek - şart kipinde "keşke" sözcüğü kullanılarak anlam pekişir.

— Örnek

✔ Keşke yarın hava güzel olsa.
✔ Keşke arkadaşlarımla sahilde buluşsak.
✔ Keşke hep birlikte spor yapsak.

ALIŞTIRMALAR

1. Aşağıdaki fiilleri dilek-şart kipine çeviriniz.

a. Yürüyorum : ....
b. Okumalıyız : ....
c. Uyuyacak : ....
d. Bekleyeceğim : ....
e. Sevinir : ....

2. Aşağıdaki boşlukları uygun eklerle tamamlayınız.

Bir an önce liseyi bitir......... Daha sonra tıp fakültesini kazan........... Üniversitede çok iyi oku.......... ve iyi bir doktor ol....... Doktor olunca iyi para kazan......... Aynı zamanda insanlara da faydalı ol.............. İşte bunlar benim hayallerim.

3. Aşağıdaki cümleleri verilen fiillerle ve gereklik kipinde doldurunuz.

süslemek / kutlamak / gitmek / sevindirmek

a. Yeni yılı arkadaşlarımla ....
b. Ramazan Bayramında dedemi ziyarete ....
c. Cumhuriyet Bayramında okulumuzu ....
d. Bayramda çocukları ....

4. Gereklik kipindeki fiilleri aynı anlama gelecek şekilde yeniden yazınız.

a. Bayramlarda büyüklerimize çiçek götürmeliyiz.
....
b. Özel günlerde birbirimizi kutlamalıyız.
....
c. Ali kardeşine hediye almalı.
....
d. Millî günlerde atalarımızla gurur duymalıyız.
....

TELÂFFUZ

- V -

Özellikleri

a. Türk alfabesinin yirmi yedinci harfidir.

b. Yumuşak ünsüzlerdendir.

c. Kelimenin başında, ortasında ve sonunda bulunabilir.
Örnek: ve, verem, vekil...
av, avize, sevgi...
dev, görev, söylev...

d. **Okunuşu:** va, ve, vı, vi, vo, vö, vu, vü
av, ev, ıv, iv, ov, öv, uv, üv

e. "v" harfi bazı yansıma isimlerinde kullanılır.
Örnek: vızıltı, vızır vızır

ALIŞTIRMA

Aşağıdaki tekerlemeyi tekrarlayınız.

Sen ocak kıvılcımlandırıcılarından mısın, kapı gıcırdatıcılarından mısın?
Ne ocak kıvılcımlandırıcılarındanım ne kapı gıcırdatıcılarındanım.

Hatırlatma

Rakamlardan sonra gelen ekler sesli ve sessiz uyumlarına uyar.

Örnek

✔ 9 Mayıs 1914'te (Bin dokuz yüz on dörtte gibi)

✔ 23 Nisan 1920'de Türkiye Büyük Millet Meclisi açıldı.
(Bin dokuz yüz yirmide)

✔ 29 Ekim 1923'te Cumhuriyet ilân edildi.
(Bin dokuz yüz yirmi üçte)

Aşağıdaki kelimeleri tablodan bulunuz ve işaretleyiniz.

Örnek:
KÜTÜPHANELER HAFTASI

A S K N M Ç S O Y T C F I S A T F A H K İ F A R T
O R M A N H A F T A S I A İ Y F D C K E S E P T D
İ Ü A Ö D D Ğ K I M A R Y A B T E Y İ R U H M U C
L M R Ğ Ö Ü L T U R İ Z M H A F T A S I S F K C D
K Z İ R C N I K S M Y I M A R Y A B N A Z A M A R
Ö E A E K Y **K Ü T Ü P H A N E L E R H A F T A S I**
Ğ L R T D A H İ C Z A F E R B A Y R A M I N O L A
R E K M T Ç A B Y E N İ Y I L C F A E L K D S C I
E R Ü E A O F K S L B Z K T Y A C Ş O S D L K S S
T H N N B C T D E E S A B K C Ü N Ü G A P U R V A
İ A Ü L O U A C D R N A T O G Ü N Ü S K D L F Y T
M F G E A K S Ş T H C F K S L Y M D E Ğ H J K D F
H T R R Z G I I S A T F A H Y A L İ Ş E Y C B O A
A A E G Ç Ü S L K F A K C I S J Ü Ş A T O U E Ö H
F S L Ü D N S J K T D O Ğ U M G Ü N Ü L F M C O F
T I E N A Ü C K Ç A N A K K A L E Z A F E R İ B I
A Ğ N Ü S C F T H S F G I M A R Y A R N A B R U K
S K N S E F D C G I I I S A T F A H K R Ü T A T A
I S A T F A H Y A L I Z I K D E T S K M K L C O V

İLKÖĞRETİM HAFTASI
CUMHURİYET BAYRAMI
ZAFER BAYRAMI
ATATÜRK HAFTASI
ÇANAKKALE ZAFERİ
KIZILAY HAFTASI
YEŞİLAY HAFTASI
TURİZM HAFTASI
TRAFİK HAFTASI
MÜZELER HAFTASI
ORMAN HAFTASI
KÜTÜPHANELER HAFTASI
SAĞLIK HAFTASI
VAKIF HAFTASI
ANNELER GÜNÜ
DOĞUM GÜNÜ
YENİ YIL
ÖĞRETMENLER GÜNÜ
DÜNYA ÇOCUK GÜNÜ
AVRUPA GÜNÜ
NATO GÜNÜ
RAMAZAN BAYRAMI
KURBAN BAYRAMI

ÖDEV

a. Ülkenizde kutlanan en önemli bayramlar hakkında düşüncelerinizi anlatan bir paragraf yazınız.

b. Ülkenizde Anneler Günü nasıl kutlanmaktadır? Anneler Gününde neler yaparsınız?

c. Arkadaşınıza bir doğum günü tebriği yazınız.

Aşağıdaki cümleleri kendi dilinize çeviriniz.

1. Bayramınız kutlu olsun!
   ....
2. Bayramlarda hem eğlenir hem bilgileniriz.
   ....
3. Ne Yeni Yılı ne Anneler Gününü kutladım.
   ....

DEĞERLENDİRME

1. Aşağıdaki ifadeleri hangi durumlarda kullanırız? Cümleleri buna göre doldurunuz.

Başınız sağ olsun	Gözünüz aydın
Geçmiş olsun	Mutlu yıllar dilerim
Bayramınız mübarek olsun	Bayramınız kutlu olsun

a. Ahmet bir hasta ziyaretine gitmiştir. Ahmet hastaya: .... der.

b. Tamer Beyin yeni bir çocuğu olmuştur. Abdullah Bey, Tamer Beye:.. der.

c. Suat, Ramazan Bayramında arkadaşı Gökhan ile karşılaşır. Gökhan'a: .... der.

d. İsmail, arkadaşı Hüseyin'in doğum gününe gider, ona hediyesini verirken .... der.

e. Ali'nin dedesi ölmüştür. Ahmet, Ali'yi ziyaret eder. Ali'ye .... der.

f. 23 Nisan Ulusal Egemenlik ve Çocuk Bayramı günü öğretmen sınıfa girer, öğrencilere: .... der.

2. Aşağıdaki karışık kelimelerden anlamlı cümleler kurunuz.

a. kutlanır / Pazar günü / her yıl / mayısın ikinci haftası / Anneler Günü
....

b. hediye / öğretmenime / Öğretmenler Gününde / aldım
....

c. tebrik kartı / bayramlarda / atmalıyız / arkadaşlarımıza
....

d. doğum gününde / kutladım / arayarak / arkadaşımı
....

3. Aşağıdaki deyimlerden hangisi diğerlerinden farklıdır?

A. Bayram etmek
B. Mutluluktan uçmak
C. Ağzı kulaklarına varmak
D. Kulak kesilmek

4. Aşağıdaki boşlukları verilen fiillerle tamamlayınız.

bayramlaşmak	eğlenmek	mektup atmak
süslemek	tebrik etmek	kutlamak

a. Doğum günü partimde arkadaşlarımla birlikte güzelce ....

b. Arkadaşım Ali'nin 15. doğum gününü ....

c. Abdullah benden iyi not alınca onu ....

d. Almanya'daki amcamın bayramını kutlamak için ....

e. Okulumuzu ertesi günkü bayrama hazırlamak için güzelce ....

f. Bayram namazı çıkışı herkes birbiriyle ....

5. Aşağıdaki soruları cevaplayınız.

a. Ülkenizde hangi millî bayramlar kutlanmaktadır?
....

b. Ülkenizde kutlanan dinî bayramlar var mı?
....

c. Bayramlarda özel bir giysi giyer misiniz?
....

d. Bayramlarınızı nasıl kutlarsınız?
....

e. Hangi bayram veya özel günde okullarınız tatil olur?
....

6. Arkadaşınız o gün çok sevinçlidir. Öyle sevinçlidir ki tarifi biraz zordur. Bundan dolayı arkadaşınızı kısa, öz ve çarpıcı bir deyimle ifade etmeniz istenmektedir. Hangi deyimi kullanırdınız?

....
....

7. Aşağıdaki cevaplara uygun sorular yazınız.

a. A: ....?
B: Evet, bayramları ve özel günleri çok severim.

b. A: ....?
B: Bayramlarda en güzel kıyafetlerimi giyerim.

c. A: ....?
B: En çok hoşuma giden bayram Cumhuriyet Bayramıdır.

d. A: ....?
B: Bayramlarda arkadaşlarımla gezer, eğlenirim.

8. En sevdiğiniz arkadaşınızın doğum gününü kutlayan bir tebrik kartı yazınız.

____
____
____
____

9. Ülkenizde kutlanan özel günlerin ve bayramların adını aşağıdaki tabloya yazınız.

Bayramın veya günün adı	Tarih
1.	....
2.	....
3.	....
4.	....
5.	....

SERBEST OKUMA

1. Aşağıdaki parçayı okuyunuz.

EĞİTİM, ÖĞRETİM ve ÖĞRETMENLER GÜNÜ

1 Ekim dünyada, 24 Kasım da Türkiye'de "Öğretmenler Günü" olarak kutlanmaktadır. Eğitim ve öğretim, bir ülkenin suyu, havası ve doğal kaynakları kadar önemlidir. Milletin gıdası, dünyası, gururu ve insanlık yanıdır. Bir ülkenin kalkınması, ilerlemesi ve mutluluğa kavuşması ancak öğretmenlerin verdiği bilgi ve terbiye ile olur.

Öğretmen, bilgi dağıtan pınardır. Suyundan içmek isteyen herkese verir. İnsan zekâsını geliştirir. Öğretmen, okuma-yazma öğretmekle kalmaz, bizi karanlıktan aydınlığa götürür. Bize bir anne bir baba olur.

Bütün meslekler arasında en kutsal olanı öğretmenliktir. Çünkü bütün meslek dalındaki insanları öğretmen yetiştirir. Bir bahçıvan sebzeyle, meyveyle uğraşır. Çoban, hayvanlarına özen gösterir. Mimar, binalar kurar. Heykeltıraş, çamura, mermere şekil verir. Ressam, fırçayla harikalar yaratır. Bunların tümü insanlık içindir. Öğretmen ise, insanları en iyi, en güzel ve en doğru biçimde yetiştirir. Sevgi dağıtır. Sonunda çok güzel ve tatlı meyveler verir. Bu eseri görünce öğretmenin tüm yorgunluğu gider.

Bizim için bu kadar değerli olan öğretmenlere sonsuz saygı ve bağlılık borçluyuz.

2. Aşağıdaki soruları okuduğunuz parçaya göre cevaplayınız.

a. Türkiye'de "Öğretmenler Günü" ne zaman kutlanmaktadır?

....

b. Öğretmenin ülke kalkınmasındaki rolü nedir?

....

c. Öğretmen, insanlara neler öğretir?

....

d. Parçada hangi mesleklerden bahsediliyor?

....

Bunları Biliyor musunuz?

- Ekim ayının ilk pazartesi günü Dünya Çocuk Günüdür.
- 4 Ekim Hayvanları Koruma Günüdür.
- 29 Ekim Türkiye Cumhuriyeti'nin kuruluş yıl dönümüdür.
- Kasım ayının ikinci pazartesi günü Dünya Çocuk Kitapları Haftasıdır.
- 1-7 Mart Türkiye'de Yeşilay Haftası olarak kutlanmaktadır.
- 8 Mart Dünya Kadınlar Günüdür.
- 27 Mart Dünya Tiyatrolar Günüdür.
- 23 Nisan Türkiye'de Ulusal Egemenlik ve Çocuk Bayramıdır.
- Mayıs ayının ikinci Pazar Günü Anneler Günüdür.
- 10-16 Mayıs Sakatlar Haftasıdır.
- 19 Mayıs Türkiye'de Atatürk'ü Anma Gençlik ve Spor Bayramıdır.
- 12-24 Mayıs arası Müzeler Haftasıdır.

MÜZİK KUTUSU

1. Aşağıdaki şarkıyı dinleyiniz.

HAYAT BAYRAM OLSA

Şu dünyadaki en mutlu kişi,
Mutluluk verendir.
Şu dünyadaki sevilen kişi,
Sevmeyi bilendir.
Şu dünyadaki en güçlü kişi,
Güçlükleri yenendir.

Bütün dünya buna inansa!
Bir inansa hayat bayram olsa...
İnsanlar el ele tutuşsa birlik olsa,
Uzansak sonsuza...

Şu dünyadaki en olgun kişi,
Acıya gülendir.
Şu dünyadaki en zengin kişi,
Gönül fethedendir.

Şu dünyadaki en soylu kişi,
İnsafa gelendir.
Şu dünyadaki en üstün kişi,
İnsanı sevendir.

2. Aşağıdaki soruları dinlediğiniz şarkıya göre cevaplayınız.

a. Şu dünyadaki en mutlu kişi kimdir?

....

b. Sevmeyi bilen insan nasıl bir insandır?

....

c. Şarkıya göre en zengin kişi kimdir?

....

3. Aşağıdakilerden hangileri bu şarkıda yer almaktadır? (✔) işareti koyunuz.

- [ ] ölüm
- [ ] mutluluk
- [ ] bayram
- [ ] düğün
- [ ] insaf
- [ ] birlik olmak
- [ ] ağlamak
- [ ] darılmak

Pratik Türkçe

Konu 16

Çizgi Dünya

DERSE HAZIRLIK

1. Aşağıdaki soruları cevaplayınız.

a. Çocuklar en çok hangi tür filmleri seyrederler?
b. Siz de çizgi film seyrediyor musunuz?
c. En sevdiğiniz çizgi film kahramanı kimdir?
d. Tom ve Jerry'i biliyor musunuz? Bunlar hangi hayvanlardır?
e. Bilgisayarda oyun oynuyor musunuz? Hangi oyunları biliyorsunuz?

2. Aşağıdaki resimler hangi çizgi filmlere ait olabilir? Resimdeki çizgi film kahramanları neler yapıyorlar?

3. Aşağıdaki resimlerde çizgi dünyadan örnekler var. Bunlar hangi çizgi türlere ait olabilir? (Çizgi film, çizgi roman, animasyon)

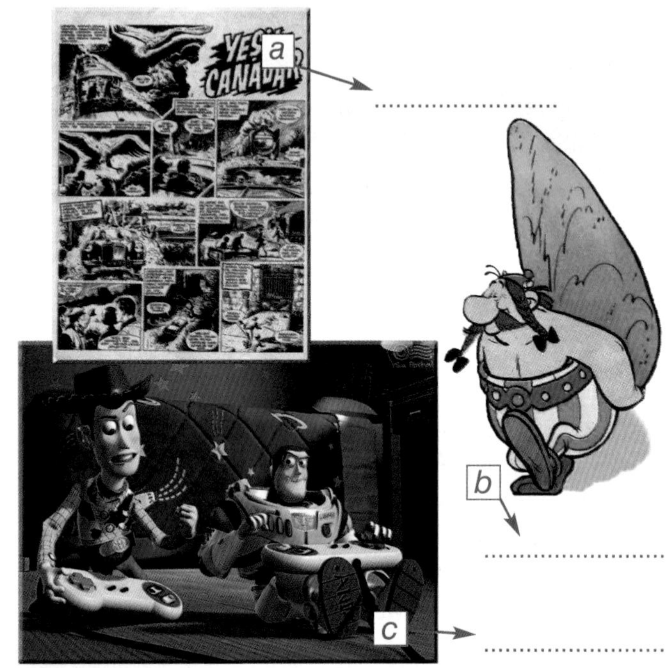

KELİMELER

1. Birbirine düşman olan çizgi film kahramanlarını eşleştiriniz.

a. Temel Reis	1. Avcı
b. Red Kit	2. Dalton Kardeşler
c. Tom	3. Jerry
d. Bugs Buny	4. Kabasakal
e. Şirin Baba	5. Gargamel

2. Aşağıdaki kelimeler size hangi çizgi filmleri hatırlatıyor? En önemli kahramanları kimlerdir?

a. Ispanak :	f. Cadı : ....
b. Fare :	g. Hayalet : ....
c. Lâmba :	h. Tavşan : ....
d. Aslan :	ı. Ördek : ....
e. Cüce :	i. Kovboy : ....

OKUMA - ANLAMA

1. *Aşağıdaki parçayı okuyunuz.*

ÇİZGİ FİLM

Minik Fare, Vak Vak Amca, Tom ve Jerry, Pempe Panter, Asterix, Şirinler, Temel Reis, Taş Devri, Atom Karınca... Her gün severek izlediğimiz çizgi filmlerin nasıl yapıldığını hepimiz merak etmişizdir.

Sinemada gösterilen filmler, aslında, senaryonun arka arkaya hızlı bir biçimde fotoğraflarının çekilmesiyle oluşturulur. Sonra bu görüntüler ekrana yansıtılır. Biz de seyrederiz. Çizgi film ise, hareket eden kahramanın tek tek elle çizilip filme alınmasıyla yapılır.

Sinemada ya da televizyonda seyrettiğimiz bütün çizgi filmlerin yapım yöntemi aynıdır.

Tüm filmlerde olduğu gibi, çizgi film için de ilk adım, senaryonun hazırlanmasıdır. Her şey, çizgi film yazarının bir öykü düşünmesiyle başlar. Bu senaryo, normal film senaryolarından biraz farklıdır. Normal film senaryosu, oyuncunun rolünü nasıl oynaması gerektiğini belirler. Çizgi filmde ise bu rolü, kişilik özelliklerini, kahramanın içinde bulunduğu durumu çizgilerle anlatmak daha önemlidir. Zaten dikkat ettiyseniz çizgi filmlerde çok az konuşma geçer. Öykü daha çok müzikle ve kahramanların hareketleriyle vurgulanır. Senaryo ortaya çıktıktan sonraki aşama, çizgi film için yorucu ve uzun çalışma gerektiren çizim aşamasıdır. Öyküdeki bütün hareketler tek tek elle çizilir. Bir öncekinde biraz farklı çizilmiş resimler filme alınır ve arka arkaya oynatıldığında canlanıverir. Yani hareket ediyormuş gibi gözükür. Editörün hareketlere uygun seslendirme ve müzik yerleştirmesiyle bir çizgi film oluşur.

Örneğin; bir kuşun yerden havalanmasını göstermek için, önce yerde duran bir kuş çizilir. Bir sonraki resimde kuş gene yerdedir ama bu sefer kanatları açıktır. Böylece bir dizi resim çizilip peş peşe, hızlıca gösterilince kuş kanat çırparak yerden yükseliyormuş gibi gözükür. Bu iş tabi ki bu kadar kolay değildir. 10 dakikalık bir çizgi film yapmak için 10 binden fazla resim çizmek gerekir.

Çizgi film bir ekip işidir. Yönetmen, yapımcı, senarist, canlandırma sanatçıları (usta ressamlar), ses uzmanları ve seslendirme sanatçıları gibi kişilerden oluşan kalabalık bir ekip.

Bu konunun öncüsü ve en ünlü ismi şüphesiz W. Disney'dir. Dünyada kim bilir kaç kişi onun Miki Faresi'yle, Vakvak Amca'sıyla büyüdü ve daha kaç çocuk büyüyecek...

2. *Okuduğunuz parçaya göre aşağıdaki cümlelerden doğru olanın başına "D"; yanlış olanın başına "Y" yazınız.*

a. ( ) Hareketlere uygun seslendirme ve müzik işini senarist yapar.

b. ( ) Senaryo ortaya çıktıktan sonraki aşama müziklerin yerleştirilmesi aşamasıdır.

c. ( ) Çizgi film senaryosuyla normal film senaryosu farklıdır.

d. ( ) Çizgi film tek bir kişi tarafından da yapılabilir.

e. ( ) Çizgi filmin en çok sevilen kahramanı W. Disney'dir.

3. *Aşağıdaki soruları okuduğunuz parçaya göre cevaplayınız.*

a. Çizgi film için ilk adım nedir?

....

b. Sinemada gösterilen filmler nasıl oluşturulur?

....

c. Normal film ile çizgi film arasında ne gibi farklar vardır?

....

d. Çizgi film sektörünün en tanınmış ismi kimdir? Onu hangi eserleriyle hatırlıyorsunuz?

....

e. Çizgi film ekibinde hangi sanatçılar yer alır?

....

ÖRNEKLEME

Soru 1
Her gün izlediğin bir çizgi film var mı?

Cevap
Evet, var. Taş Devri.

Kısa Cevap
Taş Devri

Uygulama
....

Soru 2
Tom ve Jerry'i nasıl buluyorsun?

Cevap
Tom'u aptal, Jerry'i de çok zeki buluyorum.

Kısa Cevap
Biri aptal biri çok zeki.

Uygulama
....

Soru 3
En sevdiğiniz çizgi film kahramanı kimdir?

Cevap
En sevdiğim çizgi film kahramanı Red Kit'tir.

Kısa Cevap
Red Kit

Uygulama
....

Soru 4
Bilgisayarda en çok hangi oyunu oynuyorsun?

Cevap
FIFA 2002'yi oynuyorum.

Kısa Cevap
FIFA 2002

Uygulama
....

KONUŞMA

1. Aşağıdaki diyaloğu uygulayınız.

A: Hangi filmlerden hoşlanırsın?
B: Ben en çok çizgi film seyretmekten hoşlanırım. Ya sen?
A: Ben de çizgi film seyretmekten hoşlanırım.
B: Çizgi filmlerden en çok hangisini seversin?
A: En çok Temel Reis'i seyretmeyi severim. Ya sen?
B: Ben onu hiç sevmem. En çok "Şirinler" i severim.

2. Siz de arkadaşlarınızla yukarıdaki örneğe benzer diyaloglar kurunuz.

a. Vakvak Amca / Casper
b. Ninja Kaplumbağalar / Pokemon
c. Red Kit / Pamuk Prenses ve Yedi Cüceler
d. Keloğlan / Alaaddin'in Sihirli Lâmbası

3. Aşağıdaki resimde neler görüyorsunuz? Hangi çizgi filmden alınmıştır? Anlatınız.

4. Arkadaşlarınıza en sevdiğiniz çizgi film kahramanını ve o kahramanı neden sevdiğinizi anlatınız.

5. Arkadaşlarınızla bilgisayar oyunlarının faydalarını ve zararlarını tartışınız.

DİNLEME

1. *Aşağıdaki parçayı dinleyiniz.*

PAMUK PRENSES VE YEDİ CÜCELER

"Pamuk Prenses ve Yedi Cüceler" çizgi filmini bilmeyen yoktur. Unutanlar için küçük bir hatırlatma yapalım: Pamuk Prenses, çok güzel küçük bir kızdır. Pamuk Prenses'in üvey annesi onun güzelliğini kıskanır. Dünyanın en güzel kadını olmak istemektedir. Bunun için adamlarından biriyle Pamuk Prenses'i ormana gönderir. Adam Pamuk Prenses'i öldürüp kalbini üvey annesine getirecektir. Fakat adam, Pamuk Prenses'e acır, onu öldüremez. Bir ceylan yakalar ve kalbini söküp kraliçeye getirir. Pamuk Prenses ormanda tek başına kalır. Ormanda ilerlerken küçük bir eve rast gelir. Bu ev ormanda yaşayan Yedi Cüceler'e aittir. Evde kimse yoktur. Evde temizlik yapar ve daha sonra da uyuyakalır. Akşam olup da eve dönen cüceler evi temiz görünce şaşırırlar. İçerideki odada uyuyan güzel bir kız görürler. Pamuk Prenses başına gelenleri cücelere anlatır. Beraber yaşamaya başlarlar.

Bu arada kötü kalpli kraliçe sarayındaki sihirli aynasına "Ayna ayna, güzel ayna, söyle bana, benden daha güzel kim var bu dünyada?" diye sorar. Ayna: "Kraliçem, sizden daha güzel Pamuk Prenses yaşar ormanda." der. Olayın aslını araştıran kraliçe, Pamuk Prenses'in ölmediğini öğrenir. Yaşlı bir kadın kılığına girer. Ormana gidip Pamuk Prenses'i kandırır. Zehirli bir elma yedirir. Elmayı ısıran Pamuk Prenses hemen düşer. Cüceler, prensesin ölümüne çok üzülür ve ağlarlar. Kraliçenin peşinden gidip onu öldürürler. Prensesi gömmeye kıyamazlar. Cesedini cam bir tabuta koyarlar ve bir gölün kıyısına bırakırlar. Oradan geçen bir prens bunu görür. Prensesi öper. Prensesin boğazındaki zehirli elma dışarı fırlar ve prenses uyanır. Prensle prenses evlenirler, cücelerle birlikte ömür boyu mutlu yaşarlar.

2. *Aşağıdaki soruları dinlediğiniz parçaya göre cevaplayınız.*

a. Pamuk Prenses'in üvey annesi niçin Pamuk Prenses'i öldürmek istiyor?

....

b. Kraliçenin adamı Pamuk Prenses'i öldürüyor mu?

....

c. Pamuk Prenses kimlerle karşılaşıyor?

....

d. Kötü kraliçe Pamuk Prenses'in yaşadığını nasıl öğreniyor?

....

e. Masal nasıl bitiyor?

....

MÜZİK KUTUSU

1. *Aşağıdaki boşlukları dinlediğiniz şarkıya göre doldurunuz.*

2. *Başka nasıl söyleyebilirsiniz? (✔) işareti koyunuz.*

Fareden korktu kedi

- ☐ Korktu kedi fareden.
- ☐ Kedi fareden korktu.

3. *Aşağıdaki hayvanlarla fiilleri eşleştiriniz.*

a. Kedi	1. kükremek
b. Aslan	2. miyavlamak

DEYİM

Aşağıdaki deyimleri okuyunuz.

a. Heyecan vermek: Heyecanlanmak.

Örnek:

Yeni çizgi filmler çocuklara çok **heyecan veriyor.**

Heyecan vermeyen filmleri izlemek istemiyorum.

b. Hoşuna gitmek: Beğenmek, hoşlanmak, sevmek.

Örnek:

Şirinler'in yeni maceraları çocukların çok **hoşuna gidiyor.**

Red Kit bizim çocukların **çok hoşuna gidiyor.**

c. İçi kararmak: Karamsarlığa kapılmak. Hiçbir şeyden zevk almamak.

Örnek:

Bu çizgi film çok berbat. İnsanın **içini karartıyor.**

Şiddet içeren çizgi filmlerle çocukların **içini karartmayalım.**

d. Kahkaha atmak: Yüksek sesle gülmek.

Örnek:

Çocuklar, Pembe Panter'in maceralarını **kahkaha atarak** izlediler.

Kahkaha ile gülmek istiyorsanız Tom ve Jerry'i izleyin.

ALIŞTIRMALAR

1. Aşağıdaki deyimlerle kelimeleri eşleştiriniz.

a. Hoşuna gitmek	1. karamsarlık
b. İçi kararmak	2. heyecanlanmak
c. Heyecan vermek	3. gülmek
d. Kahkaha atmak	4. beğenmek

2. Aşağıdaki deyimlerden hangisi "hoşuna gitmek" deyiminin karşıt anlamlısıdır?

A. Sevmek
B. Hoşlanmak
C. Nefret etmek
D. Beğenmek

3. Aşağıdaki deyimlerden hangisinde bir olumsuzluk vardır?

A. Kahkaha atmak
B. Heyecan vermek
C. Hoşuna gitmek
D. İçi kararmak

TELÂFFUZ

- Y -

Özellikleri

a. Türk alfabesinin yirmi sekizinci harfidir.

b. Yumuşak ünsüzlerdendir.

c. Kelimenin başında, ortasında ve sonunda bulunabilir.
Örnek: yas, yasak, yalan...
ay, ayak, yaymak...
bay, tay, saray...

d. **Okunuşu:** ya, ye, yı, yi, yo, yö, yu, yü
ay, ey, ıy, iy, oy, öy, uy, üy

e. "y" sessizi kaynaştırma harflerindendir.
Örnek: bahçe-y-e, kapı-y-a...

ALIŞTIRMA

Aşağıdaki tekerlemeyi tekrarlayınız.

Şu yamayı şu köseleye yamalamalı mı, yoksa yamalamamalı mı?

- Z -

Özellikleri

a. Türk alfabesinin yirmi dokuzuncu harfidir.

b. Yumuşak sessizlerdendir.

c. Kelimenin başında, ortasında ve sonunda bulunabilir.
Örnek: zor, zarar, zebra...
azık, azar, yazar...
toz, gazoz, temmuz...

d. **Okunuşu:** za, ze, zı, zi, zo, zö, zu, zü
az, ez, ız, iz, oz, öz, uz, üz

e. "z" sessizi tabiat taklidi kelimelerde kullanılır.
Örnek: zırr, zırıltı, zonklamak...

ALIŞTIRMA

Aşağıdaki tekerlemeyi tekrarlayınız.

Biz biz idik
Otuz iki kız idik
Ezildik, büzüldük
İki duvara dizildik

DİL BİLGİSİ

İSTEK KİPİ
EMİR KİPİ

SİZ DE BİR ÇİZGİ FİLM YAPABİLİRSİNİZ...

Çizgili bir defterin her sayfasının kenarına küçük bir yuvarlak çizin. Ama bu yuvarlakları her sayfada aynı çizgilerin arasına getirin. İlk yuvarlak alt çizgiye değsin. İkincisi ortada olsun. Üçüncüsü de üst çizgiye değsin. Böylece bütün defteri doldurduktan sonra sayfaları hızla çevirin. Topunuz zıplıyor mu?

İşte bir çizgi film yaptınız.

İstek Kipi

Tanım: Bir fiilin yapılmasındaki isteği veya niyeti gösteren, zaman kavramı açık olmadığı halde gelecek zaman anlamı taşıyan kiptir.

Yapılışı: Fiil kök ya da gövdelerine "-a, -e" eki getirilerek yapılır.

Örnek

Gel-e, yap-a, gör-e

✔ Kendisinden sonra şahıs ekleri gelir.
gel-e-yim, yap-a-sın, söyle-ye-siniz

✔ Birinci çoğul şahıs eki "-lım, -lim" dir.
Gel-e-lim, yap-a-lım, yaz-a-lım

ÇEKİM TABLOSU

Olumlu	Olumsuz	Olumlu Soru	Olumsuz Soru
Yazayım	Yazmayayım	Yazayım mı?	Yazmayayım mı?
Yazasın	Yazmayasın	Yazasın mı?	Yazmayasın mı?
Yaza	Yazmaya	Yaza mı?	Yazmaya mı?
Yazalım	Yazmayalım	Yazalım mı?	Yazmayalım mı?
Yazasınız	Yazmayasınız	Yazasınız mı?	Yazmayasınız mı?
Yazalar	Yazmayalar	Yazalar mı?	Yazmayalar mı?

✔ Gönümüzde bu kipin 2., 3. tekil ve çoğul çekimleri kullanılmamaktadır. Bunun yerine emir kipi kullanılmaktadır.

Örnek

2. Tekil şahıs :	Yazasın	→	Yaz
3. Tekil şahıs :	Yaza	→	Yazsın
2. Çoğul şahıs:	Yazasınız	→	Yazın
3. Çoğul şahıs:	Yazalar	→	Yazsınlar

Emir Kipi

Tanım: Bir fiilin yapılmasının emredildiği kiptir. Fiil kök ya da gövdelerine üçüncü tip şahıs ekleri getirilerek yapılır. Olumlu ve olumsuz fiil çekimlerinde 1. tekil ve 1. çoğul şahısların; soru çekiminde ise 1., 2. tekil ve çoğul şahısların emir çekimleri yoktur.

ÇEKİM TABLOSU

Olumlu	Olumsuz	Olumlu Soru	Olumsuz Soru
-	-	-	-
Oku	Okuma	-	-
Okusun	Okumasın	Okusun mu?	Okumasın mı?
-	-	-	-
Okuyun	Okumayın	-	-
Okusunlar	Okumasınlar	Okusunlar mı?	Okumasınlar mı?

ALIŞTIRMALAR

1. *Aşağıda istek kipi ile verilmiş cümleleri emir kipine çeviriniz.*

a. Derslerine zamanında çalışasın.
....
b. Her gün 20 kelime ezberleyesiniz.
....
c. Bana verdiğin sözü unutmayasın.
....
d. Sizinle beraber çalışalım.
....
e. Bundan sonra yediğin yemeklere biraz daha dikkat edesin.
....

2. *Aşağıdaki karışık kelimelerden istek kipinde cümleler kurunuz.*

a. izlemek / televizyonda / film / çizgi
....
b. yazmak / soruları / defterimize / tahtadaki (olumlu soru)
....
c. sonra / dersten / oyun / oynamak / biz (olumsuz soru)
....
d. mektup / yazmak / Hüseyin'e
....

DEĞERLENDİRME

1. *Aşağıdaki kelimeleri anlamlarıyla eşleştiriniz.*

a. Uzman
b. Ekran
c. Rol
d. Senaryo
e. Yönetmen

1. Bir film veya tiyatro çalışmasında işi yürüten, çalışmalara yön veren ve yapımını sağlayan kişi.
2. Bir tiyatro veya sinema eserinin sahnelerini ve akışını gösteren yazılı metin.
3. Bir konuyu çok iyi bilen kimse.
4. Görüntüyü yansıtan düz yüzey.
5. Bir tiyatro veya filmde oyuncuların yaptıkları iş ve bütün oyunculara düşen görev.

2. *Aşağıdaki tanımı verilen kelimelerin altını çiziniz.*

a. Bir tiyatro veya sinema eserinin sahnelerini ve akışını gösteren metni yazan kişiye SENARYO / SENARİST denir.
b. Bir filmin parasal ve idarî bütün işlerini üzerine alan ve yürüten kişiye YÖNETMEN / YAPIMCI denir.
c. Çizgi filmde hareketlere uygun seslendirme ve müzik işini yapan kişiye MÜZİSYEN / EDİTÖR denir.
d. Belli bir kurala göre bir şeklin çizilmesine RESİM / ÇİZİM denir.
e. Aynı işte takım halinde çalışan insan topluluğuna EKİP / GRUP denir.

3. *Aşağıdaki resimler hangi çizgi filmlerden alınmıştır? Filmlerin konularını yazınız.*

4. *Aşağıdaki bilgilerden doğru olanının başına "D"; yanlış olanın başına "Y" yazınız.*

a. ( ) Bir film veya tiyatro çalışmasında işi yürüten, çalışmalara yön veren ve yapımını sağlayan kişiye senarist denir.
b. ( ) Yapımcı, hareketlere uygun seslendirme ve müzik yerleştirir.
c. ( ) Çizgi film için yorucu ve uzun çalışma gerektiren aşama senaryo yazım aşamasıdır.
d. ( ) Çizgi film kalabalık bir müzisyen topluluğu tarafından yapılır.

5. *Aşağıdaki isimlerle türlerini eşleştiriniz.*

a. Pembe Panter
b. Alaaddin'in Sihirli Lâmbası
c. Süpermen
d. Shrek
e. SUPERBİKE2000

1. Çizgi Film
2. Çizgi Roman
3. Oyun
4. Çizgi Film
5. Animasyon

6. *Bildiğiniz çizgi film kahramanlarını yazınız.*

	İyi Kahramanlar	Kötü Kahramanlar
1	....	....
2	....	....
3	....	....
4	....	....
5	....	....
6	....	....
7	....	....
8	....	....
9	....	....
10	....	....

7. *Aşağıdaki paragrafta geçen yanlışlıkların altını çiziniz ve doğrusunu söyleyiniz.*

Bir kuşun yerden havalanmasını göstermek için, önce havada duran bir kuş çizilir. Bir sonraki resimde kuş yine havadadır, ama bu sefer kanatları kapalıdır. Böylece bir dizi resim çizilip peş peşe, yavaşça gösterilince kuş kanat çırparak yerden yükseliyormuş gibi gözükür.

Senarist, filmin temel aşamalarından biri olan müzik ve seslendirme işini yapar. Editör senaryoya uygun çizimler yapar. Bu iş tabi ki bu kadar zor değildir. 10 dakikalık bir film yapmak için 10 binden fazla resim çizmek gereklidir.

OYUN

HANGİ ÇİZGİ FİLM?

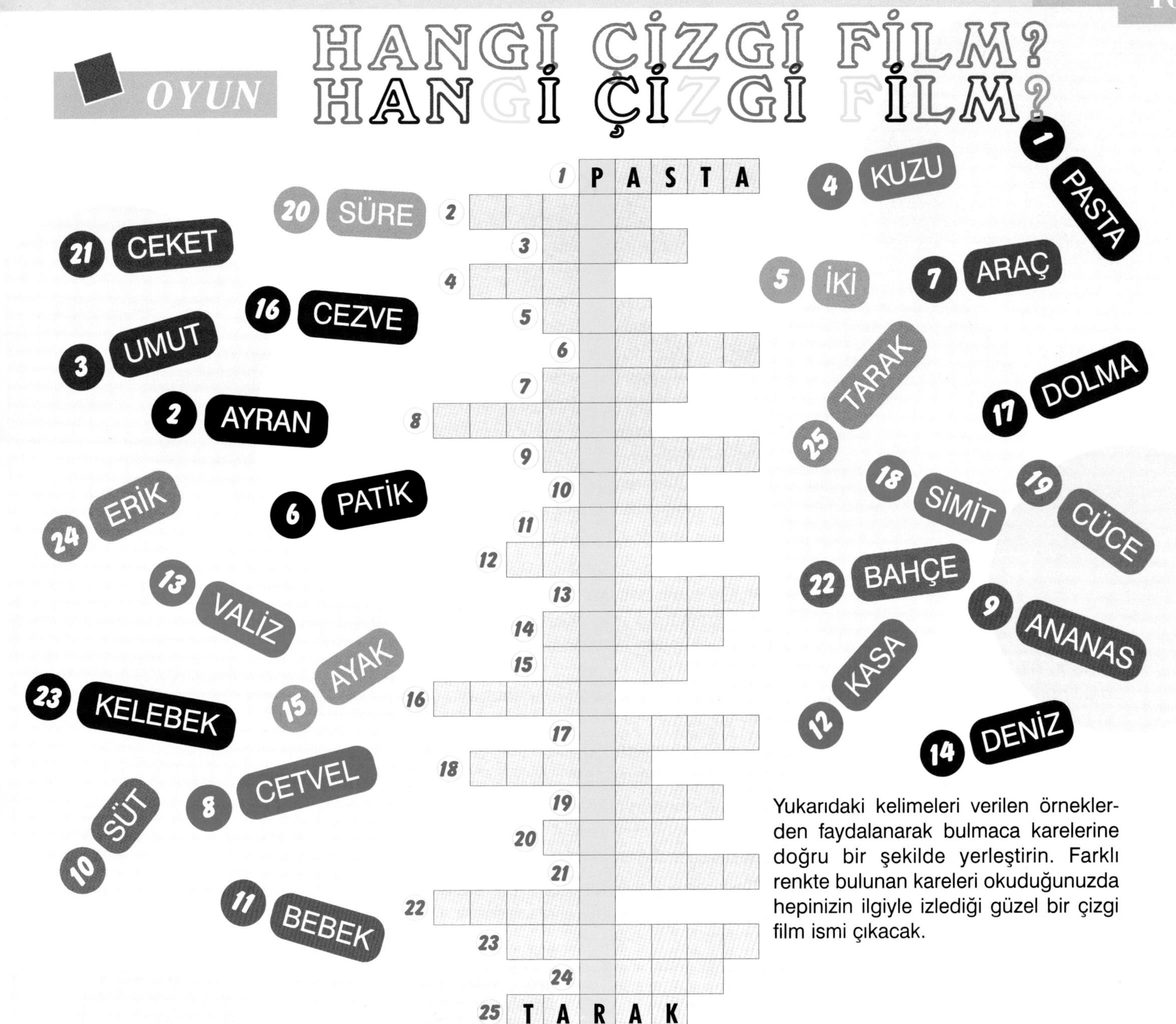

Yukarıdaki kelimeleri verilen örneklerden faydalanarak bulmaca karelerine doğru bir şekilde yerleştirin. Farklı renkte bulunan kareleri okuduğunuzda hepinizin ilgiyle izlediği güzel bir çizgi film ismi çıkacak.

Bunları Biliyor musunuz?

WALT DİSNEY

Walt Disney (1901-1966) dünyanın en ünlü ve en başarılı çizgi film yapımcısıdır. İlk renkli çizgi filmi yapmış, bütün dünyada tanınan çizgi film karakterleri oluşturmuştur. Walt Disney önceleri Minik Fare ve Vakvak Amca adlı kahramanların yer aldığı kısa çizgi filmler yaptı. Daha sonra Pamuk Prenses ve Yedi Cüceler, Fantazya, Pinokyo ve Külkedisi gibi uzun filmlere yöneldi. İkinci Dünya Savaşı'ndan sonra çizgi film yapmak pahalılaşınca, Yaşayan Çöl gibi macera filmlerinde gerçek doğa görüntülerini kullandı. Ünlü eğlence parklarının da ortaya çıkmasına vesile olan Disney, 30 kez Oscar Ödülü alarak bir rekor kırdı.

SERBEST OKUMA

1. *Aşağıdaki parçayı okuyunuz.*

KARAGÖZ İLE HACİVAT

Karagöz oyunu, deve ya da manda derisinden yapılan, tasvir adı verilen ışıkla beyaz perde üzerinde hareket ettirilerek oynanan bir gölge oyunudur. Oyun, adını baş kahraman olan Karagöz'den almaktadır.

Gölge oyununun kaynağı Güney Doğu Asya ülkeleri olarak kabul edilir. Türkiye'ye gelişi hakkında ise değişik görüşler vardır. Bunlardan birisi Orta Asya'da "Kor Kolçak", "Çadır Hayal" olarak bilinen gölge oyunlarının göçlerle Anadolu'ya getirildiği görüşüdür. Diğer bir görüş de 1500'lü yıllarda Mısır'dan Anadolu'ya gelen gölge oyunu sanatçıları yoluyla girdiğidir.

18. yüzyıldan itibaren Karagöz Anadolu'da halkın en sevilen eğlence türlerinden biri olmuştur. Karagöz, bir kişi tarafından oynatılır. Perdedeki tasvirlerin hareket ettirilmesi, değişik tiplerin seslendirilmesi, şive taklitlerinin hepsi bir sanatçı tarafından yapılır.

Karagöz'de işlenen konular komiktir. Mecaz anlamlar, abartılar, söz oyunları, taklitler en önemli güldürü öğeleridir.

Oyunun baş kahramanları Karagöz ve Hacivat'tır. Karagöz, halkın ahlâk anlayışını temsil eder. Konuştuğu ve yaptığı uyum içindedir. Karagöz halktan birini temsil eder. Oyundaki arkadaşı Hacivat'ın zıt karakteridir. Düşündüğünü olduğu gibi söylediği için genellikle başı belâya girer. O, cesur yürekli ve cömerttir. Karısıyla devamlı tartışır. Çevresindeki herkesi tanır ve gün boyunca konuştuğu insanlara kendini anlatmaya çalışır. Türkçeyi yanlış kullanır. Çevresindeki insanların söylediklerini anlamamış gibi yapar.

Hacivat ise konuşmalarında Arapça ve Farsçayı düzgün kullanır. O her konuda bilgilidir. Hacivat herkesin sırlarını ortaya çıkaran bir ajan gibidir. Her oyunda Karagöz tarafından dövülse de, Karagöz, o olmadan yaşayamaz.

Osmanlı döneminin en önemli eğlence türlerinden olan Karagöz, Ramazanlarda, sünnet düğünlerinde, şenliklerde, kahvehanelerde ve bahçelerde oynatılıyordu. Dönemin sosyal olaylarını eleştirel bir dille anlatan Karagöz daha çok İstanbul'da yaygındı. Zaman zaman bu sanatçılar diğer şehirlere de giderlerdi.

Günümüzde Türkiye'yi tanıtıcı sanatların başında gelen Karagöz turistik otellerde ve meşhur lokantalarda oynatılmaktadır. Günümüzde Karagöz daha çok televizyon ile seyirciye ulaşmaktadır.

2. *Aşağıdaki soruları okuduğunuz parçaya göre cevaplayınız.*

a. Karagöz oyunu nedir?
....

b. Karagöz'ün arkadaşı kimdir?
....

c. Karagöz'de konular ve güldürü öğeleri nelerdir?
....

d. Karagöz'ü tasvir ediniz.
....

e. Osmanlı döneminde Karagöz nerelerde oynatılıyordu?
....

f. Günümüzde Karagöz oyunu nerelerde oynatılmaktadır?
....

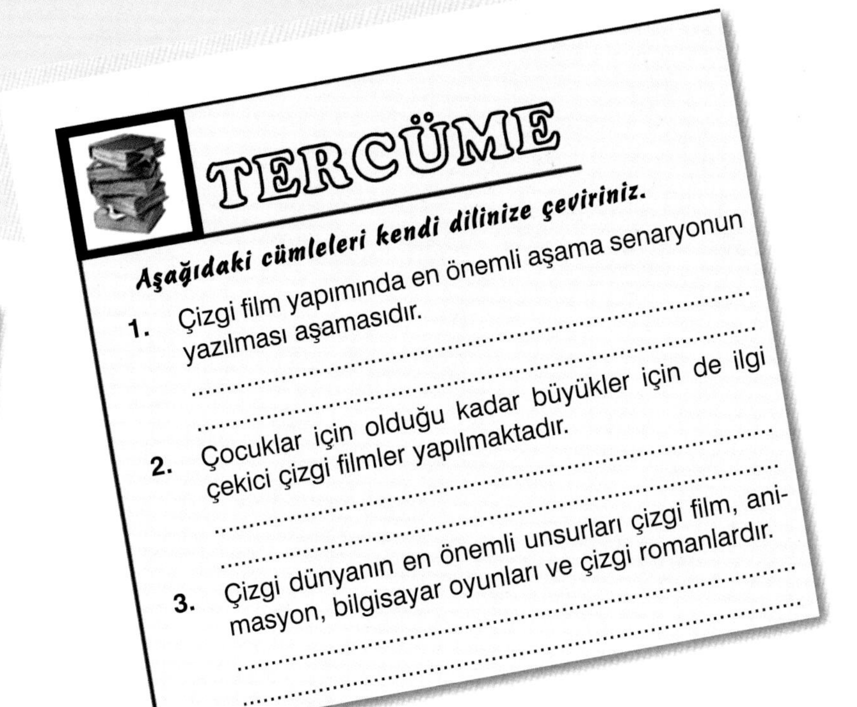

TERCÜME

Aşağıdaki cümleleri kendi dilinize çeviriniz.

1. Çizgi film yapımında en önemli aşama senaryonun yazılması aşamasıdır.
   ....
   ....
2. Çocuklar için olduğu kadar büyükler için de ilgi çekici çizgi filmler yapılmaktadır.
   ....
   ....
3. Çizgi dünyanın en önemli unsurları çizgi film, animasyon, bilgisayar oyunları ve çizgi romanlardır.
   ....
   ....

ÖDEV

a. Ülkenizde en çok beğenilen bir çizgi romanın bir bölümünü Türkçeye çeviriniz.

b. Hafta sonu bir çizgi film izleyiniz. Çizgi filmden anladıklarınızı bir paragrafta özetleyiniz.

Pratik Türkçe